Welcher Vogel ist das?

KOSMOS
NATUR
FÜHRER

W. Cerny / K. Drchal

Welcher Vogel ist das?

Ein Bestimmungsbuch für Vogelfreunde

790 Farbbilder
235 Flugbilder
336 Verbreitungskarten
64 Farbfotos

Kosmos
Gesellschaft der Naturfreunde
Franckh'sche Verlagshandlung
Stuttgart

Text von Dozent Dr. Walter Černý
Mit 790 Farbbildern, 235 Flugbildern und 44 Strichzeichnungen von Karel Drchal,
336 Verbreitungskarten von Zdeněk Hedánek und 64 Farbfotos von O. Danesch (1),
G. Quedens (15), H. Schrempp (17), K. Schwammberger (9), D. Zingel (22)
Grafische Gestaltung von Karel Drchal

Schutzumschlag von Edgar Dambacher
unter Verwendung eines Farbfotos von Hans Reinhard
Das Umschlagbild zeigt einen Gartenrotschwanz

CIP-Kurztitelaufnahme der Deutschen Bibliothek

Černý, Walter:
Welcher Vogel ist das? Ein Bestimmungsbuch für Vogelfreunde
/W. Cerny; K. Drchal. [Mit 790 Farbbildern, 235 Flugbildern u. 44 Strichzeichn.
von Karel Drchal, 336 Verbreitungskt. von Zdeněk Hedánek u. 64 Farbfotos
von O. Danesch . . .] — 3. Aufl. — Stuttgart: Franckh, 1979.
(Kosmos-Naturführer)
ISBN 3-440-04607-9
NE: Drchal, Karel:

3. Auflage, 71.—90. Tausend
Franckh'sche Verlagshandlung, W. Keller & Co., Stuttgart / 1979

Printed in Czechoslovakia / Imprimé en Tchécoslovaquie
LH 14 Ste / ISBN 3-440-04607-9
Gesamtherstellung: Svoboda, Prag

Welcher Vogel ist das?

Was fliegt denn da?

Die Vogelfreunde können heute zwischen verschiedenen Bestimmungsbüchern wählen, die alle ihre Vorzüge und ihre Nachteile haben, die sich in Umfang, Ausstattung und Preis voneinander unterscheiden. Unser Bestreben war es, im Auftrag des KOSMOS-Verlages ein Bestimmungsbuch zu schaffen, das zugleich preiswert und vollständig ist, und das durch eigens dafür angefertigte Farbbilder die wesentlichen Merkmale der Arten hervorhebt.

Die Hauptaufgabe unseres Buches ist es, dem Benutzer die zuverlässige Bestimmung der Vögel zu ermöglichen, die er in Wald und Flur oder auch am Fensterbrett beobachtet. Das ist keine ganz leichte Aufgabe, denn manche Arten sind sich sehr ähnlich, bei anderen jedoch unterscheiden sich männliche, weibliche und junge Vögel durch sehr verschiedene Gefiederkleider, und oft finden wir Übergangskleider zwischen Jugend- und Altersgefieder beziehungsweise zwischen Brut- und Ruhekleid. Nur der fachkundige Künstler kann auf den Farbtafeln die elementaren Unterschiede zwischen den alters- und saisonbedingten Federkleidern so hervorheben, daß der Vogelfreund sie auch in der Natur erkennt und die Art richtig anspricht.

Wir können verschieden vorgehen, wenn wir einen Vogel in der Natur bestimmen wollen: Durch aufmerksames Durchblättern der Farbtafeln können wir uns zunächst mit der Gestalt, mit der Färbung und dem Zeichnungsmuster der einzelnen Arten vertraut machen. Dabei behält man schon eine große Zahl von Vögeln im Gedächtnis, und man wird sie in der Natur genau ansprechen können. Oder wir versuchen, mit Hilfe der Typenübersicht zuerst eine Vorstellung der Vogelgestalten zu gewinnen, mit denen wir in einem recht weitgefaßten Lebensraum rechnen können. Genauere Angaben suchen wir dann beim Beobachten einer Art in den Texten.

Möglichst viele Vögel sind im Flugbild dargestellt, das oft die charakteristische Zeichnung, das Muster eines gestreckten Flügels, die Färbung des Bürzels und die meist verdeckten Körperseiten zeigt.

Die den Farbtafeln gegenüberstehenden Texte erläutern in stets gleicher Reihenfolge die feldornithologisch wichtigen Merkmale für Männchen, Weibchen und Jungvögel einer jeden Art, gegebenenfalls das Brut- und Ruhekleid; hier finden wir Angaben über die Stimme, den Lebensraum, die Brutzeit, das Nest, die Eier und das Zugverhalten.

Von den Unterarten sind nur die behandelt, die gegenüber der Hauptart markante Unterschiede aufweisen (zum Beispiel die Unterarten der Schafstelze, die Nebel- und Rabenkrähe).

Außer den deutschen und wissenschaftlichen Namen sind auch die englischen, französischen, italienischen und spanischen Namen angegeben — das wird für den Touristen hilfreich sein.

Einen ganz wesentlichen Anteil an diesem Buch hat der begabte Illustrator Karel Drchal, der die schwierige Aufgabe der naturgetreuen, zugleich das charakteristische betonenden Darstellung großartig gelöst hat.

Walter Cerny

Anweisung zur Benutzung und ornithologische Fachausdrücke

In einem Taschenbuch mit naturgetreuen Farbtafeln liegt der Schwerpunkt immer auf den Bildern, eine gründliche Beschreibung der einzelnen Arten erübrigt sich. Deshalb werden in diesem Naturführer nur die kennzeichnenden Artmerkmale hervorgehoben und die Unterschiede von Männchen (♂), Weibchen (♀) und Jungvogel (juv.) angegeben. Dunenjunge Vögel und Nestjunge sind am besten nach den fütternden oder führenden Altvögeln zu bestimmen, denn selbst einem erfahrenen Vogelkenner würde es ohne Vergleichsmaterial recht schwerfallen, etwa nestjunge Singdrosseln von Rotdrosseln, oder dunenjunge Tafelenten von Moorenten zu unterscheiden. In den kurzen Texten werden allgemein übliche Fachausdrücke benutzt, die im Bild (auf S. 11) erläutert sind.

Bei vielen Vögeln tragen Männchen und Weibchen mehr oder weniger verschiedene Gefiederkleider, was dem Beobachter die Geschlechtsbestimmung ermöglicht. In den Kurzbeschreibungen wird auf die Unterschiede hingewiesen und sie werden auch auf den Bildern dargestellt, sofern sie auch feldornithologisch brauchbare Merkmale liefern. Das Gefiederkleid der Jungvögel (Jugendkleid) sieht meist dem Kleide der Weibchen ähnlich. Bei vielen Vögeln bemerkt man Unterschiede erst, wenn man gefangene Vögel genau untersucht — solche Merkmale sind natürlich nicht als feldornithologische Kennzeichen geeignet und konnten hier nicht berücksichtigt werden. Als Brutkleid (Sommerkleid) wird allgemein das zur Brutzeit getragene Gefieder bezeichnet; in voller Entfaltung tritt es im Frühjahr auf (sog. Hochzeitskleid). Wenn die Brutzeit zu Ende geht, ändert sich infolge eines Federwechsels (Mauser) das Aussehen der Vögel — es wird das Ruhekleid (Winterkleid) angelegt. Viele zuvor bunt gefärbte Männchen bekommen ein Gefieder, das dem der Weibchen oft so ähnlich ist, daß unter feldornithologischen Bedingungen Männchen und Weibchen nicht mehr zu unterscheiden sind.

Ein gutes Fernglas erleichtert die Beobachtung von Einzelheiten wesentlich. Ein binokulares Prismenglas mit 8-facher Vergrößerung reicht für fast alle Zwecke aus. Auf den Verbreitungskarten ist das Brutgebiet (Areal) schwarz dargestellt; die regelmäßige Nordgrenze der Winterverbreitung, öfters das normale Winterareal, ist mit einer Linie begrenzt. Pfeilstriche am unteren Rande der Verbreitungskarten weisen auf die Zugrichtung fernziehender Vogelarten hin, die ihre Winterquartiere meist südlich der Sahara aufsuchen. Bei einigen in Europa alljährlich überwinternden Vogelarten liegen die Brutareale außerhalb des Kartenbereichs — ihre Lage in der Arktis oder in Nordasien wird mit Pfeilen am oberen Kartenrand angedeutet.

Größe: Die Körpergröße eines Vogels in freier Natur ist bei flüchtiger Beobachtung meist nicht feststellbar, denn sie hängt vor allem von der richtigen Entfernungsschätzung ab. Der Größeneindruck wird ferner von Beleuchtung, Durchsichtigkeit der Luft und kontrastlosem Hintergrund beeinflußt. Deshalb wurden zum Größenvergleich allgemein bekannte Vogelarten von bekannter Körpergröße gewählt, also Sperling, Amsel, Taube, Krähe, Stockente und Gans, die der Beochachter bei jeder Gelegenheit und unter verschiedensten Bedingungen beobachten kann. Besonders schwer fällt es, die Entfernung von Vögeln im Fluge zu schätzen (z. B. Greifvögel, Tauben, Drosseln und Krähen), aber auch hier macht Übung den Meister.

Körperform, besonders Flügel- und Schnabelform sowie die Schwanzlänge sind für die Bestimmung vieler Vogelarten wichtig. Bei den schwimmenden Wasservögeln ist auf Kopfform, Schwanzhaltung, Tiefenlage u.a. zu achten.

Topographie des Vogelkörpers

A. Turmfalk
B. Flügel des Stockentenerpels

1. Scheitel
2. Stirn
3. Schnabel mit Wachshaut
4. Kehle
5. Halsseite
6. Bartstreif
7. Brust
8. Afterflügel (Daumenfittich)
9. Bauchseiten (Flanken)
10. Bauch
11. Unterschenkel (Wade) mit Federhosen
12. Lauf (Bein)
13. Zehen
14. Unterschwanzdecken
15. Oberschwanzdecken
16. Steuerfedern (Schwanz)
17. Augenring
18. Hinterkopf
19. Wangen
20. Flügelbug
21. Oberrücken
22. Rücken
23. Bürzel
24. Handschwingen
25. Schwanzbinde
26. Flügeldecken
27. Armschwingen
28. Spiegel
29. Schulterfedern

A.

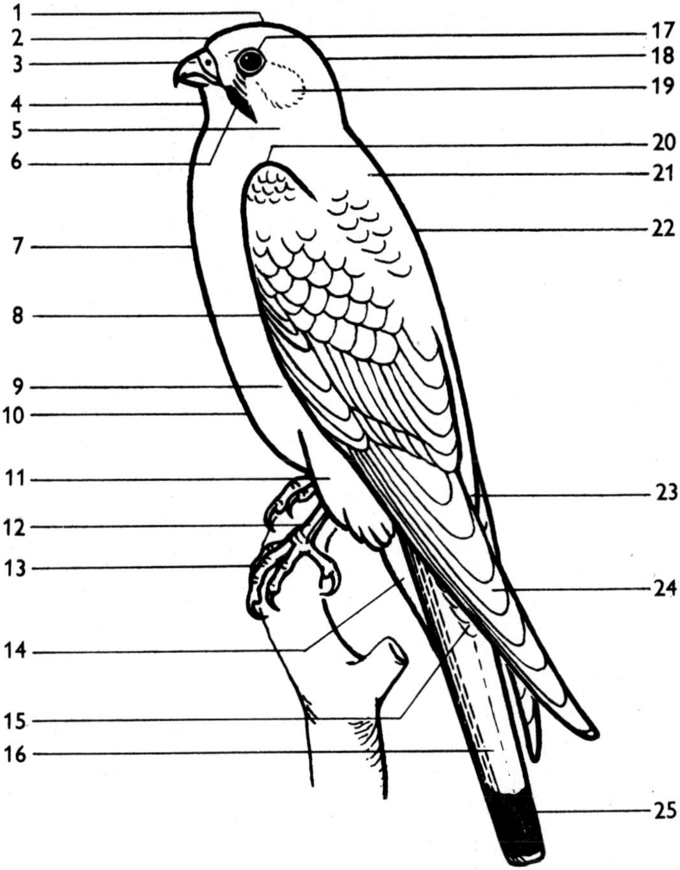
1
2
3
4
5
6
7
8
9
10
11
12
13
14
15
16
17
18
19
20
21
22
23
24
25

B.

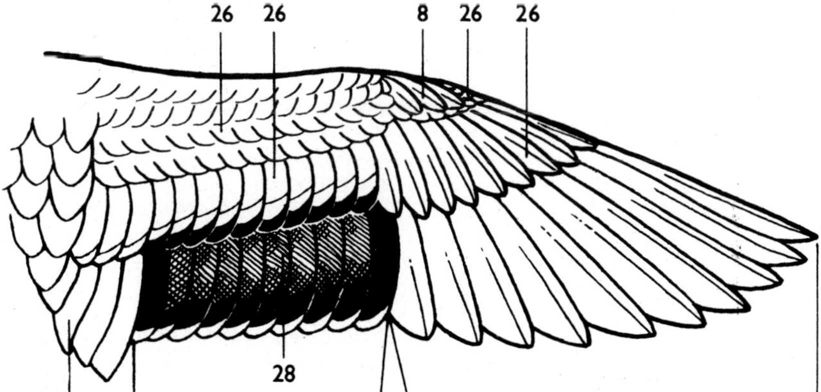
26
26
8
26
26
28
29
27
24

Die Zeichnung bietet im Zusammenhang mit den anderen Merkmalen, besonders auch der Farbe des Gefieders, die wichtigsten Kennzeichen. Man bezeichnet als Augenstreif einen auffälligen, hellen oder schwarzen Strich in der Augengegend (s. Kleiber, Goldhähnchen, Schafstelze), als Scheitelstreif eine ähnliche Gefiederzeichnung auf dem Kopfscheitel (s. Seggenrohrsänger, Regenbrachvogel). Der Zügel ist ein farbiger, oft auch federloser Streif, der vom Schnabelwinkel zum Auge führt. Der Bartstreif führt beiderseits vom Schnabelwinkel an den Halsseiten hinab (s. Baumfalk, Grünspecht, Bartmeise). Sehr wichtige Merkmale zur Bestimmung der Vögel im Fluge gibt das Zeichnungsmuster der Flügeloberseite; manchmal ist es nur ein charakteristischer, weißer Flügelstreif oder der Hinterrand des Flügels, öfters sind es weiße, dunkle oder metallfarbene Flügelmuster und Flächen (z. B. die „Spiegel" der Schwimmenten). Solche Kennzeichen sind im Text und auf den Abbildungen hervorgehoben. Ein dunkler oder weißer Schwanzsaum kann das Schwanzende in charakteristischer Weise zieren, oft kommen auch andere Muster an den Steuerfedern vor, z. B. Querbänderung, ein Keilfleck u. a.; bei vielen Vogelarten sind die Randfedern des Schwanzes weiß und fallen daher besonders bei Fächerung des Schwanzes auf. Oft ist die Färbung des Bürzels gegenüber dem Schwanz und dem Rücken verschieden und liefert selbst bei recht ähnlichen Arten ein wertvolles Bestimmungsmerkmal (z. B. Gold- und Kiebitzregenpfeifer, Rohr- und Kornweihe).

Als Schleier wird eine strahlenförmige Anordnung des Kopfgefieders am Schnabel einiger Vögel (Eulen, Weihen) bezeichnet; er umrahmt auch die Gesichtspartien mit den nach vorne gerichteten Augen.

Der Beobachter muß also möglichst viele solcher Kennzeichen in aller Eile erfassen, um zur eindeutigen Bestimmung des beobachteten Vogels zu gelangen.

Die Vogelstimmen, besonders der Gesang, gehören zu den wichtigsten Feldkennzeichen, und ihre Kenntnis erleichtert die Bestimmung einer Vogelart ganz wesentlich. Oft ist die Stimme bei versteckt lebenden oder einander in Farbe und Gestalt sehr ähnlichen Vogelarten das einzige brauchbare Hilfsmittel zur schnellen Artbestimmung. Es sei hier nur auf die äußere Ähnlichkeit einiger Rohrsänger, Laubvögel und Baumläufer hingewiesen. Die sehr versteckt lebenden Rallen und die nur während der Dämmerung und Nacht aktiven Vögel (Eulen, Ziegenmelker) sind kaum mit optischen Mitteln anzusprechen. Die Stimmenkenntnis wird in solchen Fällen eines der wichtigsten Hilfsmittel des Feldornithologen sein. In diesem Buch sind wir auf die nur verbale Darstellung der häufigsten Stimmäußerungen der Vögel angewiesen, man findet aber, besonders zum Lernen der Singvogellieder, eine Reihe präziser Tonaufnahmen auf Schallplatten guter Qualität (z.B. Kosmos-Vogelstimmen-Schallplatten).

Die Bewegungsweise hilft recht oft bei der Bestimmung. Manche Vögel können sich auf dem Boden vorwiegend schrittweise, hüpfend, watschelnd oder laufend bewegen und haben dadurch eine ganz charakteristische, arteigene Eigenschaft. Einige klettern an senkrechten Baumstämmen herum (Spechte, Kleiber, Baumläufer). Viele Wasservögel tauchen, wobei auch die Technik und Dauer des Tauchens unterschiedlich sein können. Oft werden arteigene Schwanzbewegungen (Schwanzzittern, -zucken, -kreisen, -stelzen), wippende bis schaukelnde und knicksende Bewegungen mit dem ganzen Körper (Uferläufer, Steinkauz) oder zuckende Kopfbewegungen (Bläßhuhn, Tauben) gemacht. Der Flug kann von einem hörbaren Geräusch begleitet sein (z. B. schnurrend beim Rebhuhn, polternd beim Fasan und Auerhahn), manchmal können ähnliche Vogelarten nach der Schnelligkeit des Flügelschlags unterschieden werden (Möwen, Habicht und Sperber). Für einige Vogelarten ist der Rüttelflug kennzeichnend (Turmfalk, Flußseeschwalbe, Raubwürger). Selbst die Flugbahn (geradlinig, wellig bis hüpfend) gibt charakteristische Anhaltspunkte. Einige Vögel haben einen typischen Balzflug (z.B. Feldlerche, Baumpieper). Aus alledem wird klar, daß es an Merkmalen zur Bestimmung der Vögel nicht fehlt. Die notwendigen Erfahrungen aber muß der Beobachter selbst sammeln.

Die Kenntnis der Nester und Eier kann dem Feldornithologen einige ergänzende Hinweise zur Bestimmung der Vögel geben und deshalb wurden auch einige Gelege und Nester abgebildet. Der Nestfund ist zwar als strikter Brutbeweis einer Vogelart zuweilen notwendig, doch soll man nur in dringenden Fällen nach Nestern suchen, um Brutstörungen zu verhindern. Besonders Manipulationen mit den Eiern sind möglichst zu vermeiden.

Die Brutzeit im weitesten Sinne umfaßt das ganze Brutverhalten, also auch die Balz, die schon einen Monat vor dem Eierlegen beginnen kann, den Nestbau und die Eiablage, die Eibebrütung (Brutdauer), Jungenfütterung (Nestlingsdauer) und das Führen der noch nicht selbständigen Jungvögel. Im vorliegenden Buch bezeichnen wir aus praktischen Gründen nur die Zeit vom Beginn der Eiablage bis zum Abschluß der Jungenpflege als „Brutzeit“. Den Zeitpunkt des Brutbeginns in den südlichsten und den nördlichsten Breiten des europäischen Brutareals, der bis zu 6 Wochen verschieden sein kann, konnten wir hier nicht berücksichtigen, ebensowenig die lange Führdauer der Gänse, einiger Enten und der Hühnervögel, bei denen die Familien ziemlich lange zusammenhalten. Die Brutzeit wird auch verlängert, wenn die normale Brut verunglückt und dann eine Ersatzbrut folgt. Die hier angegebene Brutzeit gilt vorwiegend für die Verhältnisse in Mittel- und Westeuropa, sie ist für Südeuropa um 2—3 Wochen vorzuverlegen und liegt für Nordeuropa um 2—3 Wochen später. Wo nicht ausdrücklich angegeben, gibt es nur eine Jahresbrut.

Als Gelegegröße wird die durchschnittliche Zahl der gelegten Eier bezeichnet (Vollgelege). Mitunter kann die Eierzahl, besonders bei Spätgelegen, geringer sein, oder es entstehen manchmal durch Zusammenlegen von zwei Weibchen in dasselbe Nest abnormal große Gelege (geschieht öfters bei Enten).

Für die Zugzeit gelten ähnlich große Zeitunterschiede (bis zu 10 Wochen bei weit verbreiteten Arten mit Arealgrenzen vom südlichsten Europa bis zum Polarkreis). Es mußte also auch in diesem Falle mehr auf die mitteleuropäischen Verhältnisse Rücksicht genommen werden. Eine Vogelart kann in einem Beobachtungsgebiet das ganze Jahr über gefunden werden. Das bedeutet entweder, daß es sich um einen Standvogel handelt, der während des ganzen Jahres in der Nähe seines Brutplatzes verbleibt (z. B. Haussperling, Kleiber, Sumpfmeise), oder es ist ein sog. Teilzieher, bei dem nur ein Teil der örtlichen Population fortzieht, während von anderswo noch einige Vögel derselben Art dazukommen können. Viele Vogelarten sind in Mitteleuropa Teilzieher, wogegen sie sich in Nordeuropa wie Zugvögel und in Süd- und Westeuropa wie Standvögel verhalten. Unter „Zugvogel“ versteht man eine Vogelart, die alljährlich zu einem nicht allzu veränderlichen Zeitpunkt ihren Brutplatz verläßt, um einen entfernten Winterplatz aufzusuchen, und im Frühjahr mit ähnlicher Regelmäßigkeit ihrem Brutplatz wieder zufliegt. Solche Vögel halten sich im Beobachtungsgebiet nur den Sommer über auf (Sommervögel). Typische Zugvögel gibt es unter insektenfressenden Vögeln (Schwalben, Segler, Kuckuck), aber auch unter Vögeln, die ihre Nahrung im oder am Wasser aufsuchen (Seeschwalben, Storch). Sie legen mitunter alljährlich sehr lange Zugreisen von mehreren tausend Kilometern zurück. Es gibt freilich alle möglichen Übergänge zwischen den einzelnen Kategorien, darunter die Strichvögel, die ebenfalls ihren Brutplatz verlassen, aber unbeständig den nicht allzu entfernten Winteraufenthaltsplatz wechseln. Schließlich sei noch der Invasionsvogel genannt, womit Arten mit unregelmäßigem Zugverhalten bezeichnet werden, die meist in längeren Jahresabständen in großer Anzahl erscheinen können. Solche Masseneinfälle werden meist von nord- und osteuropäischen Vogelarten gebildet, z. B. Birkenzeisig, Kreuzschnabel, Seidenschwanz, Dünnschnäbliger Tannenhäher, Rotfußfalk. In einem Beobachtungsgebiet, das zwischen dem Brut- und Wintergebiet einer Vogelart liegt, erscheint die Art nur während der Zugzeit (Durchzugsvogel). Brutvögel Nordeuropas und der Arktis erscheinen in den übrigen Gebieten Europas als Wintergäste. Vögel, die von ihren normalen Arealen und Zugwegen abirren oder durch Windstürme verschlagen werden und dann in ganz fremden Gebieten erscheinen, nennt man Irrgäste (z. B. Seevögel im Binnenland, oder einige Arten aus Asien und Nordamerika — s. S. 321).

Bestimmung der Vögel nach Typen

Die Gruppenzugehörigkeit beobachteter Vögel bereitet in den meisten Fällen selbst dem Anfänger keine allzu großen Schwierigkeiten. Man wird leicht zwischen einem Singvogel, einer Eule und einer Ente unterscheiden; es kann aber einem unerfahrenen Beobachter schwerfallen, einen Wendehals (Spechtvogel) nicht bei den Singvögeln einzureihen, einen fliegenden Kuckuck nicht als Greifvogel zu betrachten oder einen Taucher nicht zuerst für eine Ente zu halten. Aber es geht nur um den Anfang! Es gibt ja so viele Unterschiede in der Form der einzelnen Körperteile, in der Bewegungs- und Sitzweise, im ganzen Verhalten einschließlich der Stimmäußerungen, daß eine richtige Bestimmung der Zugehörigkeit zu der oder jener Gruppe von Vögeln (Ordnung, Unterordnung, manchmal auch noch Familie) kaum fehlschlagen kann.
Die Haupttypen der verschiedenen Vogelarten finden wir auf den folgenden Bildseiten.

Wasser- und Strandvögel

sind gänzlich oder wenigstens bei der Nahrungssuche auf Wasser angewiesen

		Ähnlichkeit mit
Taucher Liegen tief auf dem Wasser, tauchen oft und lange. Breiter Körper, verlängerter Hals, Schnabel dolchartig spitz, schwanzlos.	 Haubentaucher	 Ente
Ruderfüßler Groß, verlängerter Hals, Hakenschnabel. Taucht.	 Kormoran	 Taucher

Schreitvögel

Groß. Langer Hals und lange Beine. Schnabel lang und spitz auslaufend.

Graureiher

Kranich

Entenvögel

Verlängerter Hals, ziemlich großer Kopf mit seitwärts gerichteten Augen. Schnabel meist flach, mit „Nagel“ an der Spitze. Kurzer Schwanz. Oft bunter „Spiegel“ am Flügel. Viele sind gewandte Taucher.

Ente

Gans

Bläßhuhn

Rallenvögel

Bläßhuhn

Groß, hochbeinig und langhalsig, oder entengroß bis drosselgroß

Kranich

Storch

Wasserralle

Wasserläufer

Watvögel

Kleine bis mittelgroße Vögel mit ziemlich großem Kopf und langen Beinen. Schnabel dünn und lang. Schwanz kurz, Flügel schmal, sichelförmig.

Kiebitz

Wasserläufer

Ähnlichkeit mit:

Wasserralle

Möwenvögel

Mittelgroße bis große Vögel mit langen, schmalen Flügeln – gewandte Flieger. Beine kurz.

Lachmöwe

Alken

Kopf ziemlich groß, Schnabel seitlich abgeflacht. Füße und Schwanz kurz. Mittelgroß. Vortreffliche Taucher. Nur Meeresbewohner.

Alk

Ähnlichkeit mit:

Ente

Taucher

Baum- und Bodenvögel

Die überwiegend im Flug sichtbaren Vogeltypen sind im Flugbild dargestellt.

Greifvögel

Hakenschnabel. Meist große Vögel mit langen Flügeln. Schnelle und gewandte Flieger, fliegen oft im kreisenden Segelflug.

Turmfalk

Seeadler

Hühnervögel

Meist mittelgroße Bodenvögel mit kräftigen Scharrfüßen. Kopf klein, Schnabel stark, spitzenwärts gekrümmt.

Rebhuhn

Fasan

Taubenvögel

Kleiner Kopf, trippelnder Gang, Kopfnicken.

Ringeltaube

Ähnlichkeit mit

Kuckucksvögel

Schlank. Langer, stufenförmiger Schwanz. Kurze Beine.

Kuckuck

Sperber

Eulenvögel

Großer Kopf mit großen, nach vorn gerichteten Augen. Abgerundete Flügel, leiser Flug.

Waldkauz

Ziegenmelker

Großer Kopf mit großen Augen. Flug schwalbenähnlich.

Ziegenmelker

Turmfalk

Baum- und Bodenvögel | *Ähnlichkeit mit*

Seglervögel

Schwalbenähnliches Flugbild; Sichelflügel.

Mauersegler

Schwalbe

Rackenvögel

Sperlings- bis hähergroß. Meist metallisch bunt. Ziemlich langer Schnabel.

Eisvogel Wiedehopf

Amsel

Spechtvögel

Klettern an senkrechten Baumstämmen. Keilförmiger Schnabel und Stützschwanz.

Grünspecht

Sperlingsvögel

Kleine bis mittelgroße Vögel, meist mit kürzerem Schnabel und längerem Schwanz.

Krähe

Schwalbe

Grasmücke

Buchfink

Stelze

Das System der Vögel

Unser Buch ist nach dem wissenschaftlichen System eingeteilt, das die großen Ordnungen der Vögel nach Gruppen zusammenfaßt. Die Ordnungen ihrerseits sind in Familien unterteilt, diese in Gattungen, die Gattungen in Arten. Bei den wissenschaftlichen Namen gibt jeweils der erste die Gattung, der zweite die Art an. Manche Ordnungen und viele Familien sind nicht aufgeführt, da sie nur Arten enthalten, die in Mitteleuropa nicht vorkommen (die nur unter den Irrgästen — Seite 321 — erwähnten, sind mit einem * bezeichnet):

Ordnung	**Familie**
Seetaucher *(Gaviiformes)*	Seetaucher *(Gaviidae)*
Steißfüße *(Podicipediformes)*	Lappentaucher *(Podicipedidae)*
Röhrennasen = Sturmvögel *(Procellariiformes)**	Sturmschwalben *(Hydrobatidae)** Sturmvögel *(Procellariidae)**
Ruderfüßler *(Pelecaniformes)*	Kormorane *(Phalacrocoracidae)* Tölpel *(Sulidae)** Pelikane *(Pelecanidae)**
Schreitvögel *(Ciconiiformes)*	Reiher *(Ardeidae)* Störche *(Ciconiidae)* Ibisse *(Threskiornithidae)*
Flamingos *(Phoenicopteriformes)**	Flamingos *(Phoenicopteridae)**
Entenvögel *(Anseriformes)*	Enten *(Anatidae)*
Greifvögel *(Falconiformes)*	Geier, Adler, Bussarde u. a. *(Accipitridae)* Falken *(Falconidae)* Fischadler *(Pandionidae)*
Hühnervögel *(Galliformes)*	Rauhfußhühner *(Tetraonidae)* Feldhühner *(Phasianidae)*
Rallenvögel *(Gruiformes)*	Rallen *(Rallidae)* Kraniche *(Gruidae)* Trappen *(Otididae)*
Watvögel = Limikolen *(Charadriiformes)*	Austernfischer *(Haematopodidae)* Regenpfeifer *(Charadriidae)* Schnepfen *(Scolopacidae)* Wassertreter *(Phalaropidae)* Säbelschnäbler *(Recurvirostridae)* Triele *(Burhinidae)* Brachschwalben *(Glareolidae)*

Möwenvögel *(Lariformes)*	Möwen *(Laridae)*
	Seeschwalben *(Sternidae)*
	Raubmöwen *(Stercoraridae)*
Alken *(Alciformes)*	Alken *(Alcidae)*
Taubenvögel *(Columbiformes)*	Tauben *(Columbidae)*
Flughühner *(Pterocliformes)**	Flughühner *(Pteroclidae)*
Eulenvögel *(Strigiformes)*	Eulen *(Strigidae)*
	Schleiereulen *(Tytonidae)*
Kuckucksvögel *(Cuculiformes)*	Kuckucke *(Cuculidae)*
Ziegenmelker *(Caprimulgiformes)*	Ziegenmelker *(Caprimulgidae)*
Seglervögel *(Apodiformes)*	Segler *(Apodidae)*
Rackenvögel *(Coraciiformes)*	Racken *(Coraciidae)*
	Eisvögel *(Alcedinidae)*
	Bienenfresser *(Meropidae)*
	Hopfe *(Upupidae)*
Spechtvögel *(Piciformes)*	Spechte *(Picidae)*
Sperlingsvögel *(Passeriformes)*	Schwalben *(Hirundinidae)*
	Seidenschwänze *(Bombycillidae)*
	Lerchen *(Alaudidae)*
	Stelzen *(Motacillidae)*
	Wasseramseln *(Cinclidae)*
	Zaunkönige *(Troglodytidae)*
	Würger *(Laniidae)*
	Braunellen *(Prunellidae)*
	Grasmücken *(Sylviidae)*
	Goldhähnchen *(Regulidae)*
	Fliegenschnäpper *(Muscicapidae)*
	Drosseln *(Turdidae)*
	Dickschnabelmeisen *(Paradoxornithidae)*
	Schwanzmeisen *(Aegithalidae)*
	Beutelmeisen *(Remizidae)*
	Meisen *(Paridae)*
	Spechtmeisen *(Sittidae)*
	Baumläufer *(Certhiidae)*
	Ammern *(Emberizidae)*
	Finken *(Fringillidae)*
	Weber *(Ploceidae)*
	Stare *(Sturnidae)*
	Pirole *(Oriolidae)*
	Rabenvögel *(Corvidae)*

Erklärungen

Auf den Bildtafeln werden folgende allgemein gebrauchte Zeichen und terminologische Abkürzungen benützt:

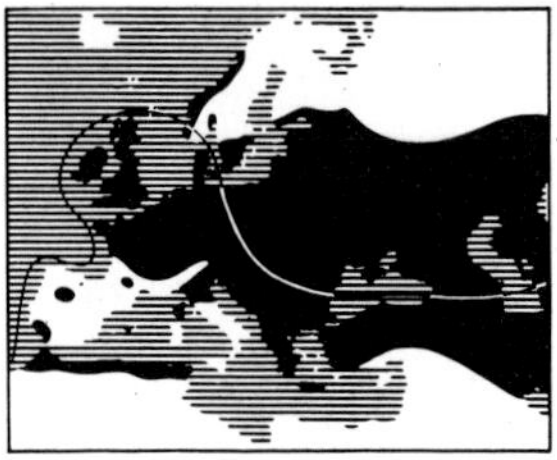

♂ = Männchen
♀ = Weibchen
D = Dunenkleid
juv = Jugendkleid (juvenilis)
imm = unausgefärbt (immaturus = unreif)
ad = Alterskleid (adultus = geschlechtsreif)
So = Sommerkleid (Brutkleid)
W = Winterkleid (Ruhekleid)
HV = Helle Farbvariante
DV = Dunkle Farbvariante

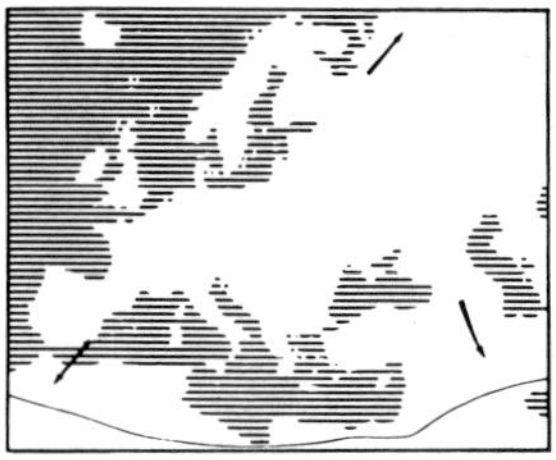

In den Verbreitungskarten ist das Brutareal durch die schwarze Fläche dargestellt. Das regelmäßige Überwinterungsgebiet ist mit einer Linie begrenzt, die meistens den nördlichen Rand der Winterquartiere bezeichnet und manchmal die wichtigsten Wintergebiete irgendwie umgrenzt. Öfters liegen die Überwinterungsgebiete außerhalb des Kartenbereichs (meist südlich), in wenigen Fällen fallen die Brutareale aus dem Rahmen des kartographischen Bildes, in beiden Fällen ist ihre Lage durch Pfeile bezeichnet.

Die Verbreitungskarten Seite 24 (oben) und Seite 246 (Mitte) enthalten Verbreitungsangaben von je 2 Vogelarten: Im ersten Fall ist die Verbreitung des Gelbschnabel-Eistauchers im europäischen Raum gestrichelt dargestellt und im zweiten Fall ist die Verbreitung der Rabenkrähe und Nebelkrähe nebeneinander gezeigt.

Bestimmungstafeln

Eistaucher 1
Gavia immer
Great Northern Diver
Plongeon imbrin
Strolaga maggiore
Colimbo grande

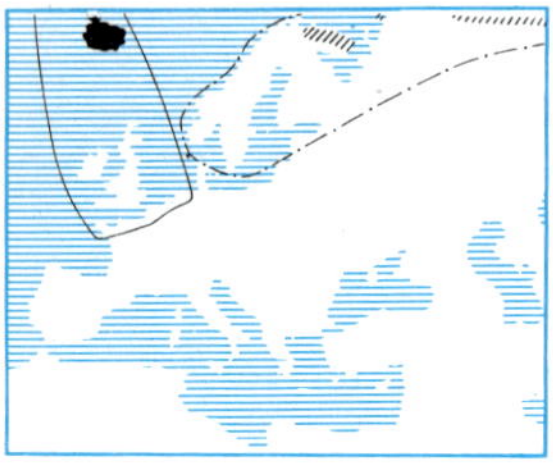

Gänsegroß. Im Brutkleid vom Prachttaucher durch schwarzen Kopf und massiven, schwarzen Schnabel unterschieden. ♂ = ♀. Im Schlicht- und Jugendkleid nicht immer eindeuting vom Prachttaucher zu unterscheiden, Merkmale bieten manchmal die Schnabelstärke, der dickere Hals und etwas eckig scheinende Kopf. Stimme: am Brutplatz ein tremolierendes, weithin hörbares Heulen, im Winter meist stumm. Arktische Vogelart; brütet wie Prachttaucher auf Binnenseen. Selten. Brutzeit: VI.—VIII. Nahrung: Fische. Seltener Wintergast, der regelmäßiger nur im Küstenbereich der Nordsee erscheint (IX.—V.); im Binnenland Irrgast. Der **Gelbschnabel - Eistaucher** — *Gavia adamsii (1a)*, ist ein seltener Wintergast an den europäischen Küsten und ein Irrgast im Binnenland, der an der arktischen Küste Sowjetrußlands zu Hause ist. Vom Eistaucher durch hellen, elfenbeinfarbenen Schnabel unterschieden, dessen Oberkante gerade und dessen Unterkante gewinkelt ist, wodurch er aufgeworfen erscheint.

Prachttaucher 2
Gavia arctica
Black-throated Diver
Plongeon lumme
Strolaga mezzana
Colimbo árctico

Fast gänsegroß und schwanzlos, wirkliche Größe aber meistens durch die tiefe Schwimmlage verdeckt. ♂ = ♀. Schlichtkleid gleicht anderen Seetauchern, aber Unterschiede in Schnabelform bzw. Größe; am Rücken undeutlich geschuppt und am Hals oft gefleckt oder ± dunkel überflogen (siehe übrige Arten). Im Flug schneller Flügelschlag, Flügelspiegel fehlen. Hält sich ausschließlich auf dem Wasser auf, taucht viel und sehr leicht, normale Tauchdauer bis 1 Minute. Stimme: am Brutplatz bellende Einzelrufe und ein längerer heulender Ruf. Brütet an fischreichen Seen; erscheint zur Zugzeit und im Winter vorzugsweise an der Seeküste und auf größeren Binnengewässern. Nicht häufig. Brutzeit: V.—VI. Nest unmittelbar am Wasser, mit 2 braunen, spärlich gefleckten Eiern. Jungvögel werden von beiden Eltern bis 2 Monate lang auf dem Wasser geführt und gefüttert. Nahrung: Fische. Wintergast vom X. bis III.

Sterntaucher 3
Gavia stellata
Red-throated Diver
Plongeon catmarin
Strolaga minore
Colimbo chico

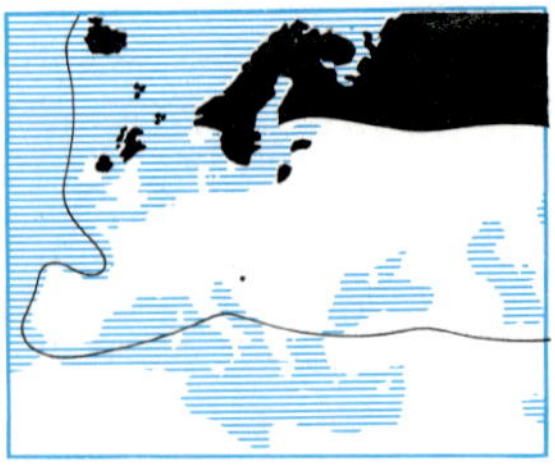

Meist etwas kleiner als Prachttaucher und durch den schlanken, infolge gewinkelter Unterkante leicht aufgeworfen wirkenden Schnabel unterschieden. Im Brutkleid am rotbraunen Kehlfleck und dem fehlenden Rückenmuster leicht kenntlich. ♂ = ♀. Im Schlicht- und Jugendkleid insgesamt heller wirkend als Prachttaucher, besonders am Kopf mehr weiß; sonst ist die scheinbar aufgebogene Schnabelform maßgebend. Zur Brutzeit meist auf kleineren Seen mit Vegetationsgürtel; im Winter vorwiegend an den Meeresküsten, seltener auf Binnengewässern. Ziemlich selten. Lebensweise wie Prachttaucher, aber öfters gesellig brütend. Stimme: am Brutplatz gackernde Rufe oder längere, laute Rufreihen, auch klagendes Miauen; Wintervögel bleiben gewöhnlich still. Brutzeit: V. bis VII. Gelege: 2 olivgrünliche bis braune Eier mit spärlicher schwarzbrauner Fleckung. Nahrung: Fische. Durchzugs- und Wintervogel; Zug: X.—XII. und III.—IV.

1 W
1 So
1 a W
2 W
2 So
2 D
3 W
3 So

Haubentaucher 1
Podiceps cristatus
Great Crested Grebe
Grèbe huppé
Svasso maggiore
Somormujo lavanco

Etwa entengroß mit schlankem, reinweiß gefärbtem Hals, spitzem Schnabel und glänzend weißem Brustgefieder. Zur Brutzeit am Kopf ein zweigeteilter Schopf und eine spreizbare Federkrause. Schwanzlos. ♂ = ♀. Dunenjunges mit schwarzen Längsstreifen; Jungvogel mit dunklen Wangen- und Halsstreifen. Lebt ausschließlich auf dem Wasser, taucht viel. Balz mit hochgerecktem Körper, Brust an Brust, ausgestrecktem Hals, Kopfschütteln und lauten Rufen „gröck“ und „keckeckeck“; auch trompetendes „arrr“. Brutzeit: IV.—VIII. Nest aus Wasserpflanzen schwimmt auf dem Wasser und wird im Rande des Schilfgürtels verankert. 3—6 weiße, später braungefärbte Eier, die beim Verlassen des Nestes verdeckt werden. Die Jungen werden nach dem Schlüpfen im Rückengefieder der schwimmenden Eltern gewärmt. Hauptnahrung sind Fische. Teilzieher; Zug vom VIII. bis XI., viele überwintern auf nicht einfrierenden Seen, Flüssen und an der Seeküste.

Rothalstaucher 2
Podiceps griseigena
Red-necked Grebe
Grèbe jougris
Svasso collorosso
Somormujo cuellirrojo

Vom Haubentaucher durch etwas kleinere und gedrungenere Gestalt unterschieden. Im Brutkleid mit kürzerem und dickerem rostroten Hals, hellgrauen Kopfseiten, kurzen Federhörnchen und gelber Schnabelwurzel, im Ruhekleid am grauen Hals und fast hörnchenlosen Kopf kenntlich. ♂ = ♀. Dunenjunges wie beim Haubentaucher. Lebt nur auf dem Wasser und taucht oft. Zur Brutzeit auf vegetationsreichen Teichen und Seen in niederen Höhenlagen. Liebt Deckung. Balzverhalten ähnlich wie Haubentaucher. Ruft oft gereihte „ga“ oder „keck“-Rufe; im Frühjahr ist oft ein lärmendes Balzgebrüll, dem Wiehern eines Fohlens ähnlich, weithin hörbar. Ziemlich selten. Brutzeit: IV.—VII. Nest wie Haubentaucher. 3—5 weiße, später braungefärbte Eier. Junge im Dunengefieder werden auf dem Rücken der Alten befördert. Nahrung: Kleine Fische und Frösche, Insekten, Weichtiere. Teilzieher; Zug im III.—IV. und IX.—X.; überwintert vereinzelt.

Zwergtaucher 3
Podiceps ruficollis
Little Grebe
Grèbe castagneux
Tuffetto
Zampullin chico

Kleinster Lappentaucher, von gedrungener Gestalt mit kurzem Hals. Im Brutkleid am kastanienbraunen Hals und an leuchtend grünlichgelben Schnabelwinkeln kenntlich. Im Winter überwiegend rostfarbig. ♂ = ♀. Im Flug ohne weiße Flügelfelder. Dunenjunges fast schwarz mit undeutlicher Längsstreifung. Hält sich nur auf dem Wasser auf, schwimmt relativ hoch, meist mit gesträubtem Gefieder und taucht viel. Häufige Art auf verlandenden Teichen und Seen, im Winter auf vegetationslosen Gewässern und Flußläufen. Die Balz fällt besonders durch andauerndes Trillern beider Partner — eine explosive „bibibibi“-Strophe — sowie durch schnelles Entgegenschwimmen und Tauchen auf. Brutzeit: IV.—VII., zwei Jahresbruten. Das Schwimmnest enthält meist 5—6 Eier, die frisch gelegt weiß, später braun gefärbt sind. Nahrung: überwiegend Insekten, weniger Weichtiere, im Winter auch Fischchen. Teilzieher: Zug VIII.—XII., wetterbedingt; viele überwintern bis zum III.

1 W
1 So
2 So
1 D
2 W
3 So
3 W

Schwarzhalstaucher 1
Podiceps nigricollis
Black-necked Grebe
Grèbe à cou noir
Svasso piccolo
Zampullin cuellinegro

Etwa rebhuhngroß mit dünnem, etwas aufgebogen erscheinendem Schnabel und steil getragenem Stirngefieder. Im Brutkleid schwarzer Hals und eng anliegende rostgelbe Federbüschel am Kopfe. ♂ = ♀. Im Winterkleid unterscheidet ihn vom äußerst ähnlichen Ohrentaucher die Schnabel- und Kopfform, sowie die verwaschene Trennungslinie zwischen dem schwarzen Oberkopf und den weißen Wangen. Dunenjunges dunkel gefärbt mit undeutlicher Längsstreifung. Ausschließlicher Wasserbewohner; taucht oft. Häufige Art auf vegetationsreichen Teichen und Seen. Brutzeit V.—VI., jährlich eine Brut. Brütet in Kolonien, meist in Gesellschaft von Lachmöwen. Stimme: ein pfeifendes „püíb". Nest ein unauffälliger Haufen Wasserpflanzen mit 3—4 zuerst weißen, dann braun gefärbten Eiern. Dunenjunge werden von den Eltern auf den Rücken genommen. Hauptnahrung sind Wasserinsekten. Zugvogel; Zug im IV. und IX.—XI.

Ohrentaucher 2
Podiceps auritus
Slavonian Grebe
Grèbe esclavon
Svasso cornuto
Zampullin orejudo

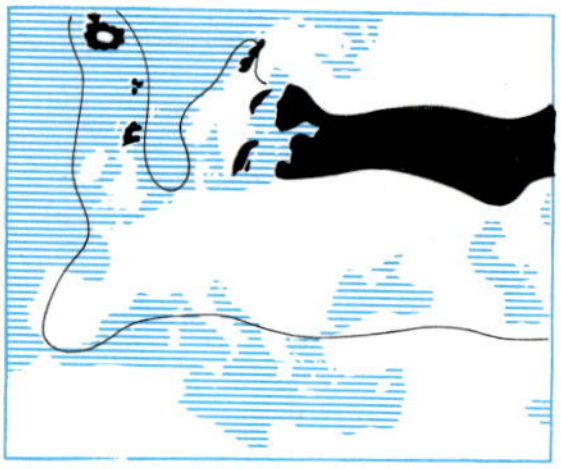

Rebhuhngroß, vom Schwarzhalstaucher durch orangegelbe, spreizbare Federbüschel an den Kopfseiten und durch rostroten Hals unterscheidbar. Im Winterkleid sehr ähnlich Schwarzhalstaucher, Schnabel aber symmetrisch zugespitzt mit heller Spitze; flacherer Scheitel und kontrastreichere Kopfzeichnung mit scharf begrenztem schwarzen Oberkopf und reinweißen Wangen. ♂ = ♀. Im Flug auffallendes weißes Flügelschild. Dunenkleid schwärzlich mit deutlicher Streifung der Oberseite. Lebt nur auf dem Wasser und taucht viel. Bewohnt Süßwasserseen, im Winter die Seeküste und erscheint regelmäßig in kleiner Zahl auf größeren eisfreien Binnengewässern. Brutzeit: V.—VII. Balzverhalten und Nest wie Schwarzhalstaucher, nistet öfters auch kolonieweise. Gelege: 3—5 Eier. Stimme: ein Balztriller; außerhalb der Brutzeit wenig ruffreudig. Hauptnahrung bilden Wasserinsekten und Fischchen. Wintergast im IX.—III., selten bis V.

Ordnung: Ruderfüßler - *Pelecaniformes* **Familie: Kormorane** - *Phalacrocoracidae*

Kormoran 3
Phalacrocorax carbo
Cormorant
Grand Cormoran
Marangone
Cormorán grande

Etwa gänsegroß, schwarzgefärbt mit schlankem, an der Spitze hakigem Schnabel und nacktem Kehlsack. Brutkleid schwarz mit meist weißem Kopf- und Halsgefieder. ♂ = ♀. Im Jugendkleid oberseits bräunlich und auf der Unterseite ± weiß. Hält sich meist auf dem Wasser auf, schwimmt tiefliegend mit gehobenem Kopf und Schnabel. Taucht viel. Ruht in aufrechter Haltung auf Steinen, Pfählen oder Bäumen, die aus dem Wasser ragen, oft mit gespreizten Flügeln. Im Flugbild wirkt er mit dem vorgestreckten Hals und Kopf und dem ziemlich langen, starren Schwanz kreuzförmig. Stimme: ein rauhes Krächzen und Grunzen. Lebt an Küstengewässern und Flußmündungen, am Zug regelmäßig auch in Teichgebieten. Nistet gesellig auf hohen Laubbäumen. Brutzeit: IV. bis VII. Nest aus Zweigen und Knüppeln. Gelege: meist 3—4 hellblaue Eier mit kreideartigem Überzug. Nahrung: Fische. Stand- und Strichvogel.

1 W
1 So
2 So
2 W
1 D
3 juv
3 ad

Graureiher 1
Ardea cinerea
Heron
Héron cendré
Airone cenerino
Garza real

Etwa storchengroß. Kenntlich an der Storchgestalt, aschgrauen Oberseite, dem schwarzen Augenstreif, der mit verlängerten Schmuckfedern endet. ♂ = ♀. Jungvögel ohne Augenstreif. Dunenjunge mit langen silberglänzenden Daunen, die auf dem Kopf einen ziemlich hohen Schopf bilden. Fliegt mit langsamen Flügelschlägen und bis auf die Schultern zurückgezogenem Kopf, mit S-förmig gekrümmtem Hals. Stimme: im Flug regelmäßig ein lautes rauhes „chräík"; andere meist krächzende Lautäußerungen am Nest. Lebt vorzugsweise an Flüssen, Strömen und in Teich- und Seegebieten. Häufig. Brutzeit: III.—VII., nistet in Kolonien. Nest ein ziemlich großer Bau aus Reisig in den Wipfeln von Bäumen. Gelege: 4—5 hell blaugrüne Eier. Nahrung meist Fische, die in eigenartiger Lauerstellung erbeutet werden, daneben Amphibien und oft Feldmäuse. Teilzieher; Zug beginnt schon im VIII., viele überwintern.

Purpurreiher 2
Ardea purpurea
Purple Heron
Héron pourpré
Airone rosso
Garza imperial

Wenig kleiner als Graureiher, mit schlankerem Hals und Kopf und überwiegend rotbrauner Färbung. Jungvögel an der eintönig rotbraunen Oberseite kenntlich. ♂ = ♀. Im Flugbild wie Graureiher, aber ist durch Färbung und deutlich längere Zehen unterschieden. Stimme: im Flug ähnlich wie Fischreiher, nur etwas weicher „rääb"; am Nest grunzende und krächzende Lautäußerungen. Sporadischer Brutvogel in ausgedehnten Rohr- und Schilfbeständen. Brutzeit: IV.—VII.; nistet kolonieweise. Nest: ziemlich großer Bau aus Rohrstengeln auf umgeknicktem Schilf oder Rohr, niedrig über dem Wasser. Gelege: 4—6 blaugrüne Eier. Die Jungen sind Nesthocker, flüchten aber bei Beunruhigung bald vom Nest. Nestlingsdauer bis 2 Monate. Nahrung besteht größtenteils aus Fischen, weniger aus Amphibien, Insekten und Weichtieren. Zugvogel: die Jungvögel zerstreuen sich in alle Richtungen bereits im VII.; Zug im VIII. und IV.

Rohrdommel 3
Botaurus stellaris
Bittern
Butor étoilé
Tarabuso
Avetoro común

Größerer Reihervogel von gedrungener Gestalt, mit lockerem Gefieder, kurzen Beinen und dickem Hals. ♂ = ♀ = juv. Dunenkleid aus rotbraunen Daunen. Lebt sehr versteckt im dichten Röhricht großer Teiche, Seen und in Sumpfgebieten und ist durch ihr Zeichnungsmuster gut getarnt; nimmt bei Gefahr eine „Pfahlstellung" ein. Im Flug durch Größe, zurückgezogenen Kopf, Zeichnung und abgerundete, gewölbte Flügel gekennzeichnet. Stimme besonders nachts zu hören; der Paarungsruf ist ein weithin hörbares, tief und dumpf klingendes „ü-prumb", das mehrmals wiederholt wird. Ziemlich selten. Brutzeit: IV.—VII. Einzelbrüter. Nest im Röhricht niedrig über dem seichten Wasser, aus Schilf- und Rohrhalmen. Gelege meist aus 5—6 olivbräunlichen Eiern. Nesthocker, Junge werden etwa einen Monat lang auf dem Nest gefüttert, zerstreuen sich dann im Röhricht und werden erst im Alter von 8 Wochen flugfähig. Teilzieher. Zug: II.—IV. und VIII.—X.

1 juv
1 ad
1
2
3
3
2 ad

Seidenreiher 1
Egretta garzetta
Little Egret
Aigrette garzette
Garzetta
Garceta común

Wesentlich kleiner als Graureiher; schneeweiß, mit schwarzem Schnabel und zweifarbigen Beinen — schwarz mit gelben Zehen. Von dem ebenfalls reinweißen Silberreiher und Löffler durch kleinere Größe bzw. Schnabelform unterschieden, im Flug außerdem durch den schnelleren Flügelschlag (Silberreiher) und ein reiherartiges Flugbild (Löffler). Im Brutkleid mit langen Schmuckfedern auf dem Rücken und verlängerten Kopf- und Nackenfedern. ♂ = ♀. Bewohnt Sumpf- und Überschwemmungsgebiete des warmen Tieflandes. Nistet in Kolonien, meistens zusammen mit anderen Reihervögeln. Selten. Nest aus Reisig, mit deutlicher Nestmulde, sonst aber fast durchsichtig, in Baumkronen oder im dichten Gebüsch. Gelege aus 3—5 hell grünlichblauen Eiern. V.—VII. Nahrung: Fische, Amphibien, Würmer und Insekten, die oft auch im seichten Wasser laufend verfolgt werden. Zugvogel; Zug: III.—V. und IX.—XI.

Silberreiher 2
Casmerodius albus
Great White Egret
Grande Aigrette
Airone bianco maggiore
Garceta grande

Graureihergroß, reinweiß gefärbt. Viel größer als Seidenreiher und ohne verlängerte Kopffedern; vom Löffler besonders durch die Schnabelform unterschieden. Im Brutkleid mit verlängerten Schmuckfedern am Rücken, die aber bald wieder ausfallen. ♂ = ♀. Ruhekleid = Jugendkleid. Dunenjunge mit silberweißen Daunen, die auf dem Kopf eine Holle bilden. Flugbild reiherartig. Stimme: nur am Nest krächzende Laute; fliegt lautlos. Bewohnt flache große Seen, Teiche und ursprüngliche Stromgebiete; brütet versteckt im ausgedehnten Röhricht, meist kolonieweise. Steht oft frei sichtbar auf Sandbänken oder im seichten Wasser am Rande der Schilfflächen, setzt sich auch auf Bäume. Selten. Brutzeit: IV.—VII. Nest ähnlich wie Purpurreiher aus Schilf und Rohr niedrig über dem Wasser. Gelege: 3—5 hellblaue Eier. Nesthocker; die Jungen werden nach etwa 6 Wochen flügge. Nahrung: überwiegend Fische. Strich- und Zugvogel, Zug: III. und IX.—XI., überwintert selten.

Rallenreiher 3
Ardeola ralloides
Squacco Heron
Héron crabier
Sgarza ciuffetto
Garcilla cangrejera

Fast krähengroß und von gedrungener Gestalt; überwiegend ockergelb, mit weißen Flügeln, ziemlich dickem Hals und zerschlissenem Gefieder. ♂ = ♀. Im Ruhekleid, das dem Jugendkleid sehr ähnlich ist, fehlen die verlängerten Schmuckfedern. Unterscheidet sich im Flug von der Zwergrohrdommel durch hellen Rücken und weißen Bürzel, vom Seidenreiher, mit dem er wegen der recht hellen Färbung auf Entfernung verwechselt werden könnte, durch die größtenteils ockerbraune Oberseite. Stimme: nur am Brutplatz ein heiseres Krächzen. Lebt versteckt in Sumpf- und Überschwemmungsgebieten warmer Niederungen. Selten. Brutzeit: V.—VII. Nistet meist gemeinsam mit anderen Reiherarten. Nest aus Reisern, manchmal aus Rohrstengeln, im Gebüsch. Gelege: 4—6 bläulichgrüne Eier. Die Jungen werden mindestens 1 Monat lang im Nest betreut. Nahrung: hauptsächlich Insekten, daneben Frösche und Fische. Zugvogel, teilweise Strichvogel; Zug: IV.—V. und VIII.—IX.

1
1 So
2 So
3
3 juv
3 ad

Nachtreiher 1
Nycticorax nycticorax
Night Heron
Héron bihoreau
Nitticora
Martinete

Reichlich krähengroß, gedrungen, mit kurzen Beinen, dickem Hals, großem Kopf und starkem Schnabel. Brutkleid mit 2—4 bandförmigen, aufrichtbaren Schmuckfedern. Ruhekleid ohne Schmuckfedern. ♂ = ♀. Jugendkleid braun mit hellen Tropfflecken. Im Dunenkleid mit langen fahlbraunen Daunen. Im Flugbild mit charakteristisch abgerundetem Kopf und Flügeln; der Flug wird aber regelmäßig von lauten und rauhen „quoack"-Rufen begleitet. Ziemlich seltener Brutvogel in ausgedehnten Sumpf- und Teichgebieten und in Auwäldern an größeren Flußläufen. Fliegt erst in der Dämmerung zur Nahrungssuche. Nistet in Kolonien. Brutzeit: IV.—VII. Nest: ein kleiner korbartiger Bau aus Zweigen und Reisern im Gebüsch und auf Bäumen. Gelege: 3—5 bläulichgrüne Eier. Die Jungen werden erst mit 7—8 Wochen völlig flugfähig. Nahrung: meist Fische und Frösche, außerdem Insekten. Zugvogel; Zug: IV.—V. und VIII.—X.

Zwergdommel 2
Ixobrychus minutus
Little Bittern
Butor blongios
Tarabusino
Avetorillo común

Kleinster Reiher, nur etwa hähergroß. ♂ zweifarbig: schwarz und hell ockergelb, ♀ braun und ockergelb mit Längsstreifung an Hals und Brust. Jugendkleid ähnlich wie ♀, aber stärker gestreift. Dunenkleid ockergelblich, mit kurzen und dichten Daunen. Im Flug an der geringen Größe kenntlich. Stimme: Balzruf des ♂ ist ein regelmäßig und oft andauernd wiederholtes monotones „wruk". Verbreiteter Brutvogel im Vegetationsgürtel von Binnengewässern aller Art; hält sich versteckt im Röhricht auf und sichert sich bei Gefahr durch eine Pfahlstellung; zeigt sich am häufigsten im Flug. Brutzeit: V.—VII. Nest: kegelförmiges Körbchen aus Zweigen und Schilf-, Rohr- oder Binsenstengeln, niedrig über dem Wasser im Schilf oder Gebüsch eingebaut. Gelege: 4—6 kalkweiße Eier. Gelegentlich 2 Bruten im Jahr. Nahrung: Fische, Amphibien, Insekten und Weichtiere. Zugvogel; Zug: IV. und VIII.—IX.

Ordnung: Schreitvögel - *Ciconiiformes* **Familie: Ibisse** - *Threskiornithidae*

Brauner Sichler 3
Plegadis falcinellus
Glossy Ibis
Ibis falcinelle
Mignattaio
Morito

Etwa krähengroß, mit ziemlich dünnem Bogenschnabel und einfarbigem, scheinbar fast schwarzem Gefieder. Größtenteils rotbraun gefärbt mit dunkelgrünem Metallschimmer. ♂ = ♀. Jugendkleid matt dunkelbraun. Dunenkleid mattschwarz. Fliegt mit ausgestrecktem Hals und Beinen, hat breite und abgerundete Flügel und einen schnellen Flügelschlag. Setzt sich auch auf Bäume. Stimme: meist stumm, am Nest auch grunzende Laute. Selten. Bewohnt versumpfte Überschwemmungsgebiete, Flußmündungen und Steppenseen, kommt einzeln als Irrgast in Teichgebieten vor. Brütet kolonieweise. Brutzeit: V.—VII. Nest aus Schilfhalmen oder Reisig, niedrig im Gebüsch. Gelege aus 3—4 tief blaugrünen Eiern. Die Jungen verlassen schon nach etwa 14 Tagen die Nester, bilden Scharen und werden dann gemeinsam aufgefüttert. Nahrung: Insekten, Würmer, Weichtiere u.a. werden im Schlamm gesucht. Zugvogel; Zug: IV. und VIII.—X.

1 juv
1 ad
1
2 ♂
2 ♀
2 ♂
3
3 ad

Schwarzstorch 1
Ciconia nigra
Black Stork
Cigogne noire
Cicogna nera
Cigüeña negra

Storchengroß, überwiegend schwarz mit Erzglanz, nur am Bauch weiß. ♂ = ♀. Jugendkleid matt braun mit graugrünem Schnabel und Beinen. Dunenkleid wie Weißstorch. Verhalten ebenfalls wie Weißstorch, klappert aber viel seltener und läßt auch pfeifende und fauchende Rufe hören. Seltener und scheuer Waldbewohner, vorwiegend in Gebirgswäldern und im Hügelland mit Waldbächen; lebt meist sehr heimlich. Einzelbrüter. Brutzeit: IV.—VIII. Nest aus Ästen und Zweigen, hoch in den Kronen alter Bäume, selten auf Felsen, gewöhnlich versteckt in Wäldern. Gelege: 3—5 weiße, grün durchscheinende Eier. Brutdauer 1 Monat und Nestlingsdauer mindestens 2 Monate, dann werden die Jungen noch etwa 2 Wochen lang geführt und gefüttert. Nahrung: Fische, Frösche und Wasserinsekten, die besonders in Waldbächen gefangen werden. Zugvogel; Zug: III.—IV. und VIII.—IX.

Weißstorch 2
Ciconia ciconia
White Stork
Cigogne blanche
Cicogna bianca
Cigüeña común

Großer, überwiegend weißer Vogel. Schnabel und Beine leuchtend rot. Im Flug werden Hals und Kopf gerade ausgestreckt (Unterschied gegenüber Reihern); die Beine überragen weit den abgestutzten Schwanz. ♂ = ♀. Im Jugendkleid sind Schnabel und Beine rotbraun. Dunenkleid weiß, mit pelzartig dichtem Gefieder. Altvögel klappern rasch mit dem Schnabel, wobei der Kopf auf den Rücken geworfen wird; sonst stimmlos. Bewohnt feuchtes und versumpftes Wiesengelände in Teichgebieten und Flußauen. Brutzeit: IV.—VII. Nest ein großer Bau aus Knüppeln und Zweigen, gewöhnlich auf Dachfirsten von Gebäuden, auf unbenutzten hohen Fabrikschornsteinen und Bäumen. 3—4 weiße Eier. Brutpflege etwa 2 Monate lang auf dem Horst, dann noch einige Zeit unter Führung der Eltern. Nahrung: Frösche, Fische, Schlangen, Insekten, auch Kleinsäuger. Zugvogel; Zug: II.—IV. und VIII.—IX., überwintert ausnahmsweise.

Löffler 3
Platalea leucorodia
Spoonbill
Spatule blanche
Spatola
Espátula

Kleiner als Storch; weiß mit langem spatelförmigen Schnabel. Im Brutkleid mit Kopfhaube aus verlängerten schmalen Federn. ♂ = ♀. Ruhe- und Jugendkleid ohne verlängerte Kopffedern. Dunenkleid weiß. Fliegt mit ausgestrecktem Hals und ausgestreckten Beinen. Bei der Nahrungssuche wird seichtes Wasser mit pendelndem Kopf und schnatternden Schnabelbewegungen abgesucht. Stimme: meist schweigsam. Seltener Brutvogel an wenigen Stellen Mittel- und Südeuropas in verschilften Sümpfen mit Gebüsch und Röhricht, auch in sumpfigen Flußmündungen; brütet in Kolonien. Brutzeit: IV.—VII. Nest meist auf umgebrochenem Schilf aus alten Schilf- und Rohrhalmen, seltener werden niedrigstehende Nester anderer Reihervögel angenommen. Gelege: 3—5 weiße Eier. Aufzucht der Jungen dauert etwa 2 Monate. Nahrung: Wasserinsekten, Krebstiere, Würmer, Weichtiere und Fische. Zugvogel; Zug. IV.—V. und VIII.—IX., selten Überwinterungsversuche.

1 ad
1 juv
2 ad
3 W
3 So

Stockente 1
Anas platyrhynchos
Mallard
Canard col-vert
Germano reale
Ánade real

Größte Schwimmente; ♂ im Brutkleid unverkennbar, ♀ braungefleckt. Füße orangerot, blauer, weiß eingefaßter Flügelspiegel. ♂ im Ruhekleid ähnlich ♀. Jugendkleid wie ♀. Dunenkleid olivbraun mit gelben Flecken und dunklem Augenstrich. Fliegt gewandt mit raschen Flügelschlägen und hohem, rhythmisch klingendem Fluggeräusch. Stimme: ♂ tiefes „räb räb", während der Balz ein hoher Pfiff „fíhb", ♀ quakend, „quákquakquak". Verbreitete und recht häufige Art, besonders auf stehenden Binnengewässern, im Winter auf eisfreien Flüssen und an der Meeresküste. Brutzeit: III.—IV. Nistet meist in Wassernähe auf dem Erdboden unter Buschwerk. Nest aus allerlei trockenen Pflanzenteilen; Nestmulde nach Eiablage mit schwärzlichen, an der Wurzel weißlichen Dunenfedern ausgepolstert. Gelege: 7—11 grünliche bis blaugrünliche Eier. Brutdauer etwa 28 Tage. Nahrung überwiegend pflanzlich. Stand- und Zugvogel; Zug hauptsächlich II.—IV. und VII.—XI.

Schnatterente 2
Anas strepera
Gadwall
Canard chipeau
Canapiglia
Ánade friso

Wenig kleiner als Stockente. ♂ und ♀ das ganze Jahr am weißen Flügelspiegel kenntlich, der am Vorderrand einen Saum kastanienbrauner Federn hat und besonders im Flug sichtbar ist. Schnabel des ♂ einfarbig bleigrau; bei ♀ und Jungen orangegelb und dunkelgrau gefleckt. Füße orangegelb mit schwärzlichen Schwimmhäuten. Stimme: ♂ ruft tief „ö ö" und pfeift „ööí", ♀ quakt ähnlich wie Stockente. Stellenweise in Teichgebieten und auf vegetationsreichen Seen ein ziemlich häufiger Brutvogel, fehlt aber in vielen Gebieten fast ganz. Brutzeit: IV.—VI. Nest: wie Stockente, unter dichten Pflanzen versteckt. Gelege: 8—12 meist rahmgelbe Eier. Brutdauer etwa 26 Tage. Nahrung: wie Stockente. Zugvogel, zum kleinen Teil auch Teilzieher. Zug: IV. und IX.—XI.

Spießente 3
Anas acuta
Pintail
Canard pilet
Codone
Ánade rabudo

Stockentengroß, aber an der schlankeren Figur, dem spitz auslaufenden Schwanz, dünneren Hals und ziemlich schmalen Schnabel kenntlich. ♂ im Brutkleid mit reinweißer Brust und eindeutiger Kopfzeichnung. ♀ lederbraun, gefleckt und mit grauem Schnabel. ♂ im Ruhekleid und das Jugendkleid ähnlich wie ♀. Dunenkleid sehr ähnlich demjenigen der Stockente. Flügelspiegel des ♂ bronzegrün, beim ♀ wenig entwickelt. Im Flug durch den schmalen hellen Hinterrand des Flügels gekennzeichnet. Füße grau. Stimme: ♂ ruft während der Balz gedämpft „krü", das ♀ ist ziemlich still. Spärlicher Brutvogel in Teich- und Seegebieten. Brutzeit: IV.—V. Nest auf Boden im Gras oder unter Gebüsch, ähnlich wie bei der Stockente aus trockenem Pflanzenmaterial gebaut. Gelege meist aus 7—11 Eiern von ziemlich gestreckter Form und gelblicher Färbung. Brutpflege nur ♀; Brutdauer 22—23 Tage; Führungszeit etwa 7 Wochen. Nahrung überwiegend pflanzlich. Zugvogel: IX.—XI. und III.—IV.

1
1 ♀
1 ♂ So
1 D
2 ♀
2
2 ♂ So
3
3 ♀
3 ♂ So

Löffelente 1
Anas clypeata
Shoveler
Canard souchet
Mestolone
Pato cuchara

Fast stockentengroß, eindeutig durch den ungewöhnlich langen und breiten Schnabel gekennzeichnet. ♂ im Brutkleid an den kastanienbraunen Körperseiten kenntlich, Ruhe- und Jugendkleid sowie das ♀ sind der weiblichen Stockente ähnlich. Füße orangerot. Dunenkleid ähnlich Stockente. Stimme des ♂ „rrá rrá“, ♀ quakt ähnlich wie Stockente. Beim Balzen werden gewöhnlich pumpende Kopfbewegungen vollführt. Verbreiteter, aber nicht häufiger Brutvogel auf Fischteichen und verlandenden Seen. Brutzeit: IV.—V. Nest versteckt auf Seggenbülten im Flachwasser, in Ufervegetation und in Wiesen. Gelege: 7—12 grünlichgraue Eier, Nestdunen graubraun. Brutdauer etwa 25 Tage, nur das ♀ brütet. Führungszeit rund 7 Wochen. Nahrung wird größtenteils an der Wasseroberfläche mit dem großen Schnabel durch Schnattern ausgeseiht, meist kleine Wassertiere und Sämereien. Zugvogel: IX.—XI. und III.—IV.

Krickente 2
Anas crecca
Teal
Sarcelle d'hiver
Alzavola
Cerceta común

Kleinste Schwimmente. Auch auf größere Entfernung an dem weißen, schmalen Längsstrich an der Schulter und am gelben Fleck an der Schwanzunterseite (♂) zu erkennen; das ♀ ist braun und fein gefleckt. Glänzender smaragdgrüner Flügelspiegel. Schnabel schwarzgrau, Augen dunkelbraun und Füße dunkelgrau. Fliegt sehr leicht und schnell mit schwirrenden Flügelschlägen, ist auch zu Fuß sehr beweglich. Dunenkleid wie bei Stockente. Stimme des ♂ ein angenehm klingendes „krück“, ♀ ruft „gägä“. Verbreiteter, aber nicht häufiger Brutvogel in Teich- und Sumpfgebieten des Binnenlandes, aber im Sommer und Herbst durch Zuzug eine der zahlreichsten Entenarten. Überwintert besonders in West- und Südeuropa. Brutzeit IV.—V. Nest in dichter Ufervegetation, seltener abseits vom Wasser, Gelege: 8—10 breitovale, gelb- bis grünlichgraue Eier, Brutdauer: 21—23 Tage (nur vom ♀); Führungszeit 6—7 Wochen. Nahrung: Im Schlamm lebende Tiere, Pflanzenteile und Sämereien. Teilzieher: Zug IX.—XI. und III.—IV.

Knäkente 3
Anas querquedula
Garganey
Sarcelle d'été
Marzaiola
Cerceta carretona

Größe etwa wie Krickente, von dieser aber ♂ im Brutkleid durch den hellbraunen Hals und den weit sichtbaren, breiten, reinweißen Augenstreif sowie durch die vom Rücken herabhängenden Schmuckfedern unterschieden. Ruhekleid: ♀ und Jungvogel sind insgesamt heller als Krickente mit deutlicherem Augenstrich. Schnabel und Füße grau, Augen braun. Dunenkleid ähnlich wie Stockente. Im Flug wirken die blaugrauen Schulterfelder und die hellgrünen, weiß eingefaßten Flügelspiegel bunter als bei der Krickente. Stimme des ♂ schnarrend, an den Laut einer hölzernen Rassel erinnernd; ♀ ruft „knäck“. Brutzeit: IV.—VI. Nest wie Krickente; Nestdunen dunkelbraun mit langen helleren Spitzen. Gelege: 8—11 länglichovale, rahmgelbe Eier. Brutdauer 21—23 Tage und Führungszeit etwa 6 Wochen. Nahrung: Pflanzenteile und kleine Wassertiere. Zugvogel, der größtenteils in Afrika überwintert. Zug VII.—IX. und III.—IV.

1
1 ♀
1 ♂ So
2
2 ♀
2 ♀ So
3
3 ♀
3 ♂ So

Pfeifente 1

Anas penelope
Wigeon
Canard siffleur
Fischione
Ánade silbón

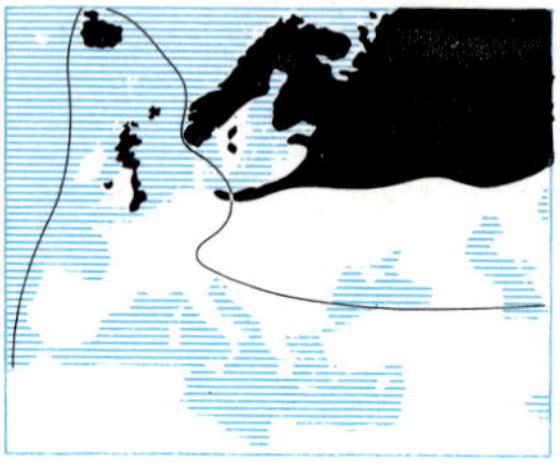

Mittelgroße Schwimmente mit ziemlich kurzem, blaugrau gefärbtem Schnabel und abgerundetem Kopf (gewölbte Stirnlinie). ♂ im Brutkleid durch den rotbraunen Kopf mit rahmgelbem Scheitelstreif und die weinrötliche Brust gekennzeichnet, im Ruhekleid, ähnlich wie ♀ und Jungvögel, rötlich- bis zimtbraun mit weißen Schulterfeldern. Füße grau, Augen braun. Im Flug mit weißem Feld am Oberteil des Flügels (beim ♀ grau). Dunenkleid ähnlich Stockente. Stimme: ♂ pfeift laut „huiu" oder „wíu", ♀ schnarrt „trrr" u. ä. Nordische Art, die auf versumpften Gewässern brütet; erscheint während des Zugs auf Teichen und seichten Seebuchten. Brutzeit: V.—VI. Nest versteckt in Uferpflanzen, mit aschgrauen Dunen ausgepolstert. Gelege: 7—11 rahmgelbe Eier. Nahrung fast ausschließlich pflanzlich. Zugvogel, der den Winter größtenteils in Afrika und Südasien verbringt. Zug: IX.—XI. und III.—V.

Kolbenente 2

Netta rufina
Red-crested Pochard
Nette rousse
Fischione turco
Pato colorado

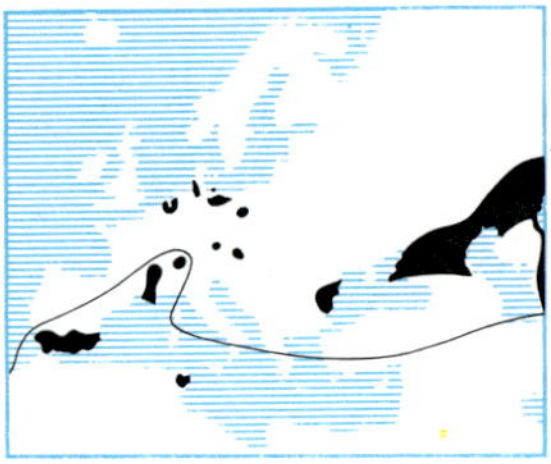

Etwa stockentengroße, massige Tauchente. ♂ im Brutkleid unverkennbar durch den karminroten Schnabel und den goldbraunen, haubenartigen Kopf. ♀ graubraun mit hellgrauen, ziemlich scharf begrenzten Wangen. Füße rosa- bis scharlachrot, Auge rotbraun (♀) bis scharlachrot (♂). Im Fluge fallen die breiten weißen Hinterhälften der Flügel und beim ♂ der breite schwarze Bauchstreif auf. Dunenkleid auf der Oberseite sepiabraun, Unterseite blaßgelb. Taucht wenig. Stimme: ♂ „bät". Sporadisch und meistens nur in kleinen Populationen vorkommender Brutvogel auf warmen, seichten Seen und Teichen. Brutzeit: IV.—VI. Nest nahe am Wasser in dichter Vegetation versteckt, mit trockenen Halmen und Blättern sowie hellbraunen Dunen ausgepolstert. Gelege: 6—12 graugelbliche Eier. Brutdauer etwa 26 Tage, Führungszeit etwa 2 Monate — Brutpflege obliegt nur dem ♀. Nahrung fast ausschließlich pflanzlich. Zugvogel: IX.—XI. und III.—IV.

Schellente 3

Bucephala clangula
Goldeneye
Canard garrot
Quattrocchi
Porrón osculado

Massive Tauchente mit eckiger Kopfform und kurzem Schnabel. ♂ im Brutkleid glänzend schwarz und weiß, am schwarzen Kopf ist ein großer, ovaler Fleck. Im Ruhekleid mit schmalem weißem Halsband — dieses fehlt den Jungvögeln. Dunenjunge sind kontrastreich schwarzweiß. Füße größtenteils orangegelb, Auge hellgelb. Fliegt mit schwirrenden Flügelschlägen, die ein melodisch klingelndes Fluggeräusch hervorrufen. Stimme: Balzendes ♂ ruft „knirrr", ♀ „garr, gra" u. ä. Nordische Entenart, die in Mitteleuropa nur stellenweise auf Waldseen und Teichen brütet, aber zu den regelmäßigen Wintergästen auf größeren Flüssen, Stauseen und Teichen gehört. Brutzeit: IV.—V. ♂ balzt mit steif hochgerecktem Hals. Nest in Baumhöhlen bis 20 m hoch (auch in Nistkästen). Gelege: 6—11 rundovale, blaugrüne Eier in einem Wall von weißlichgrauen Dunen. Brutdauer 28—30 Tage. Überwiegend tierische Nahrung (Insektenlarven, Weichtiere). Zugvogel: IX.—XI. und III.—IV.

1
1 ♀
1 ♂ So
2
2 ♀
2 ♂ So
3
3 ♀
3 ♂ So
3 D

Reiherente 1
Aythya fuligula
Tufted Duck
Canard morillon
Moretta
Porrón moñudo

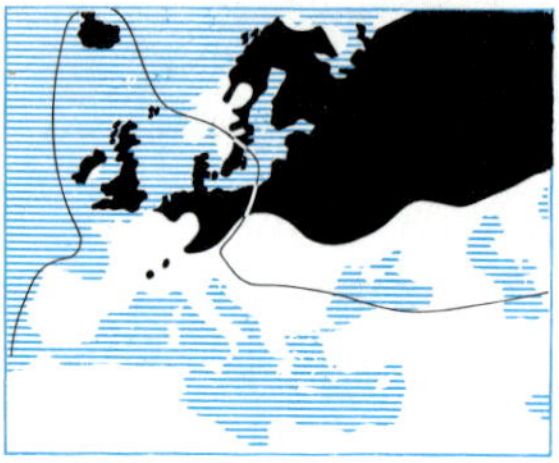

Kleiner als Stockente: Tauchentenfigur mit kurzem, der Wasserfläche fast aufliegendem Schwanz. Taucht oft. ♂ im Brutkleid tiefschwarz mit leuchtend weißen, scharf begrenzten Körperseiten, einem vom Hinterkopf herabhängenden dünnen Federschopf und blaugrau gefärbtem Schnabel. ♀ dunkelbraun mit düsteren Körperseiten und fast weißem Bauch, hat den Federschopf nur angedeutet. ♂ im Ruhekleid ähnlich ♀. Im Flug fallen die weißen Hinterränder der Flügel auf. Augen gelb, Füße grau und schwarz. Dunen- und Jugendkleid tiefbraun bis schwarz. Stimme: Im Fliegen ein knarrendes „karrr"; während der Balz ein wieherndes „tschihihihihi". Häufiger Brutvogel auf Fischteichen und Seen, auf Parkteichen einiger Großstädte halbzahm, häufiger Wintergast auf den Flüssen. Brutzeit V.—VII. Nest oft in Lachmöwensiedlungen. Gelege 8—12 etwas gestreckte graugrüne Eier, Brutdauer etwa 25 Tage; Nahrung überwiegend tierisch. Zugvogel. Zug IV. u. IX.—X.

Bergente 2
Aythya marila
Scaup
Canard milouinan
Moretta grigia
Porrón bastardo

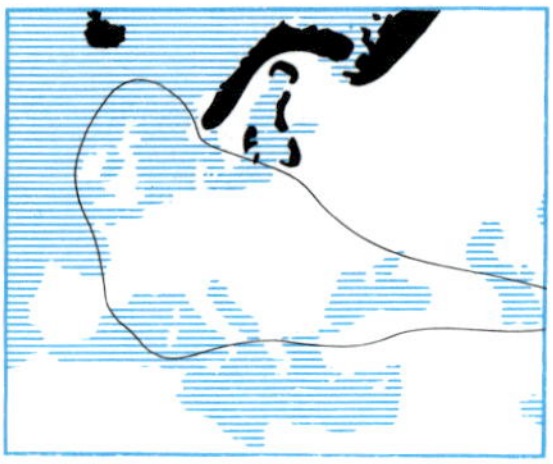

Von der sehr ähnlichen Reiherente in allen Kleidern durch etwas dickeren Hals und abgerundeten, nie eckig erscheinenden Hinterkopf unterschieden. ♂ im Brutkleid am hellgrauen Rücken und ♀ am meist breiten, reinweißen Ring an der Schnabelwurzel kenntlich. Auge braun bis hellgelb. Dunen- und Jugendkleid ähnlich wie Reiherente. Im Flug weißer Flügelstreif. Stimme am Brutplatz ein wenig auffallendes Pfeifen und Gurren (♂) und ein rauher Warnruf „karr karr" (♀). Brütet auf Seen und Moorgewässern und hält sich im Winter vorzugsweise an der Seeküste, in Meeresbuchten und Flußmündungen auf, besonders in strengen Wintern auch auf Binnenseen und Flüssen. Brutzeit VI.—VII. Nest in Wassernähe auf dem Erdboden. Gelege: 6—10 langovale, grünbräunliche Eier, mit dunklen Nestdunen umrandet. Bebrütungsdauer etwa 25 Tage. Nahrung: viele Wassertiere, teilweise Pflanzen. Zugvogel, Zug im IX.—XI. und III.—IV.

Tafelente 3
Aythya ferina
Pochard
Canard milouin
Moriglione
Porrón común

Kleiner als Stockente; Tauchentenfigur mit kurzem Schwanz, der auf der Wasserfläche liegt. ♂ im Brutkleid mit rostrotem Kopf und Hals und silbergrauem Rücken, ♀ überwiegend hellbraun mit graubraunem Rücken. Von den anderen Tauchenten am Kopfprofil kenntlich (flache Stirn). Auge orangerot, Schnabel dunkelgrau und in der Vorderhälfte blau, Füße dunkelgrau. Dunenkleid gelblichbraun. Stimme meist nur zur Balzzeit hörbar: ein leises „wibwibwib" und abfallendes „hihihihi ..." (♂) und ein schnarrendes „körrr" (♀). Lebhafte Balz der ♂♂ mit vorgestrecktem Hals und Umschwimmen der ♀♀. Häufiger Brutvogel auf Fischteichen und Seen; im Winter auf Stauseen und eisfreien Flußabschnitten. Brutzeit IV.—VI. Nest steht versteckt im Ufergürtel. Gelege aus 6—9 oft breitovalen grünlich- oder gelbgrauen Eiern, die von einem Dunenwall umrandet werden. Brutdauer etwa 25 Tage. Nahrung: Wassertiere und -pflanzen. Zugvogel; Zug im IX.—XI. und III.—IV.

1
1 ♀
1 ♂ So
1 D
2
2 ♀
2 ♂ So
3
3 ♂ So
3 ♀
3 D

Moorente 1
Aythya nyroca
Ferruginous Duck
Canard nyroca
Moretta tabaccata
Porrón pardo

Kleine Tauchente mit überwiegend kastanienbraunem Gefieder. Gegenüber anderen Tauchenten sind weißer Flügelspiegel und die reinweißen Unterschwanzdecken, sowie im Flug die breiten, leuchtend weißen Hinterränder der Flügel kennzeichnend. Auge weiß, Schnabel größtenteils dunkelgrau, Füße grau. ♂ und ♀ unterscheiden sich wenig und sind auch im Ruhekleid gleich gefärbt. Dunenkleid sepiabraun, unterseits gelb. Stimmäußerungen nur während der Balz aus der Nähe zu hören. Nicht häufiger Brutvogel auf verlandenden Teichen und Seen. Brutzeit V.—VI. Nest verborgen am Wasser in der Vegetation des Ufergürtels. Gelege: 7—11 kurzovale, gelbbraune Eier, die mit dunklen Nestdunen umrandet sind und etwa 25 Tage lang bebrütet werden. Nahrung: hauptsächlich Teile von Wasserpflanzen, außerdem Weichtiere, Krebse und Insektenlarven. Zugvogel; Zug: im X.—XI. und III.—IV.

Eisente 2
Clangula hyemalis
Long-tailed Duck
Canard de Miquelon
Moretta codona
Havelda

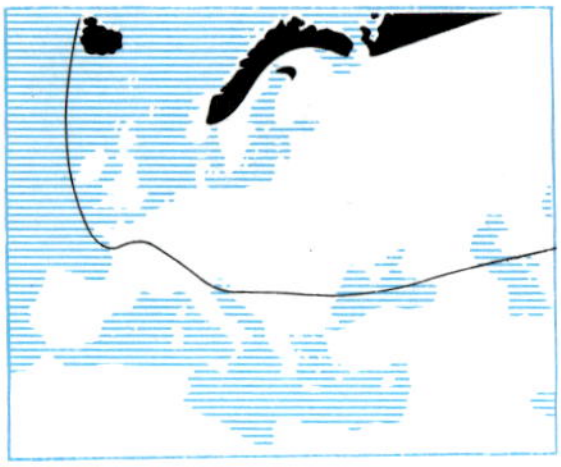

Die kleinste unter den Tauchenten, mit kleinem runden Kopf, kurzem Schnabel und keilförmigem Schwanz, der mit spießförmig verlängerten Federn endet (♂). Taucht viel und lange. Dunenkleid schwarzbraun. Stimme: Erpel rufen klangvoll mit gesteigerten und melodischen 3—4-silbigen Lauten „a a aulick". Fliegt hastig, an den dunkelgefärbten Flügeln keine Flügelabzeichen. Ist außerdem am gefleckten Kopf, weißen Bauch und das ♂ an einem schwarzen Streif in der Rückenmitte kenntlich. Brütet auf Süßgewässern der arktischen Tundra und überwintert regelmäßig an den Meeresküsten West- und Nordeuropas, in kleiner Anzahl auch im Binnenland. Brutzeit VI. und VII. Nest in Wassernähe, meist verborgen in Vegetation. Gelege aus 5—9 länglichovalen, gelb- bis grünlichgrauen Eiern, die mit Nestdunen umwallt sind. Bebrütung etwa 25 Tage. Überwiegend tierische Nahrung: Weich- und Krebstiere. Zugvogel, zieht im IX.—XI. und III.—IV.

Eiderente 3
Somateria mollissima
Eider
Eider à duvet
Edredone
Eider

Größer als Stockente; durch den langen keilförmigen Kopf und Schnabel (flache Stirn) von anderen Entenarten unterschieden. ♂ im Brutkleid hat gegenüber anderen Arten einen schwarzen Bauch und weißen Rücken; im Ruhekleid ± schwarz; ♀ braun mit dichter schwarzer Bänderung. Dunenkleid dunkelbraun. Im Flug ist die robuste Gestalt mit dem kurzen und dicken Hals kennzeichnend. Taucht viel. Stimme des Erpels ist ein schallender Balzruf „aú, aú", ♀ ruft mit gackernden und knarrenden Lauten. Brütet nur an der Seeküste und lebt im Küstenbereich auf dem Meer; überwintert selten auf Süßgewässern im Binnenland. Brutzeit IV.—VI. Balzt gewöhnlich in Gruppen von mehreren ♂♂ und einem ♀. Nest zwischen Steinblöcken oder Strandvegetation, mit geringer Auskleidung und dickem Dunenpolster. Gelege aus 4—6 ziemlich großen grünlichgrauen Eiern. Brutdauer etwa 25 Tage und Führungszeit 9—10 Wochen. Nahrung: meist Weichtiere. Stand- oder Zugvogel. Zug im X.—XI. und IV.

1 ♀
1 ♂ So
2
2 ♀
2 ♂ So
3
3 ♀
3 D
3 ♂ So

Samtente 1
Melanitta fusca
Velvet Scoter
Macreuse brune
Orco marino
Negrón especulado

Etwa stockentengroße, plumpe, schwarzgefärbte Tauchente. ♂ im Brutkleid tiefschwarz mit kleinem weißen Fleck am Hinterrand des Auges und weißem Flügelspiegel. ♀ und Jungvögel schwarzbraun mit 2 helleren Flecken an jeder Kopfseite. Füße rot. Von der recht ähnlichen Trauerente in allen Kleidern durch den weißen Flügelspiegel unterschieden. Im Flug bilden die scharf begrenzten weißen Felder der Armschwingen ein Kennzeichen. Dunenkleid schwarzbraun. Taucht oft, und zwar mit halbgeöffneten Flügeln. Stimme: balzende ♂♂ rufen ziemlich laut „korrr", das ♀ ruft knurrend; im Winter meist stumm. Brütet auf nordischen Binnenseen, an der Ostsee auch auf Inseln der Küstenzone; lebt im Winter besonders vor der Seeküste, aber regelmäßig auch in kleiner Anzahl auf Binnengewässern. Brutzeit meistens VI. Gelege aus 7—10 hellbräunlichen Eiern, die etwa 28 Tage lang bebrütet werden. Nahrung: Weichtiere. Zugvogel: X.—XI. und III.—IV.

Trauerente 2
Melanitta nigra
Common Scoter
Macreuse noire
Orchetto marino
Negrón común

Schwarzgefärbte Tauchente, kleiner als die Stockente. ♂ im Brutkleid einfarbig tiefschwarz, ♀ und Jungvögel schwarzbraun mit hellgrauen Kopfseiten und schwarzem Oberkopf. Füße schwarz. Ist der Samtente sehr ähnlich, aber ohne weiße Abzeichen (auch im Flug). Dunenkleid rauchschwarz und -braun. Taucht viel mit halbgeöffneten Flügeln. Stimme: Balzruf des ♂ flötend „dür-li" u. ä., ♀ ruft knarrend „karr". Brütet an nordischen Binnengewässern, vorzugsweise auf kleinen Inseln. Außerhalb der Brutzeit meist auf dem Meer in Küstennähe, überwintert in kleiner Zahl auch im Binnenland. Brutzeit meist VI. Nest nahe am Wasser in der Vegetation versteckt; bildet eine kleine, mit dunkelbraunen Nestdunen gepolsterte Mulde. Gelege: 6—9 rötlich hellbraune Eier, die vom ♀ in 28—30 Tagen ausgebrütet werden. Nahrung: größtenteils Weichtiere, weniger Krebse und Würmer. Zugvogel: IX.—XII. und III.—IV.

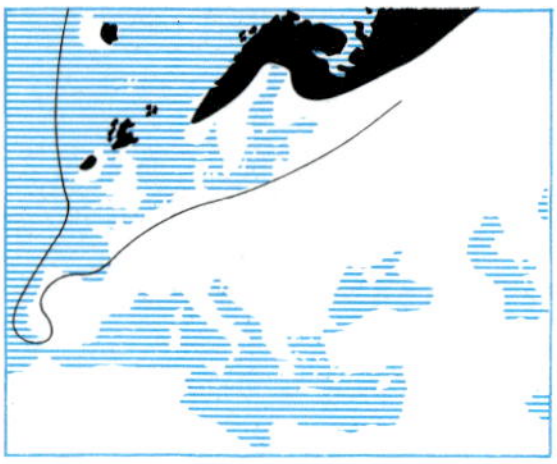

Brandente (Brandgans) 3
Tadorna tadorna
Sheld Duck
Tadorne de Belon
Volpoca
Tarro blanco

Große Schwimmente mit Gänsefigur, kontrastreicher weißer, schwarzer und rostbrauner Zeichnung und rotem Schnabel. ♂ im Brutkleid unterscheidet sich vom ♀ durch einen Schnabelhöcker. Füße blaß fleischfarben. Jungenkleid ohne rostbraune Brustbinde, mit grauweißem Kopf. Dunenkleid weiß mit scharf begrenzter braunschwarzer Zeichnung. Taucht nicht, sucht Nahrung durch Gründeln; bewegt sich zu Fuß leicht. Stimme: ruft „ák ák" und rauh „korr", ist aber meistens ziemlich schweigsam. Bewohnt die Seeküste, besonders Schlickflächen und Sandbänke im Wattenmeer, erscheint selten im Binnenland. Brutzeit IV.—VI. Nest meist in Erdhöhlen, oft in Wohnröhren der Wildkaninchen. Gelege aus 8—12 rundovalen, rahmweißen Eiern, in einem dicken Wall von grauweißen Dunenfedern. Bebrütung 28—30 Tage nur durch das ♀, die Jungen werden 6—9 Wochen von beiden Eltern geführt und bewacht. Nahrung: Weich- und Krebstiere. Strich- und Zugvogel; Zug: VIII.—XI. und III.—IV.

1 ♀
1
1 ♂ So
2
2 ♀
2 ♂ So
3
3 juv
3 ♂
3 D

Gänsesäger 1
Mergus merganser
Goosander
Harle bièvre
Smergo maggiore
Serreta grande

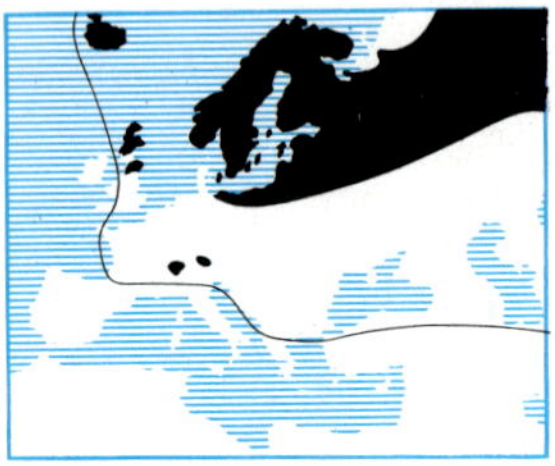

Größer und schlanker als Stockente. Tauchente mit schmalem roten Schnabel. Schwimmt tief eingesenkt und taucht viel. ♂ im Brutkleid an der Brust und den Körperseiten weiß, meist mit lachsrotem Anflug, Kopf und Oberhals schwarzgrün. ♀ und Jungvögel überwiegend aschgrau mit rotbraunem Kopf und Hals, kennzeichnender Federhaube und scharfbegrenztem weißen Kinnfleck. (Unterschied zu Mittelsäger). Dunenkleid am Kopf braun, Rücken schwarz und die Unterseite weiß. Stimme: im Winter meistens still, während der Balz stößt das ♂ ein metallisch klingendes „körr körr“ aus. Nordische Entenart, erscheint im Winter regelmäßig auf eisfreien Strömen. Brutzeit: III.—V. Nest in Baumhöhlen bis über 15 m hoch. Gelege: 8—12 rahmgelbe Eier in weißen Nestdunen eingebettet. Brutdauer: 32—35 Tage. Nahrung fast ausschließlich Fische. Teilzieher: Zug je nach Vereisung der Gewässer im X.—XI. und III.

Mittelsäger 2
Mergus serrator
Red-breasted Merganser
Harle huppé
Smergo minore
Serreta mediana

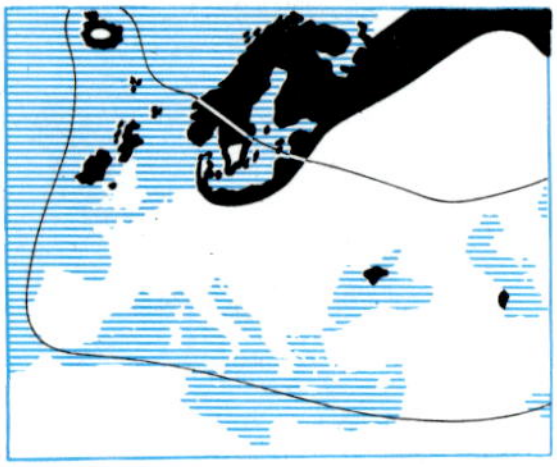

Fast stockentengroß, mit dünnem Hals, langem roten Schnabel und zerschlissener Haube am Hinterkopf. ♂ im Brutkleid an dem rostbraunen Brustband kenntlich; ♀ und Jungvögel sehr ähnlich Gänsesäger; Unterschiede ergeben sich in der Körpergröße, Schnabel- und Haubenform, sowie dem verschwommen begrenzten, weißen Kinnfleck. Füße rot, Auge rotgelb. Dunenkleid wie beim Gänsesäger. Stimme: balzende ♂♂ rufen „gnäng“ u.ä., ♀♀ ein heiseres „rokrokrok“. Nordische Entenart, die hauptsächlich an der Seeküste und in Flußmündungen brütet, hält sich im Winter auch auf Binnengewässern auf. Brutzeit: IV.—VI. Nest nicht weit vom Wasser entfernt am Boden in dichter Vegetation versteckt. Gelege: 6—12 bräunliche bis olivgrüne Eier, die mit hellbraunen Dunen umrandet sind. Die Jungen werden im Alter von 8—9 Wochen flugfähig. Nahrung: vorwiegend Fische, außerdem Krebstiere, Würmer und Insekten. Teilzieher: Zug im IX.—X. und IV.—V.

Zwergsäger 3
Mergus albellus
Smew
Harle piette
Pesciaiola
Serreta chica

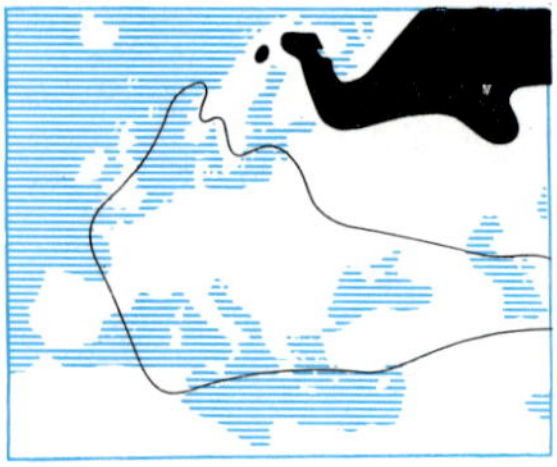

Kleine Tauchente mit kurzem Schnabel. ♂ im Brutkleid bis auf schwarzen Kopf- und Rückenstreif und dunkle Handschwingen reinweiß gefärbt. ♀ und Jungvögel grau mit rotbraunem, gegen die leuchtend weißen Wangen scharf begrenztem Oberkopf. Erscheint im Flugbild größtenteils weiß, fliegt rasch mit schnellen Flügelschlägen und ohne Geräusch. Schnabel dunkelgrau, Füße bleigrau, Augen braun (♀) oder grau (♂). Dunenkleid mit kontrastreicher schwarzer und weißer Zeichnung, sehr ähnlich der Schellente. Stimme: knarrende und brummende Paarungsrufe des ♂. Arktische Entenart, bewohnt Binnengewässer und ist ein nicht häufiger Wintergast auf eisfreien Flüssen, Seen und Teichen. Brutzeit: V.—VI. Nest in Baumhöhlen, nur mit grauweißen Nestdunen ausgepolstert. Gelege: 6—9 rahmgelbe Eier, die etwa 30 Tage lang bebrütet werden. Nahrung: größtenteils kleine Fische, ferner Insekten, Krebstiere, auch Würmer. Zugvogel: IX.—XII. und III.—IV.

1
1 ♀
1 D
1 ♂ So
2
2 ♀
2 ♂ So
3
3 ♀
3 ♂ So

Graugans 1
Anser anser
Greylag Goose
Oie cendrée
Oca selvatica
Ánsar común

Hausgansgroße, hell braungraue Gans. Von anderen Gänsearten durch den kräftigen orangegelb bis rosarot gefärbten Schnabel mit weißem Nagel und durch silbergraue Vorderränder der Flügel unterschieden. ♂ = ♀ Dunenkleid oberseits olivgrün, unterseits gelb. Fliegt mit langsamen und kräftigen Flügelschlägen, fliegende Scharen ordnen sich zu V-förmigen Formationen. Lebt meist gesellig. Stimme: ein nasales Schnattern „gágaga" wie die Hausgans und ein trompetendes Triumphgeschrei. Seltener Brutvogel auf einigen ruhigen Teichen und Seen. Brutzeit: III.—IV. Nest auf einem Haufen von niedergedrücktem Rohr und Schilf, versteckt im Röhricht. Nestmulde mit einem Kranz von hellgrauen Nestdunen ausgelegt. Gelege: 4—8 große, schmutzigweiße Eier. Brutdauer 28—29 Tage, nur das ♀ brütet und wird vom ♂ bewacht. Nahrung ausschließlich pflanzlich, überwiegend Gräser (Saat u.ä.). Teilzieher: Zug im IX.—X. und II.—III.

Bleßgans 2
Anser albifrons
White-fronted Goose
Oie rieuse
Oca lombardella
Ánsar careto grande

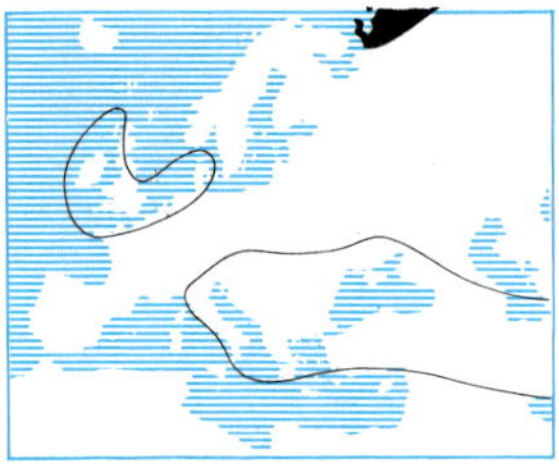

Etwas kleiner als Graugans, mit einfarbigem Schnabel. Altvögel sind durch den weißen Stirnfleck und die schwarze Querbänderung der Bauchseite gekennzeichnet und könnten nur mit der Zwerggans verwechselt werden. Jungvögel sind ohne Stirnblesse und können besonders durch den längeren Schnabel und die Größe von der Zwerggans unterschieden werden; von der Saatgans unterscheiden sie sich durch den einfarbigen Schnabel und die Brustbänderung. Im Fluge von der Graugans durch dunklen Flügelvorderrand unterschieden. Schnabel hell fleischfarben, Füße orangerot, Augen dunkelbraun mit dunklem Augenring. ♂ = ♀. Dunenkleid oberseits größtenteils sepiafarben, unterseits goldgelb bis bräunlich. Stimme: hoch und nicht nasal klingender zweisilbiger Ruf „kau-lick". Erscheint als Wintergast aus der arktischen Tundra Nordrußlands und hält sich besonders im Küstenbereich auf. Brutzeit VI.—VII. Gelege 5—6 gelblichweiße Eier. Lebensweise und Nahrung wie Graugans. Zugvogel: X.—XII. und III.—IV.

Zwerggans 3
Anser erythropus
Lesser White-fronted Goose
Oie naine
Oca lombardella minore
Ánsar careto chico

Kleiner als Bläßgans, dieser sonst in allen Kleidern so ähnlich, daß die Bestimmung nur unter günstigen Beobachtungsbedingungen gelingt. Altvögel haben meist eine größere Stirnblesse, die nicht vor den Augen endet, sondern bis zwischen die Augen reicht. Unterscheidet sich außerdem durch mehr abgerundeten Kopf und kürzeren Schnabel, leuchtend gelben Augenring (auch bei Jungvögeln), schwächere schwarze Querstreifung der Bauchseite und längere Flügelspitzen, die den Schwanz der stehenden Gänse ein wenig überragen. Stimme: merklich höher und schneller als Bläßgans, meist „kjü kjü jü" oder „kjülit" u.ä. Hochnordische, in der Tundra nistende Art, die in geringer Zahl in Mitteleuropa, viel mehr aber in Osteuropa als Wintergast unter anderen Gänsearten erscheint. Lebensweise wie Bläßgans. Zug im VIII.—X. und III.—IV.

1 D
1
2 juv
2
2 ad
3
3 juv
3 ad

Saatgans 1
Anser fabalis
Bean Goose
Oie des moissons
Oca granaiola
Ánsar campestre

Etwas kleiner als Hausgans. Allgemein dunkler als Graugans, besonders am Kopf und Hals, hat auch dunkle Vorderhälften der Flügel (im Fluge sichtbar). Der Schnabel ist zweifarbig, gelb mit schwarzem Nagel und schwarz in der Wurzelhälfte. Füße orangegelb, Augen braun. ♂ = ♀. Jungvögel haben graugelbe Füße. Dunenkleid ähnlich wie Graugans. Stimme: im Fluge nasale „kajak, kajaiak" und „gong"-Rufe. In Mittel- und Westeuropa Wintergast, der im IX. und X. alljährlich in großen Scharen aus den Brutgebieten in der nordischen Waldtundra erscheint und im II.—III. wieder fortzieht. Brutzeit: V.—VI. Das Nest bildet eine dürftig mit Gras und Moos ausgelegte kleine Mulde auf trockenem Boden. Gelege: 4—6 schmutzigweiße Eier. Brutdauer 27—29 Tage. Die Jungen werden von beiden Elternvögeln geführt und sind im Alter von etwa 2 Monaten flugfähig. Nahrung im Wintergebiet ähnlich wie Graugans.

Ringelgans 2
Branta bernicla
Brent Goose
Bernache cravant
Oca colombaccio
Barnacla carinegra

Kleine, nur etwa stockentengroße und sehr dunkel gefärbte Gans mit kurzem schwarzen Schnabel und schwarzen Füßen. Von der Weißwangengans durch gänzlich schwarzen Kopf und einen schmalen weißen Fleck beiderseits des Halses unterschieden. Im Fluge durch schwarzen Kopf, Hals und Brust gekennzeichnet. Dunenkleid überwiegend grau, an der Rückenmitte braungrau. Stimme: meist tiefe, kehlige „rock, rott" u.ä. Rufe. Brütet in der arktischen Tundra, erscheint als Wintergast regelmäßig in West- und Nordeuropa und versammelt sich besonders in den Watten der Nordsee; im Binnenland kommt sie nur selten vor (grau- und hellbäuchige Rasse). Brutzeit: VI.—VII. Nest auf trockenem Boden nahe am Wasser, aus Moos, Flechten und Gras, mit Nestdunen ausgepolstert. Gelege: 3—5 weißgraue Eier. Brutdauer etwa 25 Tage. Nahrung: Gräser und Flechten, im Wintergebiet vorzugsweise Seegras und Grünalgen. Wintergast; Zug im IX.—XI. und III.—IV.

Weißwangengans 3
Branta leucopsis
Barnacle Goose
Bernache nonnette
Oca facciabianca
Barnacla cariblanca

Mittelgroße, schwarz und weiß gezeichnete Gans mit kurzem schwarzen Schnabel und schwarzen Füßen. Unterscheidet sich von der Ringelgans eindeutig durch das weiße Gesicht und den gebänderten grauen Rücken, im Fluge außerdem noch durch den weißen Bauch und die unterseits schwarzen Flügel. Dunenkleid kontrastreich hellbraun. Stimme: bellende und rasch wiederholte „gach"- Rufe (im Fluge), sonst gedämpfte „óg, hogóg" u.ä. Laute. Hochnordische Art, die im Tundra-Gürtel meist nicht weit von der Küste auf steilen Felsenklippen brütet. Erscheint als regelmäßiger Wintergast in der südlichen Nordsee, durchziehend auch im Gebiet der Ostsee. Selten im Binnenland. Brutzeit: V.—VI. Nest: flache, nur mit Dunenfedern ausgelegte Mulde, die von einem charakteristischen Kotwall der brütenden Gans umgeben ist. Gelege: 4—6 grauweiße Eier. Brutdauer etwa 25 Tage und Führungszeit ungefähr 7 Wochen. Zugvogel: Zug X.—XII. und III.—IV.

1
2
2 hellbäuchige Rasse
2 graubäuchige Rasse
3
3

Höckerschwan 1
Cygnus olor
Mute Swan
Cygne tuberculé
Cigno reale
Cisne vulgar

Langer, meist bogenförmig getragener Hals und orangefarbener Schnabel mit einem Höcker. Füße grauschwarz, Augen braun. Jungvögel weiß und graubraun gefleckt mit grauem bis fleischfarbenem Schnabel. Dunenkleid graubraun. Imponier- oder Drohhaltung mit zurückgelegtem Kopf und segelartig gelüfteten Schwingen. Im Flug lassen die langsamen, kraftvollen Flügelschläge ein weit hörbares, rhythmisches Fluggeräusch ertönen. Stimme: meist schweigsam. Die Verbreitung betrifft großenteils halbdomestizierte Vögel, die sich auf Seen, Park- und Fischteichen, in seichten Meeresbuchten und im Winter auf offenen Flußläufen aufhalten. Brutzeit: IV.—V. Nest: meist großer Bau aus Reisern, Schilf und Rohr. Gelege: 5—8 große, schmutzig braungelbe Eier, die 35—38 Tage nur vom ♀ bebrütet werden. Nahrung: verschiedene Wasserpflanzen. Teilzieher; außerhalb der Brutzeit oft weit herumstreichend.

Singschwan 2
Cygnus cygnus
Whooper Swan
Cygne sauvage
Cigno selvatico
Cisne cantor

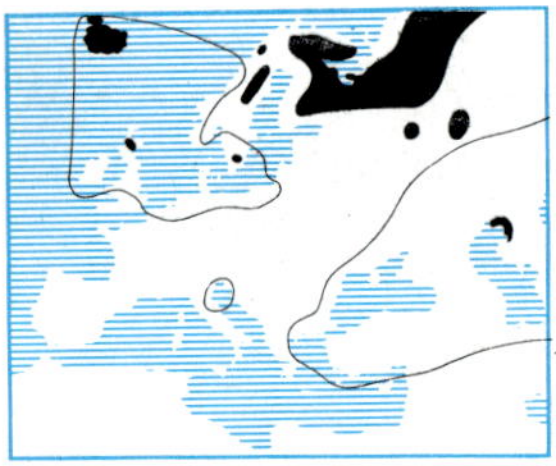

Vom gleichgroßen Höckerschwan durch steif hoch gereckten Hals und zitronengelben Schnabel mit schwarzer Spitze, sowie durch Fehlen des Schnabelhöckers gekennzeichnet. Das gelbe Schnabelfeld reicht keilförmig nach vorn. Hat kein tönendes Fluggeräusch und nimmt auch keine besondere Drohstellung ein. Füße schwarz, Augen dunkelbraun. ♂ = ♀. Jugend- und Dunenkleid wie beim Höckerschwan. Stimme: regelmäßig ist ein 2—3silbiger Posaunenton „húuk, húukuk" zu hören, der sich im Fluge zu einem trompetenden Ruf verstärken kann. Nordischer Brutvogel, der auf Seen in der Tundra brütet. Im Küstengebiet der Nord- und Ostsee gehört er zu den alljährlichen Wintergästen, erscheint auch in kleinerer Zahl auf eisfreien Wasserflächen im Binnenland. Brutzeit: IV.—VI. Nest ähnlich wie beim Höckerschwan. Gelege: 4—7 langovale, gelblichweiße Eier, die mindestens 31 Tage nur vom ♀ bebrütet werden. Nahrung wie Höckerschwan. Zugvogel: Zug im X.—XII. und II.—III.

Zwergschwan 3
Cygnus bewickii
Bewick's Swan
Cygne de Bewick
Cigno minore
Cisne de Bewick

Dem Singschwan sehr ähnlich, aber kleiner, was jedoch nur bei Vergleichsmöglichkeit auffällt. Die gelbe Schnabelzeichnung ist nicht so ausgedehnt und reicht nicht keilförmig nach vorne. Hals merklich kürzer und dicker als beim Singschwan, dem er sonst auch in allen Kleidern und im Verhalten ganz ähnlich ist. ♂ = ♀. Stimme: ein einsilbiger lauter Ruf „kuhk" und „kuýk", der bei stärkerer Erregung zu einem „huggugugug" gereiht wird; ruft auch im Fluge. Brutvogel der Tundren Nordrußlands, der alljährlich in kleinen Flügen im Küstengebiet der Nordsee überwintert und an der Ostsee durchzieht. Erscheint in geringer Anzahl auf Flußläufen ebenfalls im Binnenland. Brutzeit: V.—VI. Nest: ein Haufen aus Stengeln und Moos im versumpften Gelände. Gelege: 3—5 gelblichweiße Eier, Brutdauer etwa 30 Tage; die Jungvögel beginnen nach $1^{1}/_{2}$ Monaten zu fliegen. Wintergast; Zug im X.—XII. und III.—IV.

1
1 juv
1 D
1 ad
2
2 juv
2 ad
3 ad

Gänsegeier 1
Gyps fulvus
Griffon Vulture
Vautour fauve
Grifone
Buitre común

Imposanter Greifvogel mit langen, breiten, am Ende abgerundeten Flügeln mit stark gespreizten Handschwingen (Flügelspannweite etwa 2,2 m). Schwanz kurz, rechteckig abgestutzt. Kopf und Hals mit weißen Dunenfedern bewachsen. ♂ = ♀. Jungvögel mit brauner Halskrause. Dunenkleid weiß. Stimme: leises Keckern, Krächzen und Zischen. Kann im Flug fast ohne Flügelschlag stundenlang in großen Höhen kreisen, um nach Nahrung zu spähen. Lebt gesellig, vorzugsweise in Gebirgen südlicher Länder, streicht während der Nahrungssuche weit in die Ebenen, Brutzeit: II.—IV. Nest: an Steilwänden felsiger Gebirge in Felsnischen; manchmal Baumnester. Gelege: 1 weißes Ei, das 51—52 Tage lang nur vom ♀ bebrütet wird. Nestlingsdauer etwa 3 Monate. Nahrung: Kadaver großer Säuger. Stand- und Strichvogel, der in Mitteleuropa nur als Irrgast erscheint.

Mönchsgeier 2
Aegypius monachus
Black Vulture
Vautour moine
Avoltoio nero
Buitre negro

Etwas größer als Gänsegeier (Flügelspannweite etwa 2,5 m), von dem er sich auch durch einen größeren Kopf mit kräftigerem Schnabel und einen nackten, bläulichfarbenen Hals sowie durch einfarbig schwarzbraunes Gefieder unterscheidet. Im Flugbild außerdem ein längerer, etwas keilförmig scheinender Schwanz. ♂ = ♀. Jugendkleid dunkler als Altvögel. Stimme wie Gänsegeier. Lebt in Gebirgen und Vorgebirgen mit einigen alten Bäumen, auch in Steppengebieten warmer Länder. Lebensweise ähnlich wie Gänsegeier, aber weniger gesellig und mehr Baumvogel. Kommt im gemäßigten Mittel- und Westeuropa nur als Irrgast vor. Brutzeit II.—IV. Nest: großer Bau aus Knüppeln und Reisern, gewöhnlich auf hohen Bäumen, selten an Felswänden. Gelege: ein einziges schmutzigweißes Ei mit einigen rotbraunen Flecken. Wird von beiden Elternvögeln über 50 Tage lang bebrütet. Nestlingsdauer etwa 3 Monate. Nahrung: Aas großer Säugetiere. Stand- und Strichvogel.

Seeadler 3
Haliaeëtus albicilla
White-tailed Eagle
Pygargue à queue blanche
Aquila di mare
Pigargo común

Auffällig großer Adler, Spannweite bis 2,4 m. Im Flugbild breite, „bretterartige" Flügel mit gespreizten Handschwingen. Alte Vögel haben einen leuchtend gelben, hohen Hakenschnabel und einen kurzen, weißen, keilförmigen Schwanz. Jungvögel sind am dunkelgefärbten Schnabel und ± dunklem Schwanz erkennbar. Die unbefiederten Füße sind zitronengelb. ♂ = ♀. Dunenkleid bräunlichgrau. Stimme: Zur Balzzeit ein jauchzendes „kjikjiklieklikjägjägjägljau", das mit hocherhobenem Kopf ausgestoßen wird. Lebt in wasserreichen Gegenden der Küstengebiete, an großen fischreichen Strömen und in Seegebieten. Brutzeit: II.—IV. Nest: ein riesiger Horst aus Knüppeln, Zweigen und Reisig in den Wipfeln hoher Bäume. Gelege: 2 kalkweiße Eier, die überwiegend vom ♀ etwa 40 Tage bebrütet werden. Nestlingsdauer etwa 10 Wochen. Nahrung: Fische, daneben Vögel und Säugetiere, auch Fallwild. Teilzieher; Zug X.—XI. und II.—III.

1
1 juv
1 ad
2 ad
2
3 juv
3 ad
3

Steinadler 1
Aquila chrysaëtos
Golden Eagle
Aigle royal
Aquila reale
Águila real

Einer der größten Adler mit einer Spannweite von 195—220 cm. Vom Seeadler durch längeren, hinten abgerundeten Schwanz und schwächeren, stets dunkel gefärbten Schnabel unterschieden. Bis zu den Zehen befiederter Lauf. Jungvögel mit weißem Schwanz und breiter schwarzer Endbinde und großem weißem Feld an der Flügelunterseite. Altvögel sind im allgemeinen einfarbiger, mit dunklem Schwanz und mit goldgelben, lanzettförmigen Federn am Scheitel und Hinterhals. Dunenkleid weiß. Stimme: ein rauhes „híä" und bellende „kjä"-Rufe. Seltener Brutvogel in hohen Gebirgen, kommt außerhalb der Brutzeit auch in Waldgebieten der Ebene vor. Brutzeit: III.—IV. Nest: meist auf Felsvorsprüngen. Gelege: 2 schmutzigweiße, graubraun gefleckte Eier. Bebrütung durch beide Eltern 40—45 Tage. Nestlingsdauer bis 80 Tage. Nahrung: mittelgroße Säuger und Vögel. Stand- und Strichvogel.

Kaiseradler 2
Aquila heliaca
Imperial Eagle
Aigle impérial
Aquila imperiale
Águila imperial

Großer, etwas plump scheinender Adler, Flügelspannweite 170—200 cm. Vom Steinadler sind Altvögel durch weiße Schulterfedern unterschieden, ferner durch die allgemein dunklere Färbung, in der nur der hellgelbe Scheitel und Nacken leuchten. Jungvögel sind semmelgelb oder schwarzbraun gefleckt. Im Flugbild wirkt der quergebänderte Schwanz etwas kürzer und die Flügelspitze wird von 7 gespreizten Handschwingen beendet (beim Steinadler 5). Dunenkleid weiß. Stimme: während der Balz werden bellende Rufe ausgestoßen. Seltener Brutvogel im offenen Gelände der Ebene sowie des Hügellandes, in Waldsteppen und Tälern mit Waldbeständen; Brutzeit: IV. Nest: ein großer Horst aus Aststücken und Reisern. Gelege: 2—3 grauweiße Eier mit schwacher brauner Fleckung, werden überwiegend vom ♀ bebrütet. Brutdauer etwa 43 Tage; Nestlingsdauer etwa 2 Monate. Nahrung: überwiegend kleine Säuger (Ziesel), gelegentlich Aas. Strich- und Zugvogel; Zug X.—XI. und III.

Schelladler 3
Aquila clanga
Spotted Eagle
Aigle criard
Aquila macchiata
Águila moteada

Mittelgroßer dunkelbrauner Adler mit 7 sichtbaren, gespreizten Handschwingen und ziemlich kurzem, wenig gerundetem Schwanz; Flügelspannweite 160—180 cm. Jungvögel erkennt man an der reichlichen weißen Fleckung der Flügeloberseite, die aus der Entfernung wie zwei helle Flügelbinden erscheint. Ist dem etwas kleineren Schreiadler sehr ähnlich, aber durch einen kontrastierenden weißen Bürzelfleck gekennzeichnet. Dunenkleid weiß. Stimme: Klangvolle Rufreihen „kjäkkjäkkjäk", erinnern an schrilles Hundegebell, außerdem gezogene „jief jief"-Rufe. Seltener Brutvogel in Wäldern offener Landschaften mit Wasserflächen; in Mittel- und Westeuropa Irrgast. Brutzeit: IV.—V. Nest: ein ziemlich großer Bau aus Ästen und Reisern in den Kronen alter Laubbäume. Gelege: 1—2 grauweiße Eier mit spärlichen Flecken. Brut- und Nestlingsdauer wie beim Kaiseradler. Nahrung: kleine Nagetiere, Reptilien, Frösche, Vögel, gelegentlich Aas. Zug- und Strichvogel; Zug im X.—XI. und IV.

1 juv
1
1 ad
2
2 juv
2 ad
3 ad
3
3 juv

Schreiadler 1
Aquila pomarina
Lesser Spotted Eagle
Aigle pomarin
Aquila anatrata
Águila pomerana

Mittelgroßer, erdbrauner Adler; Flügelspannweite 145 bis 160 cm. Dem etwas größeren und selteneren Schelladler sehr ähnlich. Alte Vögel unterscheiden sich von ihm durch hellere Färbung und den dunklen Bürzel. Jungvögel haben einen hellbraunen Nackenfleck und sind oberseits feiner getüpfelt, so daß im gestreckten Flügel meist mehrere, nur undeutliche helle Längsbinden erscheinen. Dunenkleid weiß. Stimme: verschiedene pfeifende Rufe. Seltener Brutvogel in ausgedehnten Waldgebieten mit alten Baumbeständen und wiesenreichen Mischwäldern. Während der Balz wendige Balzflüge mit langen Sturzflügen über dem Horst. Brutzeit: IV.—V. Nest in den Baumkronen hoher Bäume. Gelege: 1—2 grauweiße, dunkelbraun gefleckte Eier, die in etwa 43 Tagen ausgebrütet werden. Nestlingsdauer 7—8 Wochen. Nahrung: Frösche, Schlangen, Eidechsen, Mäuse, die oft zu Fuß erbeutet werden. Zugvogel: X.—XI. und III.—IV.

Zwergadler 2
Hieraaëtus pennatus
Booted Eagle
Aigle botté
Aquila minore
Águila calzada

Fast bussardgroß, Flügelspannweite 110—120 cm. Könnte im Flugbild am ehesten mit dem Wespenbussard verwechselt werden, hat aber charakteristische Adler-Kennzeichen: Kopf vorgebaut, lange Flügel mit 6 gespreizten Handschwingen und längerem, gerade abgeschnittenem Schwanz. Kommt in zwei Farbvarianten vor: häufiger in einer hellen Phase mit dunklen Flügeln, weißer Unterseite und hellbraunem Schwanz; andere haben eine dunkelbraune Unterseite. Jungvögel mit rostfarbener Bauchseite. Dunenkleid weiß oder hellgrau. Stimme: hell pfeifend „kíhk kíhkkihk". Seltener Brutvogel in Laub- und Mischwäldern der Ebenen und Mittelgebirge. Brutzeit: IV.—V. Nest: meist hoch in den Kronen von Laubbäumen. Gelege: 2 grünlichweiße Eier, manchmal mit rotbraunen Flecken. Brutdauer etwa 1 Monat; ♀ brütet. Nestlingsdauer ungefähr $1^1/_2$ Monate. Nahrung: kleine Landwirbeltiere und größere Insekten. Zugvogel: IX. — XI. und IV.

Schlangenadler 3
Circaëtus gallicus
Short-toed Eagle
Circaète ou Jean-le-Blanc
Biancone
Águila culebrera

Größer als Bussard, Flügelspannweite 150—170 cm. Erinnert im Flugbild an Wespenbussard, da die Flügel und der Schwanz ziemlich lang sind, hat aber einen bedeutend größeren und abgerundeten Kopf. Körperunterseite fast einfarbig weiß und hierdurch dem Fischadler ähnlich an der Vorderbrust dunkel und am Schwanz mit 3—4 undeutlich dunklen Binden. Jugendkleid sehr ähnlich den Alten, nur unterseits mehr längsgefleckt. Schnabel blaugrau, Füße hellgrau. Auge gelb bis orange. Dunenkleid schneeweiß. Stimme: Ruft ziemlich oft und klangvoll „jí- ok" oder „íjök-jök" (♂) und miauend (♀). Bewohnt warme, schlangenreiche Gebiete, Gebirgstäler und Schluchten. Nistet auf Bäumen. Brutzeit: V. Nest wie Bussard, regelmäßig mit grünen Zweigen belegt. Gelege: 1 kalkweißes Ei wird von beiden Altvögeln etwa 45 Tage lang bebrütet. Nestlingsdauer etwa 70—80 Tage. Nahrung: fast ausschließlich Schlangen, manchmal im Rüttelflug erspäht. Zugvogel: IX.—X. und IV.—V.

1 ad
1
1 juv
2 DV
2 HV
3 DV
3 HV

Mäusebussard 1
Buteo buteo
Common Buzzard
Buse variable
Poiana
Ratonero común

Größer als Krähe, Flügelspannweite 110—135 cm. Im Fluge an den breiten Flügeln mit wenig gespreizten fünf Handschwingen, dem abgerundeten, nur wenig vorgestreckten Kopf und am fächerförmigen, relativ kurzen Schwanz mit zahlreichen schmalen Querbinden kenntlich. Schwacher Schnabel. Augen braun bis gelb, Füße gelb und unbefiedert. ♂ = ♀. Dunenkleid weiß oder grau. Stimme: gedehntes miauendes „wjíeä". Bewohnt Waldgebiete mit angrenzendem Kulturland; der häufigste unter den „großen" Greifvögeln. Brutzeit: III.—V. Am Horstplatz Paarungsspiele mit Sturzflügen. Nest: meist hoch in Baumkronen. Gelege: 2—4 kalkweiße Eier mit grauer und brauner Fleckung. Brutdauer 28—31 Tage; Bebrütung durch beide Eltern. Nestlingsdauer 6—8 Wochen. Nahrung: vorwiegend Mäuse; jagt im offenen Gelände, meist von einem erhöhten Sitz nach Beute spähend, oder im langsamen Fluge. Teilzieher und häufiger Wintervogel; Zug: IX.—XI. und III.—IV.

Rauhfußbussard 2
Buteo lagopus
Rough-legged Buzzard
Buse pattue
Poiana calzata
Ratonero calzato

In Größe und Gestalt dem Mäusebussard sehr ähnlich. Gute Unterscheidungsmerkmale bieten die gewöhnlich viel weißere Flügel- und Schwanzunterseite mit scharf begrenzten dunklen Flecken am Flügelbug, die breite schwarze Endbinde am Schwanz und das dunkle Bauchschild. Kopf weiß mit dunklen Längsstreifen, Schwanzwurzel stets weiß, Füße bis zu den Zehen befiedert. Jugendkleid am Rücken mit breiteren, hellen Federsäumen und an der hellen Brust mit breiteren Längsflecken als Altvögel. Gleicht sonst im Verhalten und den Nahrungsansprüchen weitgehend dem Mäusebussard, jagt aber häufiger im Rüttelflug. Brutvogel der nordischen Tundra, in West- und Mitteleuropa regelmäßiger Wintergast. Brutzeit: V.—VI. Nest: meist am Boden. Gelege: 3—4 Eier, die denen des Mäusebussards gleichen. Bebrütung durch ♀ etwa 31 Tage. Nestlingsdauer 6—7 Wochen. Zugvogel, der in Mitteleuropa manche Winter invasionsartig auftritt. Zug: X.—XI. und II.—IV.

Adlerbussard 3
Buteo rufinus
Long-legged Buzzard
Buse féroce
Poiana codabianca
Ratonero moro

Wenig größer als Mäusebussard, in der Färbung unterseits auffallend weißlich, längsgestreift und mit rostfarbenen Unterflügeldecken, oberseits rostbraun und gewöhnlich heller Kopf. Der Schwanz ist ungebändert, was bei Mäusebussarden, die manchmal recht ähnlich rostfarben sein können, kaum vorkommt. Lebt in trockenen Steppen und in kahlem Bergland; kein Waldvogel. Kommt in Mittel- und Westeuropa nur als Irrgast vor. Nest aus Reisern am Boden, an Steilufern und Felsen, gelegentlich auf Bäumen. Gelege: 2—4 kalkweiße, braun gefleckte Eier. Verhaltensweise und Nahrungsansprüche wie Mäusebussard. Teilzieher; Zug: IX.—XI. und III.—IV.

1 HV
1 DV
1
2
3
3
2

Wespenbussard 1
Pernis apivorus
Honey Buzzard
Bondrée apivore
Falco pecchiaiolo
Halcón abejero

Bussardgroß, Flügelspannweite 115—125 cm. Im Flugbild schlanker als Bussard mit schmaleren Flügeln und längerem Schwanz; Kopf klein mit schwachem Schnabel, taubenartig nach vorn gestreckt. Kennzeichnend sind 3 gut sichtbare Querbinden am Schwanz, und zwar eine breitere am Ende und zwei schmale nahe der Schwanzwurzel. Im Gefieder sehr variabel; Jungvögel unterscheiden sich durch gelbweiße Fleckung der Oberseite und oft fast weißen Kopf. Dunenkleid weiß. Bewohnt kleine Laubwälder und Kiefernforste mit angrenzenden Wiesen und Feldern. Brutzeit: V.—VII. Nest wie Bussard. Gelege: 2 rundliche, dicht braun gefleckte Eier; Bebrütung durch beide Altvögel 30—32 Tage lang. Nestlingsdauer 35—40 Tage. Nahrung: hauptsächlich Wespenbrut, die mit den Füßen ausgescharrt wird, außerdem kleine Wirbeltiere. Zugvogel; Zug: IV.—V. und VIII.—X.

Sperber 2
Accipiter nisus
Sparrow Hawk
Epervier d'Europe
Sparviere
Gavilán común

Größe wie Türkentaube, Flügelspannweite 60—80 cm; ♀ um ¼ größer als ♂. Im Fluge an den kurzen, breiten und abgerundeten Flügeln (im Unterschied zum spitzflügeligen, gleichgroßen Turmfalken) sowie am langen, mit 4 Binden gezeichneten und gerade abgeschnittenen Schwanz kenntlich. Kennzeichnend ist ebenfalls der rasche Flügelschlag, der mit längerem Gleitflug abwechselt. Jugendkleid durch braune Rückenfärbung vom grauen Alterskleid unterschieden. Füße gelb, Augen hellgelb. Dunenkleid weiß. Stimme: in Horstnähe durchdringende „gigigigi"-Rufe. Verbreiteter Brutvogel in Nadelholzwäldern, die an offenes Gelände mit Hecken, Baumgruppen und Dorfgärten grenzen. Brutzeit: V.—VI. Nest: ein kleiner Bau aus Reisern, nicht allzu hoch im Fichtenstangenholz. Gelege: 4—6 rundliche Eier mit dichter brauner Fleckung. Bebrütung nur vom ♀, 33 Tage. Nestlingsdauer 28 Tage. Nahrung: hauptsächlich Kleinvögel. Teilzieher; Zug: IX.—X. und III.—IV.

Habicht 3
Accipiter gentilis
Goshawk
Autour des palombes
Astore
Azor

Etwa bussardgroß (♂ kleiner); Flügelspannweite 100 — 120 cm. Im Flugbild dem Sperber äußerst ähnlich, aber größer. Dichte Querbänderung der Unterseite immer schwärzlich; auffällige weiße Unterschwanzdecken. Jugendkleid unterseits mit kräftigen dunklen Längsstreifen, nicht quergewellt. Füße gelb, Augen orangerot bis gelb. Dunenkleid weiß. Stimme: am Horst eine gellende Rufreihe „gikgikgikgikgíagía . . .". Stürzt sich aus einem Versteck auf die Beute und jagt mit wendigem Flug. Verbreiteter Brutvogel großer Waldgebiete. Brutzeit: IV.—VI. Am Horst Balzflüge des ♂ mit steilem Auf- und Sturzflug. Nest aus Aststücken und Reisig, hoch in den Baumkronen, regelmäßig mit grünen Zweigen belegt. Gelege: 3—4 grünlichweiße, meist ungefleckte, rundliche Eier. Bebrütung nur durch das ♀ 36 Tage. Nestlingsdauer 38 Tage. Nahrung: meist größere Vögel, außerdem Säuger, besonders Eichhörnchen. Standvogel, nur in Nordeuropa Teilzieher.

1 HV
1 DV
1 juv
1
2 ♀
2 ♂
2 juv
3 ♀
3 juv
3

Rotmilan 1
Milvus milvus
Kite
Milan royal
Nibbio reale
Milano real

Reichlich bussardgroß mit schlanken Flügeln und mit tief gegabeltem, ziemlich langem Schwanz. Flügelspannweite 145—155 cm. Im Segelflug sind außerdem ein weißliches Feld vor der schwarzen Spitze der Flügelunterseite sowie die gewinkelt getragenen Flügel kennzeichnend. Altvögel rostbraun gefleckt, mit hellem Kopf, Jungvögel dunkler gefärbt mit braunerem Kopf. Füße gelb, Augen orangegelb. Dunenkleid rötlichweiß mit weißem Kopf. Stimme: pfeifendes „hiäh" und trillernde Balzrufe „hiäh hihihihi hiäh". Seltener Brutvogel in bewaldeten Ebenen und im Hügelland. Brutzeit: IV.—VI. Nest in Baumkronen, aus Aststücken und Reisig, die flache Mulde mit Pflanzenteilen, Papier und Lappen ausgepolstert. Gelege: 3 kalkweiße Eier mit grauer und brauner Fleckung. Bebrütung durch ♀ etwa 4 Wochen. Nestlingsdauer etwa 50 Tage. Nahrung: kleine Wirbeltiere und viel Aas. Teilzieher; Zug: IX.—X. und III.—IV.

Schwarzmilan 2
Milvus migrans
Black Kite
Milan noir
Nibbio bruno
Milano negro

Bussardgroß, vom Rotmilan durch den schwach gegabelten Schwanz und das düster braune Gefieder unterschieden. Bei starker Fächerung ist der Schwanzausschnitt fast nicht bemerkbar, dann bieten die Schwanzlänge und die schlanken Flügel geeignete Kennzeichen im Vergleich zum Bussard. Altvögel oberseits dunkelbraun, am Kopf grau und unterseits rostbraun, Jungvögel mit dunklerem Kopf und geflecktem Rücken. Füße gelb, Augen hellbraun. Dunenkleid rauchbraun, unterseits gelblichbraun. Stimme: melodisch trillernde Rufreihen „hühühühihüüüü" u.ä. Ziemlich seltener Brutvogel in Auwäldern breiter Stromtäler und in waldreichen Seegebieten. Brutzeit: IV.—V. Nest hoch auf Bäumen, aus Reisern, mit Lehm, Mulm u.ä. verkittet. Gelege: 2—3 braungefleckte Eier. Brutdauer 32 Tage, beide Eltern brüten. Nestlingsdauer etwa 6 Wochen. Nahrung: kleine Wirbeltiere, auch viel Aas und tote Fische. Zugvogel; Zug: VIII.—IX. und III.—IV.

Rohrweihe 3
Circus aeruginosus
Marsh Harrier
Busard harpaye
Falco di palude
Aguilucho lagunero

Größte Weihenart; Flügelspannweite 110—140 cm. Vom etwa gleichgroßen Bussard durch schlankere Gestalt mit längerem Schwanz und besonders die im Gleitflug breit V-förmig gehaltenen Flügel zu unterscheiden. ♂ mit kontrastreichen blaugrauen Flügelfeldern und silbergrauem Schwanz; ♀ dunkelbraun mit scharf begrenztem hellen Kopf und Nacken. Jugendkleid ähnlich ♀, aber helle Federsäume auf der Rückenseite und öfters ein dunkler Kopf. Die schlanken Füße sind gelb, die Augen gelbbraun. Dunenkleid graugelblich. Stimme: beim Balzflug hohe „quie-äh"- und pfeifende „fieh"- u.ä. Rufe. Brütet in ausgedehnten Rohrbeständen. Lebt in Wassernähe, ruht im Schilf. Brutzeit: IV.—VI. Nest: versteckt im dichten Röhricht auf umgeknickten Schilfhalmen, aus Rohr, Schilf und Reisig über dem Wasser gebaut. Gelege: 4—5 gerundete weiße Eier. Bebrütung nur vom ♀, 32—33 Tage. Nahrung: kleinere Wirbeltiere und größere Insekten. Teilzieher; Zug: VIII.—X. und III.—IV.

1 ad
1 juv
2 ad
2 juv
1
2
3 ♂
3 ♀

Kornweihe 1
Circus cyaneus
Hen Harrier
Busard Saint-Martin
Albanella reale
Aguilucho pálido

Kleiner und schlanker als Rohrweihe, mit schmaleren Flügeln und weißem Bürzel. ♂ hellgrau mit schwarzer Flügelspitze, ♀ und Jungvögel dunkelbraun, unterseits heller mit breiten Längsstreifen; der Wiesen- und Steppenweihe sehr ähnlich. Füße und Augen gelb. Dunenkleid weiß, am Rücken gelbgrau, Augen dunkel umrandet. Stimme: am Nest keckernde Warnrufe „gägägägägä". Seltener Brutvogel im Heide- und Moorland, auf großen Feldflächen und nicht selten auf Kahlschlägen in Waldgebieten. Regelmäßiger Wintergast in Feldern und Wiesen. Brutzeit: V.—VI. Nest am Boden aus Pflanzenstengeln, Reisern und Heidekraut. Gelege: 4—5 weiße, kugelförmige Eier. Brutpflege nur durch ♀, 29—30 Tage. Nestlingsdauer 5—6 Wochen. Nahrung: überwiegend Feldmäuse, außerdem andere Wirbeltiere und auch größere Insekten. Beuteflug stets niedrig über dem Boden mit gaukelndem und V-förmigem Gleitflug. Teilzieher; Zug: IX.—X. und IV.

Wiesenweihe 2
Circus pygargus
Montagu's Harrier
Busard de Montagu
Albanella minore
Aguilucho cenizo

Ähnlich Kornweihe, aber merklich kleiner und schlanker, mit spitzeren Flügeln und gewandtem Gaukelflug. ♂ grau mit schwarzen Flügelspitzen und einer dem Flügelhinterrand entlanglaufenden schwarzen Flügelbinde sowie braungestreifter Unterseite. Das ♀ ist meist durch den weniger weißen Bürzel von der Kornweihe zu unterscheiden, sonst aber kaum zu bestimmen, ebenso wie im Jugendkleid. Füße und Augen gelb. Dunenkleid wie Kornweihe. Stimme: am Nest schrille „kekekekek"-Rufe. Meist seltener Brutvogel in Moor- und Sumpfgelände, Überschwemmungsgebieten und ausgedehnten feuchten Wiesen. Brutzeit: V.—VI. Nest am Boden, wie Kornweihe. Gelege: 4—5 kugelförmige weiße Eier. Brutpflege nur vom ♀, 28—29 Tage. Nestlingsdauer etwa 5 Wochen. Nahrung und Jagdweise wie Kornweihe. Zugvogel: Zug VIII.—IX. und IV.—V.

Steppenweihe 3
Circus macrourus
Pallid Harrier
Busard pâle
Albanella pallida
Aguilucho papialbo

Wenig schlanker als Kornweihe, dieser sonst in beiden Geschlechtern sehr ähnlich. ♂ möwenblau mit sehr hellem Kopf und weißer Unterseite; ♀ wie Kornweihe, aber mit nicht ganz weißem Bürzel; Jugendkleid unterseits ungestreift rostbraun. Füße gelb, Augen hellgelb. Dunenkleid wie Kornweihe. Stimme gäckernd, ♀ ruft „prih-pripripri". Lebt in baumlosem Gelände; brütet in Osteuropa und Asien und erscheint in Nord-, Mittel- und Westeuropa invasionsartig als Zugvogel und ausnahmsweise auch als Brutvogel. Hält sich in Wiesen und Feldern auf. Brutverhalten, Jagdweise und Nahrung ähnlich wie Kornweihe. Zugvogel: VIII.—X. und IV.—V.

1 ♂
1 juv
1
2 ♂
2 juv
2
3 ♂
3 juv
3

Ordnung: Greifvögel - *Falconiformes* **Familie: Fischadler** - *Pandionidae*

Fischadler 1
Pandion haliaëtus
Osprey
Balbuzard fluviatile
Falco pescatore
Águila pescadora

Größer als Bussard, Flügelspannweite 150—170 cm. Ist an der reinweißen Unterseite und dem weißen Kopf mit breitem Augenstreif anzusprechen. Die langen Flügel werden gewinkelt gehalten und haben am Handgelenk einen schwarzen Fleck. ♂ = ♀. Jugendkleid an den hellen Federsäumen auf der Oberseite kenntlich. Dunenkleid weißlich mit dunklem Augenstreif. Stimme: während der Balz „tjiptjiptjip-jihp"-Rufe. Während der Zugzeit an Binnengewässern; Brutvorkommen an großflächigen Seen und Teichen. Brutzeit: IV.—VI. Nest: großer Bau aus Knüppeln und Reisern auf hohen Bäumen. Unter dem Nest sind gewöhnlich Fische als Nahrungsreste zu finden. Gelege: 2—4 gelblichweiße Eier mit grauen und braunen Flecken. Bebrütung durch beide Altvögel 35 Tage lang. Nahrung: ausschließlich Fische, die gewöhnlich im Rüttelflug erspäht und durch Stoßtauchen erbeutet werden. Zugvogel: VIII.—X. und IV.—V.

Ordnung: Greifvögel - *Falconiformes* **Familie: Falken** - *Falconidae*

Würgfalk 2
Falco cherrug
Saker Falcon
Faucon sacre
Falcone sacro
Halcón sacre

Größer als Wanderfalk, mit relativ längerem Schwanz und breiteren Flügeln, sonst im Flugbild äußerst ähnlich. Am weißlichen Scheitel und Nacken mit feinen dunkelbraunen Strichen, dem undeutlichen, schmalen Bartstreif und der rostbraunen Rückenseite unterschieden. Unterseite bei Alt- und Jungvögeln auf weißlichem Grunde kräftig braun längsgefleckt. Füße der Jungen blaugrau, der Alten gelb; Augen dunkelbraun. Dunenkleid weiß. Stimme: „kikikiki" oder gezogen „kiä-kiä". Bewohnt Auwälder und Ebenen mit offener Landschaft, brütet öfters auch auf Felsen. Brutzeit: IV.—V. Nest hoch auf Laubbäumen; häufig Felsennester ohne Nestunterlage. Gelege: 4—5 rotbraun gefleckte Eier. Bebrütung durch ♀ 28—30 Tage lang. Nestlingsdauer 6—7 Wochen. Nahrung: hauptsächlich kleine Säugetiere, besonders Ziesel, außerdem Vögel bis Tauben- und Rebhuhngröße. Teilzieher, in Westeuropa Irrgast. Zug: X.—XI. und III.

Wanderfalk 3
Falco peregrinus
Peregrine Falcon
Faucon pèlerin
Falcone pellegrino
Halcón común

Etwa krähengroß, Flügelspannweite 85—115 cm, ♀ beträchtlich größer als ♂. Altvögel mit dunkelgrauer Rückenseite, dicht quergebändertem Bauch und breitem schwarzen Bartstreif. Jungvögel oberseits mit hellen Federsäumen, unterseits längsgestreift. Dunenkleid weiß. Im Fluge sind die spitzen, gewinkelten Flügel und der keilförmig verjüngte Schwanz kennzeichnend. Stimme: warnt am Horst mit längeren Rufreihen„ grägrägrägrä" oder „gigigi". Seltener Brutvogel in offenem Gelände mit steilen Felsen, sowohl in der Ebene als auch in Gebirgen. Im Winter außerdem in baumarmen Feldgebieten. Brutzeit: III.—IV. Lebhafte Flugbalz in Horstnähe. Nest meistens auf steilen Felsen in Löchern und Nischen, ohne besondere Unterlage. Gelege: 3—4 dicht braungefleckte Eier. Brutpflege 28—29 Tage. Nestlingsdauer etwa 40 Tage. Nahrung: Vögel, die im Flug erjagt werden. Teilzieher; Zug: X.—XII. und II.—III.

1
1
2 ad
2 juv
3 juv
3 ♂
3 ♀
3
2

Baumfalk 1
Falco subbuteo
Hobby
Faucon hobereau
Lodolaio
Alcotán

Taubengroß, im Flugbild dem Wanderfalken ähnlich. Rückenseite wirkt fast schwarz, Bauchseite kräftig längsgestreift, mit rostrotem Schenkel- und Unterschwanzgefieder und scharf begrenztem Bartstreif. Füße und Augenring gelb, Augen schwarzbraun. ♂ = ♀. Jugendkleid: Rückenfedern mit braunen Säumen. Dunenkleid weiß. Rüttelt nicht; verfolgt im schnellen Flug nur freifliegende Beute nach Wanderfalkenart. Stimme: Rufreihen „kikikikiki" (ähnlich Turmfalk). Verbreiteter, aber nicht häufiger Brutvogel in lichten Waldungen, z. B. Feldgehölzen; jagt in offener Landschaft, oft über Teichen. Brutzeit: V.—VI. Nest hoch auf Bäumen, meist werden Nester anderer Greif- oder Rabenvögel besetzt. Gelege: 3 fein, dicht rot- bis gelbbraun gefleckte Eier. Bebrütung: 28 Tage durch beide Eltern. Nestlingsdauer: 4 Wochen. Nahrung: Kleinvögel, besonders Schwalben und Feldlerchen und freifliegende Insekten (Libellen). Zugvogel; am Brutplatz nur vom V.—IX.

Merlin 2
Falco columbarius
Merlin
Faucon émerillon
Smeriglio
Esmerejón

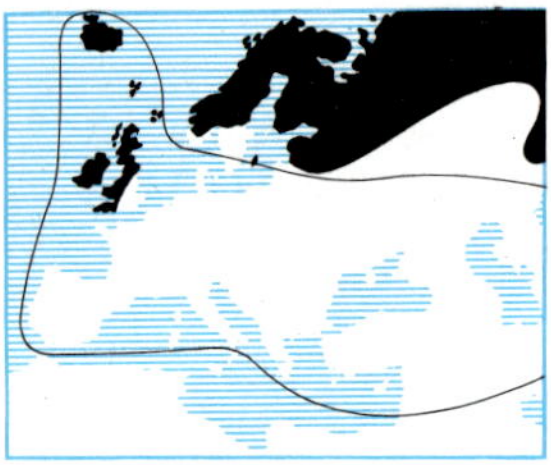

Kleinster Falke, im Fluge oft schwalbenähnlich, Flügelspannweite 60—70 cm. ♂ mit blaugrauer Rückenseite und schwarzer Endbinde am schiefergrauen Schwanz, Bauchseite hellbraun und längsgefleckt. Das ♀ und Jugendkleid sind oberseits düsterbraun und haben einen gebänderten Schwanz. Füße gelb, Augen dunkelbraun. Dunenkleid weiß. Stimme: Ruft turmfalkenähnlich „kikikikiki". Nordischer Brutvogel im baumarmen Gelände der Tundren und Hochmoore; im Winter in offener Kulturlandschaft. Brutzeit: V.—VI. Nest: meist am Boden. Gelege: 4—5 dicht dunkelbraun gefleckte Eier. Bebrütung durch beide Eltern 26—30 Tage lang. Nestlingsdauer 25—27 Tage. Nahrung: meist Kleinvögel bis zu Drosselgröße, gelegentlich Insekten und Mäuse. Jagt hauptsächlich fliegende Beute nahe am Boden; rüttelt manchmal. Teilzieher; in West- und Mitteleuropa regelmäßiger aber nicht häufiger Wintergast. Zug: IX.—XI. und III.—IV.

Turmfalk 3
Falco tinnunculus
Kestrel
Faucon crécerelle
Gheppio
Cernícalo vulgar

Kleiner langschwänziger Falke, Flügelspannweite 70 — 80 cm. Am leichtesten zu erkennen am andauernden Rüttelflug, 10—20 m über dem Boden. ♂ mit hellgrauem Kopf und Schwanz und rotbraunem Rücken mit dunklen Tropfenflecken, bei ♀ und Jungvögeln Oberseite rostbraun und quergebändert. Im Flugbild sind die schmalen, spitzen Flügel und der lange, am Ende abgerundete Schwanz kennzeichnend. Dunenkleid weiß. Stimme: schrille Rufreihen „kliklikliklí" und vibrierendes „wrrieh". Häufiger Brutvogel in offenen Landschaften mit Baumgruppen, Feldgehölzen, auch auf Felsen, in Steinbrüchen, Burgruinen und in Großstädten auf Kirchtürmen. Brutzeit: IV.—V. Nest hoch auf Bäumen, meist angenommene Krähen- oder Taubennester, auf Felsklippen und altem Gemäuer ohne Nestunterlage. Gelege: 5—6 braun gefleckte Eier; Bebrütung 28—30 Tage. Nestlingsdauer 27—33 Tage. Nahrung: fast nur Feldmäuse. Teilzieher; Zug im IV. und IX.—X., viele überwintern.

1 ad
1 juv
1
2 ♂
2 ♀
2 ♂
3 ♀
3 juv
3 ♂
3 ♂

Ordnung: Greifvögel - *Falconiformes* **Familie: Falken** - *Falconidae*

Rotfußfalk 1
Falco vespertinus
Red-footed Falcon
Faucon kobez
Falco cuculo
Cernícalo patirrojo

Turmfalkengroß, im Fluge unterseits schiefergrau bis schwarz (♂) oder mit dichter schwarz-weißer Bänderung am Flügel (♀ und Junge). ♂ mit korallenroten Füßen, Wachshaut und Augenring; das ♀ hat einen grauen Rücken und Schwanz mit schwarzer Querbänderung und einen rostgelben Scheitel und Nacken. Jungvögel unterscheiden sich durch den bräunlichen Rücken und die längsgestreifte Unterseite sowie durch gelbe Füße. Dunenkleid weiß. Stimme: „giv giv giv“. Osteuropäische Art, brütet in Ebenen mit offenem Gelände und Baumgruppen; in Mittel- und Westeuropa unregelmäßig zur Zugzeit, in manchen Jahren invasionsartig. Brutzeit: V.—VI. Nest auf Bäumen, nistet meistens gesellig. Gelege: 4—5 braungefleckte Eier. Beide Altvögel brüten 22—23 Tage. Nestlingsdauer: 26—28 Tage. Nahrung: fast ausschließlich Insekten (Käfer, Heuschrecken, Libellen). Zugvogel VIII.—IX. und IV.—V.

Ordnung: Hühnervögel - *Galliformes* **Familie: Rauhfußhühner** - *Tetraonidae*

Moorschneehuhn 2
Lagopus lagopus
Willow Grouse
Lagopède des saules
Pernice bianca nordica
Lagópodo escandinavo

Größer als Rebhuhn; Füße bis zu den Fingerenden befiedert, was besonders im Winterkleid auffällig ist. Im Sommer dunkel rotbraun mit weißen Flügeln, im Winter reinweiß mit schwarzen Abzeichen am Schwanz. (In England eine Unterart— **Schottisches Moorschneehuhn** — die auch im Winter braun bleibt, 2a). Sehr ähnlich dem Alpenschneehuhn. Sieht in den Übergangskleidern recht scheckig aus. ♂ = ♀ = juv. Flug schnell, durch schwirrende Flügelschläge lautes Fluggeräusch. Dunenkleid gelbbraun mit scharf begrenzten schwarzen Flecken an Kopf und Rücken. Stimme: „err-reck, ok ok ok“. Lebt auf Moor- und Heideflächen. Brutzeit: V.—VI. Nest: unter Weidenbüschen und Heidekraut. Gelege: 8—12 ockergelbe Eier mit schwarzen und dunkelbraunen Flecken. Bebrütung durch ♀ 21—24 Tage, die Küken bleiben mit Altvögeln in größeren Scharen. Nahrung: Beeren, Weiden- und Birkenknospen u. a. Standvogel.

Alpenschneehuhn 3
Lagopus mutus
Ptarmigan
Lagopède muet
Pernice bianca
Perdiz nival

Größer als Rebhuhn. ♂ im Sommer mit schwarz gefleckter, graubrauner bis grauer Oberseite und Brust. ♀ am Rücken gelbbraun marmoriert. Jugendkleid ähnlich ♀, aber Schwingen und Bauch grau. In allen Kleidern mit weißen Flügeln. Winterkleid reinweiß mit schwarzem Zügelstreif und Schwanz. Vom sehr ähnlichen Moorschneehuhn durch schwächeren Schnabel und schwarzen Augenstreif unterschieden. Fliegt niedrig mit burrendem Fluggeräusch. Stimme: rauhe krächzende und knarrende Rufe „árrrr“ u. ä. Brütet in den Alpen und Pyrenäen auf steinigen Berghängen über dem Waldgürtel, im Norden in der Gebirgs- und Felstundra. Brutzeit: V.—VII. Nest zwischen Geröll und Gesträuch. Gelege: 6—10 spärlich braungefleckte Eier. Brutpflege: wie Moorschneehuhn. Nahrung: verschiedene Alpen- und Tundrapflanzen, z. T. Insekten, die besonders von den Jungen aufgenommen werden. Standvogel.

1 juv
1 ♂
1 ♀
2 ♂ W
2 a ♂ So
2 ♂ So
2 a
3 ♂ W
3 ♀ So
3 ♂ So
3 ♂ So

Birkhuhn 1
Lyrurus tetrix
Black Grouse
Tétras lyre
Fagiano di monte
Gallo lira

Haushuhngroß. ♂ im Brutkleid am schwarzblauen, glänzenden Gefieder mit leierförmigem Schwanz und leuchtend weißen Unterschwanzdecken unverkennbar. ♀ rostbraun mit dunkler Bänderung und leicht gegabeltem Schwanz. Jugendkleid = ♀, Dunenkleid: rostbraun mit schwacher Fleckung. Stimme: balzendes ♂ zischt „tschu-schí" und kollert mit andauernden hohlen Rufstrophen „turrr turrr turrr"; ♀ gackert. Örtlich verbreiteter Brutvogel in Heide- und Moorland, im Gebirge in der Krummholzzone. Kommt meist gesellig vor, besonders während der Balz oft an jahrelang besuchten Balzplätzen. Brutzeit: V.—VI. Nest am Boden in Heide- oder Beerenkraut. Gelege: 6—10 ockergelbe Eier mit kleinen, rot- oder schwarzbraunen Flecken und Punkten. Bebrütung nur vom ♀ 25—27 Tage. Die früh flugfähigen Küken werden etwa 3 Wochen lang geführt. Nahrung größtenteils pflanzlich: Knospen, Triebe und Beeren; zeitweise Insekten. Standvogel.

Auerhuhn 2
Tetrao urogallus
Capercaillie
Grand Tétras
Gallo cedrone
Urogallo

Fast truthahngroßer Waldvogel mit starkem Hakenschnabel. ♂ schwarz und dunkelbraun, mit weißen Flecken am Flügelvorderrand. ♀ um etwa ⅓ kleiner, rostbraun. Von der Birkhenne durch Größe und abgerundeten Schwanz unterschieden. Jugendkleid sehr ähnlich dem ♀. Dunenkleid am Kopf gelber als Birkhuhn, diesem aber sehr ähnlich. Stimme: balzendes ♂ läßt hölzerne Klopflaute und wetzende Laute hören, das ♀ ruft gackernd. Beim Auffliegen fällt das laut polternde Fluggeräusch auf. Seltener Brutvogel großer Waldgebiete der Mittel- und Hochgebirge, besonders in Fichtenwäldern. Brutzeit: IV.—VI. Nest am Boden, verborgen unter Heidekraut und Gebüsch. Gelege: 6—10 hühnereigroße, ockergelbe und dunkelbraun punktierte Eier. Bebrütung nur vom ♀, 26—28 Tage; die Jungen bleiben bis zum Winter mit der Henne zusammen. Nahrung: überwiegend pflanzlich: Nadeln, Triebe und Knospen. Standvogel.

Haselhuhn 3
Tetrastes bonasia
Hazel Hen
Gélinotte des bois
Francolino di monte
Gallina montés

Rebhuhngroß, oberseits rotbraun und grau, mit schwarzen und weißen Tüpfeln und einer breiten Endbinde am grauen, abgerundeten Schwanz. ♂ mit kurzer Federhaube und schwarzem Kehlfleck in weißer Einrahmung; ♀ an der Kehle weiß. Jugendkleid ähnlich ♀. Dunenkleid ungefleckt rotbraun mit schwarzem Augenstreif. Fliegt mit schnurrenden Flügelschlägen. Stimme ungewöhnlich hoch und pfeifend; Balzruf des ♂ „tsítsi-tseri-tsi, tsi-tsui". Bewohnt ausschließlich einsame Wälder mit viel Unterholz, besonders im Gebirge. Brutzeit: IV.—V. Nest versteckt unter Vegetation in einer Bodenvertiefung, die ein wenig ausgepolstert wird. Gelege: 8—10 rötlichgelbe Eier mit spärlichen braunen Flecken. Bebrütung durch ♀ 21—25 Tage. Die Jungen werden vom ♀ und vielfach von beiden Eltern bis zu 3 Monate lang geführt. Nahrung: Hauptsächlich Knospen und Triebe der Laubbäume, viele Beeren, außerdem Insekten und Schnecken. Standvogel, im Norden auch Teilzieher.

1 ♂
1 ♀
1 ♂ balzend
2 ♂
2 ♂
2 ♀
2 ♂ balzend
3 ♀
3 ♂
3 ♂

Steinhuhn 1
Alectoris graeca
Rock Partridge
Perdrix bartavelle
Coturnice
Perdiz griega

In Form, Größe und im Flug dem Rebhuhn ähnlich. Altvögel mit weißer, schwarz eingerahmter Kehle, grauem Rücken und schwarzweiß gebänderten Körperseiten. Roter Schnabel und rote Beine unterscheiden es vom Rebhuhn, stimmen aber mit Rothuhn überein (Unterschiede s. dort). Jugendkleid an Rücken und Brust mit Tropfenflecken. Dunenkleid auf der Rückenseite rotbraun mit schwarzer und weißer Zeichnung. Stimme: ♂ mit lautem Paarungsruf, „kakabitz, kakelik" u. ä. Im Auffliegen polterndes Fluggeräusch und pfeifende „pitschí pitschí"-Rufe. Bewohnt warme, offene Berghänge mit Felsen und Steinblöcken, meist im Gebirge oberhalb der Baumgrenze. Brutzeit: V.—VII. Nest in kleinen Bodenvertiefungen. Gelege: 9—14 rotbraun gesprenkelte Eier. Brutdauer 24—26 Tage, nur ♀ brütet. Geführt wird bis zum Herbst von beiden Eltern. Nahrung: Knospen und Blätter, Beeren, Sämereien, daneben Insekten. Standvogel.

Rothuhn 2
Alectoris rufa
Red-legged Partridge
Perdrix rouge
Pernice rossa
Perdiz común

In Gestalt und Verhalten dem Steinhuhn sehr ähnlich, ist aber oberseits weinrotbraun und die schwarze Kehleinfassung läuft nach außen in kurze schwarze Streifen aus. Jugendkleid durch das Fehlen der Kehleinfassung unterschieden. Dunenkleid wie beim Rebhuhn oberseits gefleckt. Im Fluge dem Rebhuhn durch die rotbraune Oberseite und den lebhaft rotbraunen Schwanz ziemlich ähnlich, unterscheidet sich aber in Kehl- und Bauchseitenfärbung. Stimme: Balzruf des ♂ ein lautes „tschurrick, tschukár"; im Auffliegen „tschörröck schörk schörk". Brutvogel auf trockenem, sandigem oder steinigem Boden niederer Berghänge, in Weinbergen und Getreidefeldern. Brutzeit: V. Nest, Gelege und Brutpflege wie Steinhuhn. Brutdauer 23—24 Tage. Nahrung: hauptsächlich Pflanzenteile und Sämereien, z. T. Insekten, Weichtiere und Würmer. Standvogel.

Rebhuhn 3
Perdix perdix
Partridge
Perdrix grise
Starna
Perdiz pardilla

Gedrungenes, kurzschwänziges Feldhuhn mit abgerundeten Flügeln. ♂ mit braunem, hufeisenförmigen Brustschild. Dunenkleid rotbraun mit schwarzen Flecken, Unterseite hellgelb. Fliegt mit schwirrenden Flügelschlägen und dazwischengeschaltetem Gleitflug, wirkt im Fluge von der Unterseite hell; mit schnurrendem Fluggeräusch. Stimme: laute „kirrrick"- und „errepp"-Rufe, auffliegend „ripripriprip". Bewohnt Kulturlandschaften niederer und mittlerer Höhenlagen mit Getreide-, Klee- und Rübenfeldern. Brutzeit: V.—VI. Nest: gut versteckt am Boden, in einer flachen und mit wenigen Grashalmen ausgelegten Mulde, unter Gebüsch und dichten Kräutern. Gelege: 10—20 einfarbig grüngraue Eier, die nur vom ♀ in 24—25 Tagen bebrütet werden. Die Jungen werden von beiden Eltern geführt und verbleiben in sog. Ketten bis über den Winter beisammen. Nahrung: Sämereien und grüne Pflanzenteile, im Sommer zum großen Teil Insekten und Würmer. Standvogel.

1
1
2
2
3 ♂
3 ♂
3 ♀

Ordnung: Hühnervögel - *Galliformes* **Familie: Feldhühner** - *Phasianidae*

Wachtel 1
Coturnix coturnix
Quail
Caille des blés
Quaglia
Codorniz

Nur etwa amselgroß mit kurzem Schwanz und kleinem Kopf. Erdbraun mit dunklen und weißen Längsstrichen. ♂ mit schwarzer Zeichnung an der Kehle, die dem ♀ und jungen Vögeln fehlt. Dunenkleid rostbraun mit 2 scharf begrenzten Längsstreifen. Im Fluge wegen der geringen Größe kaum zu verwechseln, läßt sich aber schwer zum Auffliegen bewegen. Stimme: ein weit hörbarer rhythmischer Schlag „pickperwick", der auch im Fluge und während der Nacht zu hören ist. Lebt verborgen in Ackerbaugebieten mit verschiedenen Feldkulturen und Wiesenflächen. Brutzeit: VI.—VII. Nest: am Boden in einer kleinen Mulde. Gelege: 7—14 braungelbe Eier mit dichten dunkelbraunen Punkten und Flecken. Brutpflege nur vom ♀, das etwa 17 Tage brütet und höchstens 1 Monat lang führt. Nahrung: hauptsächlich Samen verschiedener Unkräuter, Blätterteile und im Sommer viele Insekten. Zugvogel; Zug: IV.—V. und IX.—X.

Fasan 2
Phasianus colchicus
Pheasant
Faisan de chasse
Fagiano comune
Faisán vulgar

Haushuhngroßer Vogel mit langem, spitzen Schwanz. ♂ mit metallisch schillerndem Gefieder, am Kopf dunkelgrün mit leuchtend roten, nackten Hautlappen (sog. Rosen), meist mit weißem Halsring. ♀ insgesamt erdfarbig mit dunkelgeflecktem Rücken und kürzerem Schwanz. Jugendkleid wie ♀. Dunenkleid rostbraun, am Rücken schwarze Flecken. Beim Auffliegen kräftiges Fluggeräusch. Stimme: Balzruf des ♂ ein lautes „körrk-kok", dem ein polterndes Flügelschlagen folgt; zum Schlaf aufbäumende Vögel rufen „gög, gög, gögög". Häufiger Brutvogel in baum- und buschreichen Kulturlandschaften. Lebt oft gesellig. Brutzeit: V.—VI. Nest am Boden, die Nestmulde mit schwacher Auspolsterung. Gelege: 10—12 einfarbig graugrüne Eier. Brutpflege nur vom ♀ 24—25 Tage und 1 Monat Führung der Jungen. Nahrung: im Sommer überwiegend Insekten, Würmer und Weichtiere, sonst viel Sämereien und Grünfutter. Standvogel.

Ordnung: Rallenvögel - *Gruiformes* **Familie: Kraniche** - *Gruidae*

Kranich 3
Grus grus
Crane
Grue cendrée
Gru
Grulla común

Größer als Storch, von Reihervögeln durch herunterhängendes Schwanzgefieder unterschieden. ♂ = ♀. Jugendkleid brauner, ohne bunte Kopfzeichnung und ohne Schmuckfedern am Rücken und Schwanz. Dunenkleid rostbraun. Fliegt mit ausgestrecktem Hals und Beinen; Scharen fliegen in keilförmigen Formationen. Stimme: ein schmetternder Trompetenruf „kruh, krürr" u. ä. Seltener und heimlich lebender Brutvogel in ausgedehnten Sumpfgebieten, am Zug in Scharen auf wassernahen Feldern und Wiesen. Brutzeit: IV.—V. Nest: ein großer Haufen von Schilf im seichten Wasser. Gelege: 2 große, grünlichgraue, schwach gefleckte Eier. Brutpflege: ♂ und ♀ brüten 29—30 Tage. Die Jungen werden in etwa 10 Wochen flugfähig. Nahrung: Samen, Beeren, Mais, außerdem Insekten und kleine Wirbeltiere. Zugvogel; Zug: III.—V. und IX.—X.

1 ♂
♀
1
2 ♀
2 ♂ torquatus
2 ♂ colchicus
3
3 juv
3 ad
3 D

Großtrappe 1
Otis tarda
Great Bustard
Outarde barbue
Otarda
Avutarda

Erinnert in Größe und Gestalt an Truthahn, mit kupferbrauner Oberseite, weißer Unterseite, einem hellgrauen dicken Hals und kräftigen Lauffüßen. ♂ mit bartförmigen Federn an der Schnabelwurzel; ♀ viel kleiner und ohne Bartfedern. Jugendkleid matter gefärbt mit rostfarbenem Oberkopf. Dunenkleid rahmfarben mit schwarzen Flecken und Streifen. Stimme: selten hörbare schnarchende und zischende Laute begleiten die auffällige Schaubalz des ♂. Seltener Bewohner von dünn besiedelten baumlosen Trockengebieten der Kultursteppe; meist gesellig, aber sehr scheu. Brutzeit: V.—VI. Nest am Boden, ohne Auspolsterung. Gelege: 2 graugrüne, spärlich braun gefleckte Eier. Brutdauer etwa 25 Tage; nur das ♀ brütet und führt die nestflüchtenden Jungen 6—7 Wochen. Nahrung: überwiegend Blätter, Knospen und Samen, außerdem Insekten, Eidechsen und Feldmäuse. Standvogel oder Teilzieher.

Zwergtrappe 2
Otis tetrax
Little Bustard
Outarde canepetière
Gallina prataiola
Sisón

Haushuhngroß, sandfarben mit feinen schwarzen Wellenstrichen. ♂ im Brutkleid mit schwarzweißem Kragen; ♀ an der Brust und den Körperseiten gestreift und gefleckt. Jugendkleid = ♀. Dunenkleid etwas heller als Großtrappe. Scheint im Fluge wegen der großen weißen Flügelfelder und der weißen Unterseite fast ganz weiß zu sein. Stimme: Balzruf des ♂ ein lautes „trrrt", im Flug pfeifende Laute. Seltener Steppenvogel in baumarmen Ebenen mit ausgedehnten Korn- und Kleefeldern. Brutzeit: V.—VI. Nest in einer Bodenvertiefung, die mit dürren Grasstengeln gepolstert wird. Gelege: 3—4 olivgrüne, spärlich braun gefleckte Eier. Brutdauer: 20—21 Tage, Bebrütung nur durch ♀. Die Jungen werden von beiden Eltern etwa 5 Wochen lang geführt. Nahrung: wie Großtrappe. Teilzieher.

Ordnung: Rallenvögel - *Gruiformes* **Familie: Rallen** - *Rallidae*

Bleßhuhn 3
Fulica atra
Coot
Foulque macroule
Folaga
Focha común

Fast entengroßer schwarzer Wasservogel mit weißem Schnabel und Stirnschild, Augen rot; die grau gefärbten Füße haben an den langen Zehen eine gelappte Schwimmhaut und wirken dadurch schwerfällig groß. ♂ = ♀. Jugendkleid an Vorderhals und Bauchseite grauweiß. Dunenkleid schwarz mit bunter, orangeroter Färbung am Kopf und Hals. Flüchtende Bleßhühner flattern mit laut planschenden Fußschlägen über das Wasser. Taucht nur kurz und mit Mühe. Häufiger Brutvogel auf stehenden Binnengewässern; im Winter in großen Scharen auf eisfreien, langsam fließenden Strömen und auf Seen. Brutzeit: IV.—V.; 1—2 Jahresbruten. Nest im Schilfsaum, ein Haufen von zerstückeltem Schilf. Gelege: 6—9 gelblich weiße Eier, dicht besät mit feinen schwarzen Punkten. Brutdauer: 21—22 Tage. Nahrung: Unterwasserpflanzen und Sproßteile von Uferpflanzen, Kleintiere (Insekten, Weichtiere). Teilzieher: III. und X.—XI.

balzend
1 ♂
1 ♂
1 ♀
2 ♂
3 juv
3 ad
2 ♀
3 D

Teichhuhn 1
Gallinula chloropus
Moorhen
Poule d'eau
Gallinella d'acqua
Polla de agua

Etwas kleiner als Rebhuhn. Altvögel dunkel gefärbt, rote Stirnplatte, rote Augen, kurzer Schwanz mit leuchtend weißen Unterschwanzdecken, Füße grün. Jugendkleid graubraun. Dunenkleid schwarz mit rotem Schnabel. Sitzt im Schwimmen hoch auf dem Wasser; ein rhythmisches Nicken mit dem Kopf und zuckende Bewegungen des gestelzt getragenen Schwanzes sind kennzeichnend. Stimme: regelmäßig explosive „kürrk"-Rufe und ein aufgeregtes „kick kick". Häufiger Bewohner stehender Gewässer mit dichter Ufervegetation und vielen Schwimmpflanzen; im Winter an eisfreien Flüssen. Brutzeit: IV. bis VII.; 2, manchmal sogar 3 Jahresbruten. Nest napfförmig aus Schilfblättern und Halmen, nahe am Wasser. Gelege: 6—10 gelbe Eier mit braunen bis schwarzen Punkten und Flecken. Bebrütung durch beide Eltern 19—22 Tage. Nahrung: verschiedene kleine Wassertiere und grüne Pflanzenteile. Teilzieher; Zug: III.—IV. und IX.—XI.

Wasserralle 2
Rallus aquaticus
Water Rail
Râle d'eau
Porciglione
Rascón

Amselgroß, mit kurzem Schwanz und langem dünnen Schnabel. Augen und Schnabel rot, Füße bräunlich. ♂ = ♀. Jugendkleid überwiegend braun. Dunenkleid tiefschwarz mit hellen Füßen und Schnabel. Ziemlich häufig, aber selten zu sehen, dagegen oft zu hören. Stimme: sehr ruffreudig; explosive „pitt pitt"-Rufe, häufig ein quiekendes „kruief" mit anschließendem tiefen Brummen. Nistet in der Uferzone dicht bewachsener Sümpfe und verlandender Teiche. Brutzeit: IV.—V. und VIII., sehr wahrscheinlich 2 Jahresbruten. Nest in dichter Sumpfvegetation, aus Schilf-, Rohr- oder Seggenblättern gebaut und meistens von oben verdeckt. Gelege: 6—12 rahmgelbe Eier mit spärlichen braunen Flecken. Brutpflege von beiden Eltern 19—21 Tage. Nestflüchter, die mit etwa 8 Wochen selbständig werden. Nahrung: verschiedene Tiere; dazu wenig Pflanzen und Sämereien. Teilzieher; Zug im III.—V. und IX.—XI.

Wiesenralle (Wachtelkönig) 3
Crex crex
Corncrake
Râle de genêts
Re di quaglie
Guión de codornices

Größe wie Wasserralle, mit kurzem Schnabel, hellbraun gefärbt und mit rostbraunen Flügeln, die auch im Fluge auffallen. ♂ = ♀ = Jugendkleid. Dunenkleid schwarz mit schwarzbraunem Schnabel. Stimme: besonders in der Dämmerung und während der Nacht ein andauernd wiederholtes zweitaktiges Schnarren „rerrp rerrp". Lebt versteckt im Gras und fliegt sehr selten auf. Bewohnt feuchte Mähwiesen, besonders in den Auen, Kleefelder, Luzerneäcker, auch in niederen Gebirgslagen. Überall starker Bestandsrückgang. Brutzeit: VI.—VII. Nest am Boden, bildet eine mit Halmen und Grasblättern ausgelegte Mulde. Gelege: 8—12 gelbliche Eier mit grauer bis rotbrauner Fleckung. Brutdauer etwa 19 Tage; nur das ♀ brütet und führt die Jungen ungefähr 5 Wochen lang. Nahrung: Insekten, Spinnen, Schnecken, außerdem verschiedene Samen. Zugvogel: V. und IX.—X.

1
1 D
1 juv
2 ad
2
2 D
2 juv
3 ad
3
3 juv

Tüpfelsumpfhuhn 1
Porzana porzana
Spotted Crake
Marouette ponctuée
Voltolino
Polluela pintoja

Etwa so groß wie Wasserralle, aber mit kurzem Schnabel und feinen weißen Tüpfelflecken an Oberseite und Brust. Jugendkleid braun, mit weißlicher Unterseite. Dunenkleid tiefschwarz. Fliegt selten auf, lebt sehr versteckt im dichten Ried, Schilf, an den Ufern verlandender Seen und Teiche, im nassen Wiesengelände, an Wassergräben u.ä. Stimme: ein in der Dämmerung und Nacht andauernd wiederholtes pfeifendes „huit“, das in Pausen von etwa $1^1/_2$ Sekunden stundenlang ertönen kann. Brutzeit: V.—VII.; 2 Jahresbruten. Nest haubenförmig auf geknickten Seggenhalmen, in der dichtesten Sumpfvegetation, aus Schilf- und Rohrblättern. Brutpflege wie bei der Wasserralle. Nahrung: verschiedene Insekten, Weichtiere und Würmer sowie Sämereien. Zugvogel; Zug: III.—V. und VIII.—X.

Kleines Sumpfhuhn 2
Porzana parva
Little Crake
Marouette poussin
Schiribilla
Polluela bastarda

Etwa so groß wie Star, mit kurzem, an der Wurzel rotem Schnabel und kurzem Stelzschwänzchen. ♂ oberseits braun und unterseits rein blaugrau; ♀ nußbraun. Jugendkleid = ♀, doch am weißgefleckten Rücken kenntlich. Füße grün. Dunenkleid schwarz mit weißgelbem Schnabel. Lebt sehr versteckt. Stimme: am häufigsten hört man den Balzruf des ♂, eine absteigende Rufreihe „gug gug gug gu“, ferner „kirruk“. Nistet in Sümpfen, Mooren und in den Ufergürteln verlandender Teiche mit dichter Vegetation. Brutzeit: V.—VI.; meistens 2 Jahresbruten. Nest: ein haubenförmiger Bau nahe über dem Wasser aus Seggen- und Schilfblättern. Gelege: meist 6—8 Eier, die auf graugelblichem Grunde mit rotbraunen verwaschenen Flecken gezeichnet sind. Brutdauer: 20—21 Tage, es brüten beide Elternvögel. Die Jungen werden etwa 4—5 Wochen von den Eltern geführt. Nahrung: Insekten, Spinnen, Weichtiere, weniger Sämereien. Zugvogel, z. T. Teilzieher; Zug: IV. und VIII.—IX.

Zwergsumpfhuhn 3
Porzana pusilla
Baillon's Crake
Marouette de Baillon
Schiribilla grigiata
Polluella chica

Wenig größer als Sperling; von dem ähnlichen Kleinen Sumpfhuhn am weiß gesprenkelten Rücken, den auffallend gebänderten Bauchseiten, den braunrötlichen Füßen und am Fehlen der roten Schnabelzeichen unterschieden. Stark gebänderte Körperseiten haben auch die Wasserralle (hat aber langen Schnabel) und das Tüpfelsumpfhuhn (hat gesprenkelte und mehr braune Brust). ♂ = ♀. Jugendkleid mit weißlicher und brauner Unterseite. Dunenkleid schwarz mit elfenbeinweißem Schnabel. Stimme: ein explosiver trillernder Ruf „kick kick körrrr“. Seltener Sumpfbewohner verlandender Teiche, Seen und Altwässer. Brutzeit: V.—VII; 1 Brut. Nest meist in Seggenbüscheln, vom Wasser umgeben, aus Seggenblättern, mit einer tiefen Mulde und von oben verdeckt. Gelege: 6—8 gelbbraune Eier mit violetten und braunen Flecken. Bebrütung 20—21 Tage durch beide Eltern. Führungsdauer und Nahrung wie Kleines Sumpfhuhn. Zugvogel; Zug IV. und IX.—X.

1
1 ad
1 juv
1 D
2
2 ♀
2 ♂
3 juv
3 ad

Ordnung: Watvögel - *Charadriiformes* **(Limikolen)** **Familie: Austernfischer** - *Haematopodidae*

Austernfischer 1
Haematopus ostralegus
Oystercatcher
Huîtrier-pie
Beccaccia di mare
Ostrero

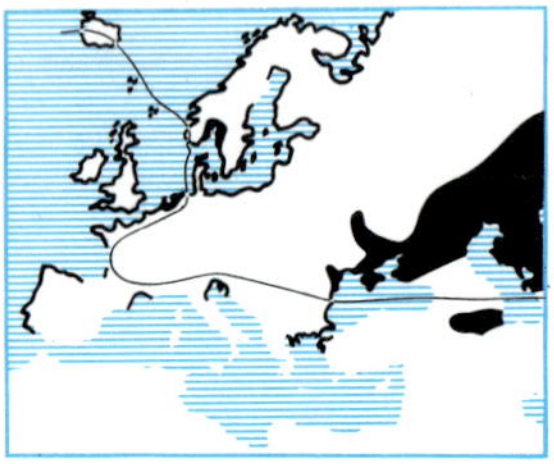

Fast so groß wie eine Krähe. Erkennbar an dem schwarzweißen Gefieder, am leuchtend roten Schnabel und den roten Füßen. Jugendkleid mit hell geschupptem Rückengefieder. Dunenkleid gelblichgrau mit schmalen schwarzen Strichen am Rücken. Im Fluge sind außer dem weißen Hinterrücken die breiten weißen Flügelschilder und der breite schwarze Endsaum am Schwanz kennzeichnend. Stimme melodisch und laut „quiéwiehp“; ruft am Brutplatz unaufhörlich gellend „qui qui qui qui“. Verbreiteter Strandbewohner der Seeküsten und trockener Küstenwiesen; erscheint beim Zug selten an Binnengewässern. Brutzeit: V.—VI. Nest: eine flache Mulde im Sand oder zwischen Schotter, mit Muschelstücken und Steinchen ausgelegt. Gelege: 3—4 sandfarbene Eier mit grauen und schwarzen Flecken. Bebrütung durch beide Eltern etwa 27 Tage. Nahrung: Seewürmer, Muscheln und Krabben. Teilzieher; Zug: III.—IV. und VIII.—IX.

Ordnung: Watvögel (Limikolen) - *Charadriiformes* **Familie: Regenpfeifer** - *Charadriidae*

Kiebitz 2
Vanellus vanellus
Lapwing
Vanneau huppé
Pavoncella
Áfevría

Taubengroß, leicht kenntlich am metallisch schillernden, schwarzgrünen Rückengefieder und dem aufrichtbaren, spitzen Federschopf. ♀ mit weißgeflecktem Brustband. Im Jugendkleid ist das Rückengefieder hell geschuppt. Dunenkleid braungrau. Fliegt mit ziemlich langsamen, zuckenden Flügelschlägen und ist an den gerundeten Flügeln, dem weißen Schwanz mit breitem schwarzen Endsaum und an den zimtbraunen Unterschwanzdecken zu erkennen. Stimme: lautes „kiewit“; im Balzflug „kiuchieh wi wi“. Häufiger Brutvogel in nassen Wiesen, auch auf Ackerböden. Brutzeit: III.—V.; 1 Jahresbrut. Nest: dürftig mit Halmen und Grasblättern ausgepolstert. Gelege: 4 kreiselförmige olivgrüne Eier, die reich mit braunschwarzen Flecken gezeichnet sind. Bebrütung durch beide Altvögel 24—25 Tage lang. Nahrung: Insekten, Spinnen, Regenwürmer und kleine Schnecken. Teilzieher; Zug: II.—III. und VIII.—X.

Steinwälzer 3
Arenaria interpres
Turnstone
Tourne-pierre interprète
Voltapietre
Vuelvepiedras (gehört zur Familie der Schnepfen)

Etwa amselgroß, mit kurzen Beinen und kurzem Schwanz. Gefieder oberseits rotbraun und schwarz, unterseits weiß mit breitem schwarzen Brustband. ♂ = ♀. Ruhekleid grau. Jugendkleid mit hellen Federsäumen. Erscheint im Fluge sehr scheckig; die breiten, weißen Flügelbinden und der weiße Bürzel mit schwarzem Hufeisenfleck sowie der gescheckte Kopf sind recht kennzeichnend. Stimme: hohe „khikikikikik“-Rufe und scharfes „tjück tjück tjück rürrürrür“. Ziemlich häufiger Küstenbewohner, besonders auf kleinen felsigen Küsteninseln; im Binnenland selten während des Zuges. Brutzeit: V.—VI. Nest: eine flache Mulde zwischen Steingeröll, mit trockenem Pflanzenmaterial dürftig ausgelegt. Gelege: 4 graugrüne, gefleckte Eier. Bebrütung 23—27 Tage. Nahrung: verschiedene Strandtiere wie Krebse, Insekten und Weichtiere werden besonders unter angespültem Seetang hervorgeholt. Zugvogel; Zug: IV.—VI. und VIII.—X.

1 So
1
1 D
1 imm
2 D
2 ad
2
2 juv
3 So
3 W

Sandregenpfeifer 1
Charadrius hiaticula
Ringed Plover
Grand Gravelot
Corriere grosso
Chorlitejo grande

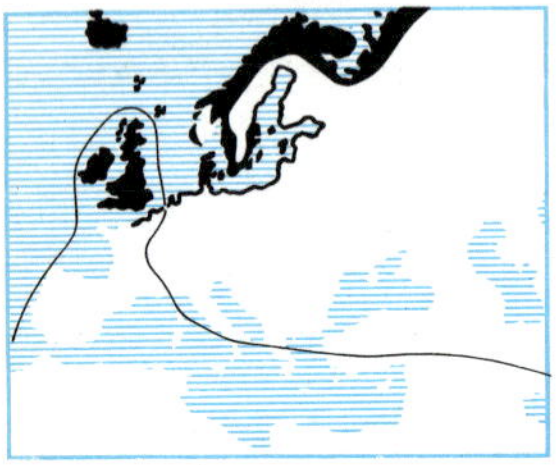

Etwa so groß wie die Singdrossel. Gegenüber dem sehr ähnlichen Flußregenpfeifer außer durch die Körpergröße auch durch die Kopfzeichnung (schwarzes Stirnband, nach oben nicht weiß begrenzt), breites Brustband, gelbe Schnabelwurzel, orangegelbe Füße und im Flug durch die weiße Flügelbinde zu unterscheiden. ♂ = ♀. Jungvögel haben einen schwarzen Schnabel und ein schmales Brustband sowie geschupptes Rückengefieder. Dunenkleid graubraun mit dunklem Scheitelstreif (fehlt dem Flußregenpfeifer). Stimme: melodisches „diü diü". Häufiger Brutvogel am sandigen Seestrand, auf dem Zuge im Binnenland auf abgelassenen Teichen. Brutzeit: V.—VII.; 2 Jahresbruten. Nest: eine flache Mulde im Sand, meist mit Kieseln und kleinen Muschelschalen ausgelegt. Gelege: 4 kreiselförmige, sandgelbe Eier mit kleinen schwarzbraunen Flecken. Bebrütung 23—26 Tage. Teilzieher; Zug: III.—IV. und VIII.—IX.

Flußregenpfeifer 2
Charadrius dubius
Little Ringed Plover
Petit Gravelot
Corriere piccolo
Chorlitejo chico

Etwas kleiner als der sehr ähnliche Sandregenpfeifer; unterscheidet sich durch zierlicheren Schnabel ohne gelben Ring an der Wurzel, schmaleres Brustband und eine weiße Linie über dem schwarzen Stirnband. Flügelbinde fehlt. ♂ = ♀. Jugendkleid ähnlich Sandregenpfeifer, aber ohne Flügelbinde. Bewegt sich mit rollendem Lauf, ähnlich wie andere Regenpfeifer-Arten, und bleibt dann plötzlich bewegungslos stehen. Stimme: hohe pfeifende „tiu"-Rufe; im Fluge heiseres „grigrigri". Verbreiteter Brutvogel auf größeren Kiesbänken der Flüsse und auf Sandufern von Seen und Teichen. Brutzeit: V.—VII., manchmal 2 Jahresbruten. Nest: eine flache Mulde auf sandigem Boden, mit kleinen Steinchen oder Muschelschalen ausgelegt. Gelege: 4 kreiselförmige, sandfarbene Eier mit wenigen grauen und dunkelbraunen Flecken. Bebrütung durch beide Altvögel 22—26 Tage; die Jungen werden etwa 22 Tage geführt. Nahrung: Insekten, Spinnen und Würmer. Zugvogel; Zug: IV.—V. und VIII.—IX.

Seeregenpfeifer 3
Charadrius alexandrinus
Kentish Plover
Gravelot à collier interrompu
Fratino
Chorlitejo patinegro

Etwa lerchengroß; hat im Gegensatz zum Flußregenpfeifer kein geschlossenes schwarzes Brustband, sondern nur je einen schwarzen Fleck an den Brustseiten sowie schwarze Beine und schwarzen Schnabel. ♂ mit rotbraunem Scheitel; beim ♀ ist die schwarze Gefiederzeichnung graubraun. Jugendkleid wie Flußregenpfeifer, aber mit schwarzer Fußfärbung. Dunenkleid ähnlich wie Sandregenpfeifer. Im Fluge ist eine schmale weiße Flügelbinde sichtbar. Stimme: „Gügüg" oder „gilück" und wiederholtes „püit". Verbreiteter Küstenbewohner, der auf dem Zug nur selten im Binnenland erscheint. Brutzeit: V.—VI. Nest: eine flache Mulde im Sand. Gelege: 3 sandfarbene Eier mit unregelmäßig verteilten schwarzen Punkten und Strichen. Bebrütung durch beide Eltern 24—27 Tage. Bei Störung versuchen die Alten durch Vortäuschen von Flügellahmheit die Gefahr abzulenken. Nahrung: Insekten, Würmer, Weichtiere und Krebschen. Zugvogel und Teilzieher; Zug: III.—IV. und VIII.—IX.

1
1 juv
2
2
2 juv
2 D
3
3
3 juv

Kiebitzregenpfeifer 1
Pluvialis squatarola
Grey Plover
Pluvier argenté
Pivieressa
Chorlito gris

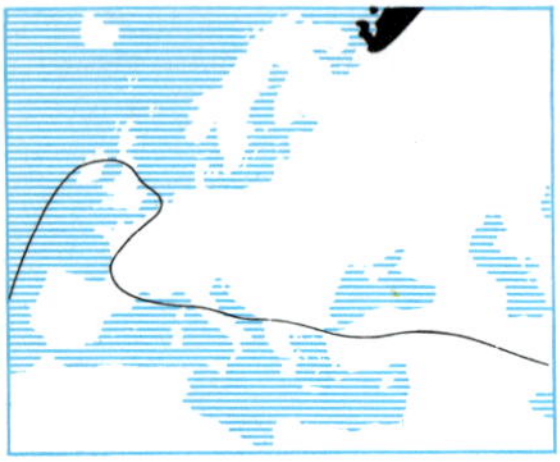

Etwas kleiner als Kiebitz. Sieht im Winterkleid recht hell aus, mit fein getüpfelter grauer Oberseite und reinweißer Unterseite. Im Brutkleid unterseits tiefschwarz (♂) oder braunschwarz (♀) mit weißem Bauch und Oberschwanz. Schnabel und Beine schwarz. Vom ähnlichen Goldregenpfeifer durch steingrauen Rücken und im Fluge sichtbaren schwarzen Achselfleck sowie an der weißen Flügelbinde zu unterscheiden. Stimme: ein geschwungener, meist dreisilbiger Ruf „tlíeieh". Brutvogel der arktischen Tundra; überwintert an den Meeresküsten Westeuropas. Auf dem Zuge in kleiner Zahl im Binnenlande auf Schlamm- und Sandflächen größerer Teiche und Seen. Brutzeit: VI.—VII., eine Jahresbrut. Nest: auf Sand- oder Torfboden. Gelege: 4 birnenförmige, graugelbliche Eier mit schwarzbraunen Flecken. Bebrütung etwa 25 Tage. Nahrung: Krebse und Weichtiere, Würmer, Insekten. Zugvogel; Zug: IV.—VI. und VIII.—XI.

Goldregenpfeifer 2
Pluvialis apricaria
Golden Plover
Pluvier doré
Piviere dorato
Chorlito dorado común

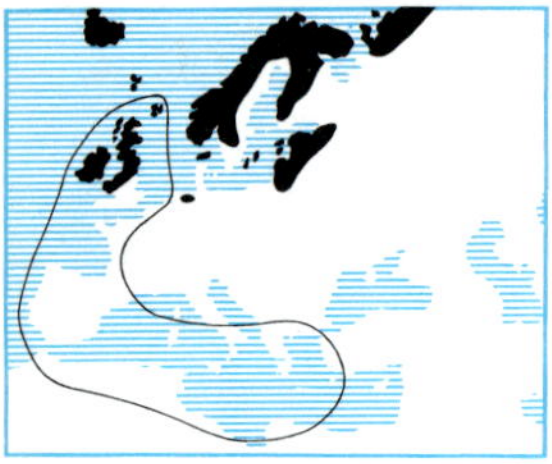

Dem Kiebitzregenpfeifer sehr ähnlich, aber etwas kleiner, mit zierlicherem Schnabel und goldgelb gefleckter Rückenseite. Außerdem durch Fehlen der schwarzen Achselfedern und der Flügelbinde unterschieden; hat auch einen dunklen Bürzel. Im Brutkleid mit schwarzer Bauchseite. ♂ = ♀. Jugend- und Winterkleid mit weißlicher Unterseite. Dunenkleid oberseits gelbbraun mit schwarzer Fleckung und schwarzem Zügelstreif; blaugraue Füße. Stimme: melodisch flötendes „tlüh". Brutvogel in nassen Moorgeländen, auf dem Zug auf abgelassenen Teichen und abgeernteten Feldern. Brutzeit: IV.—V., eine Jahresbrut. ♂ balzt und ruft im Flug. Nest: eine flache Mulde im Moospolster, dünn mit Grasblättern ausgelegt. Gelege: 4 birnenförmige Eier, isabellgelb und reichlich mit braunschwarzen Flecken gezeichnet. Bebrütung durch beide Eltern 27 Tage, Führung etwa 4 Wochen. Nahrung: Insekten, Schnecken und Würmer. Zugvogel und Teilzieher; Zug: III.—IV. und VIII.—IX.

Mornellregenpfeifer 3
Eudromias morinellus
Dotterel
Pluvier guignard
Piviere tortolino
Chorlito carambolo

Reichlich drosselgroßer und überwiegend dunkel gefärbter Regenpfeifer. Im Brutkleid mit breitem und langem weißen Augenstreif und einem weißen Brustband. Im Fluge fällt außerdem die weiße Kehle auf. ♂ = ♀. Im Winter- und Jugendkleid oberseits braun mit dunklen Tropfflecken und Schaftstrichen, unterseits weiß. Schnabel schwarz, Füße gelblichbraun. Dunenkleid kontrastreich ockerbraun, weiß gefleckt, bläuliche Füße. Stimme: trillernde„ dürr dürr düt"- und wiederholte „titi-tüürr" -Rufe. Brütet in der baumlosen Tundra mit steinigen Bergrücken, auch auf ähnlich aussehenden hohen Gebirgen. Brutzeit: VI.—VII. Nest: eine tiefere Mulde am Boden, dürftig mit Moos und Flechten ausgelegt. Gelege: 3 olivbraune, dicht schwarzbraun gefleckte Eier. Bebrütung 22—25 Tage, die Jungen werden etwa 1 Monat lang geführt — beides nur vom ♂. Nahrung: meistens Insekten und Spinnen, seltener Schnecken und Würmer. Zugvogel: IV.—V. und IX.—X.

1 So
1 W
2 So
2 So
2 W
3 So
3 So
3 W

Bekassine 1
Gallinago gallinago
Common Snipe
Bécassine des marais
Beccaccino
Agachadiza común

Etwa drosselgroß mit sehr langem, geradem Schnabel und ziemlich kurzen Beinen. Am schwarzbraunen Rücken mit 2—4 hellen Längsstreifen. ♂ = ♀ = Jugendkleid; Dunenkleid kastanienbraun mit schwarzen Flecken und leuchtend weißen Pünktchen. Macht beim hastigen Auffliegen immer mehrere schnelle Zickzackwendungen und meldet sich mit dem Ruf „kätsch" (wichtiger Unterschied zu Doppel- und Zwergschnepfe). Charakteristischer Balzflug der ♂♂ mit wiederholten Sturzflügen, die von einem meckernden, schnellen Laut „huhuhuhuhu" begleitet sind. Stimme: meist am Boden ein rhythmisch wiederholtes „tik-ke-tik-ke". Häufiger Brutvogel in nassen Wiesen, Mooren und Sümpfen, während des Zuges auf Schlammflächen abgelassener Teiche. Brutzeit: IV.—VII., eine Jahresbrut. Nest: am Boden. Gelege: 4 birnenförmige, olivgrüne Eier mit großen dunklen Flecken. Bebrütung: 19—21 Tage von beiden Eltern. Teilzieher: Zug III.—IV. und IX.—XI.

Doppelschnepfe 2
Gallinago media
Great Snipe
Bécassine double
Croccolone
Agachadiza real

Etwas größer und plumper als die sehr ähnliche Bekassine; mit wenig dickerem und kürzerem Schnabel. ♂ = ♀ = Jugendkleid; Dunenkleid braun, unterseits weißlich. Fliegt langsamer und schwerfälliger, unterscheidet sich auch durch die deutlich weißen Schwanzränder und den hellen Flügelstreif. Fliegt in geradem Flug und meistens ohne Lautäußerung auf. Stimme: unauffälliges „bibelibibibi" bei der Bodenbalz der ♂♂. Brütet im Sumpf- und Moorgelände sowie auf nassen Wiesen; kommt am Zug vereinzelt an Teichen vor. Brutzeit: V.—VII. Balzt am Boden, keine Flugbalz wie andere Schnepfenarten. Nest versteckt am Boden, wenig mit Pflanzenmaterial ausgelegt. Gelege: 4 gelbgraue Eier mit groben, aschgrauen und schwarzen Flecken. Brutdauer 20—24 Tage. Die Jungen werden von beiden Eltern etwa 1 Monat geführt. Nahrung: Würmer, Insektenlarven, Pflanzensamen. Zugvogel: IV. und VIII.—IX.

Zwergschnepfe 3
Lymnocryptes minimus
Jack Snipe
Bécassine sourde
Frullino
Agachadiza chica

Etwa lerchengroß mit ziemlich kurzem Schnabel und kurzen Beinen. Der fast schwarze Rücken hat metallischen Glanz und zeigt 2 breitere helle Längsstreifen. ♂ = ♀. Jugendkleid auf dem Rücken matt. Dunenkleid kastanienbraun, wie Bekassine. Fliegt vom Boden erst in kurzer Entfernung auf, langsam und völlig stumm; fällt meist nach kurzem, geradlinigen Flug wieder ein. Im Fluge sind der schwarze Rücken mit den V-förmigen hellen Streifen, ein dunkler Scheitelstreif und der zugespitzte braune Schwanz ohne weiße Steuerfedern kennzeichnend. Stimme: während der Flugbalz ein rhythmisches Klappern „tlok lokli, tlok lokli" usw., das an entfernten Pferdetrab erinnert. Lebt in feuchten Mooren und Sumpfgebieten; auf dem Zuge spärlich an verschlammten Teich- und Flußufern. Brutzeit: V.—VII. Nest, Gelege und Nahrung wie Bekassine. Zugvogel: IV. und IX.—X.

1
1
1
1 D
2
2
3
3

Waldschnepfe 1
Scolopax rusticola
Woodcock
Bécasse des bois
Beccaccia
Chocha perdiz

Fast rebhuhngroß; mit ziemlich großem Kopf und sehr langem Schnabel, kurzem Schwanz und ziemlich kurzen Beinen. Ist durch die überwiegend braune Gefiederfärbung an den Waldboden soweit angepaßt, daß sie meistens nur im Fluge gesehen wird. ♂ = ♀ = Jugendkleid. Dunenkleid zimtbraun mit großen kastanienbraunen Flecken. Der Balzflug (Schnepfenstrich) wird während der Dämmerung im niedrigen und langsamen Flug über Waldgelände durchgeführt und stets von Balzrufen begleitet: einem tief brummenden „quorrr quorrr" und hohen scharfen „psiepp". Heimlich lebender Waldvogel. Brütet besonders in Mischwäldern, sowohl in Niederungen als auch im Gebirge. Brutzeit: IV.—VII., 1—2 Jahresbruten. Nest: eine flache Bodenmulde, mit trockenem Laub und Moos ausgelegt. Gelege: 4 rundovale rahmfarbene Eier mit einigen rötlichbraunen Punkten und Flecken. Bebrütung nur vom ♀ 22—24 Tage. Nahrung: besonders Würmer und Insektenlarven. Teilzieher; Zug: III.—IV. und IX.—X.

Großer Brachvogel 2
Numenius arquata
Curlew
Courlis cendré
Chiurlo maggiore
Zarapito real

Krähengroß mit hohen Beinen und langem, abwärts gebogenem Schnabel. Überwiegend bräunlich gefärbt, feingefleckt; Hinterrücken, Bauch und Flügelunterseiten weißlich; Oberkopf ungestreift. Füße grau. ♂ = ♀. Jugendkleid mehr rostfarben. Dunenkleid rostgelb mit großen schwärzlichen Flecken. Stimme: im Fluge ein weit hörbarer melodisch flötender Ruf „tloiht". Brutvogel in weiten Wiesen und Heidemooren des Flachlandes; am Zuge auf Schlammflächen der Teiche und Flußmündungen. Brutzeit: IV.—V., 1 Jahresbrut. Das ♂ balzt im Fluge mit flötenden Trillerrufen. Nest: eine flache, dürftig ausgelegte Mulde zwischen Gras und Heide. Gelege: 4 kreiselförmige, olivgrüne Eier mit dunkelbraunen Flecken. Bebrütung: 26—28 Tage von beiden Eltern, ebenso Führung der Jungen, etwa 6 Wochen lang. Nahrung: Insekten, Würmer und Weichtiere. Teilzieher; Zug: III.—IV. und VII.—XI.

Regenbrachvogel 3
Numenius phaeopus
Whimbrel
Courlis corlieu
Chiurlo piccolo
Zarapito trinador

Etwa taubengroß; in Gestalt dem Großen Brachvogel ähnlich, aber kleiner, mit schnellerem Flügelschlag und deutlich gestreiftem Scheitel, weißerem Bürzel, dunklerem Schwanz und dunkler Flügelunterseite. ♂ = ♀ = Jugendkleid. Dunenkleid ähnlich dem Großen Brachvogel. Stimme ganz anders als dieser, ein rollender Ruf „püjüjüjüjüt", der das beste Erkennungsmerkmal bildet. Brütet in den nordischen Tundren; bleibt während des Zuges auf Schlickflächen an der Seeküste. Brutzeit: V.—VI., 1 Jahresbrut. Nest und Gelege wie Großer Brachvogel. An der Bebrütung (etwa 24 Tage) und der Jungenführung (ungefähr 4 Wochen) nehmen beide Altvögel teil. Nahrung: Würmer, Weichtiere, Krebstiere und Insekten. Zugvogel: IV.—V. und VII.—IX.

1
1
2
1 D
2 D
2
3
3

Uferschnepfe 1
Limosa limosa
Black-tailed Godwit
Barge à queue noire
Pittima reale
Aguja colinegra

Taubengroß, mit sehr langem, geradem Schnabel und hohen Beinen. Im Brutkleid am Hals und an der Brust rostrot. Im Winter- und Jugendkleid insgesamt grauer. ♂ = ♀. Dunenkleid rostbraun mit dunklem Zügelstreif und geflecktem Rücken. Im Fluge fallen die breiten weißen Flügelbinden und die weiße Schwanzwurzel mit schwarzem Schwanzende besonders auf. Stimme: am Brutplatz wird im Fluge der Balzschrei, ein rhythmisch dauernd wiederholtes „grütjo" gerufen; heiseres „gegege" und durchdringendes „quíit" sind Warnrufe. Verbreiteter Brutvogel in feuchten Wiesen, besonders in den Niederungen; am Zuge auf den Schlammflächen abgelassener Teiche. Brutzeit: IV.—V.; 1 Jahresbrut. Nest: eine mit dürrem Gras gepolsterte Bodenvertiefung. Gelege: 4 kreiselförmige, olivbraune Eier mit dunkelbrauner Fleckung. Bebrütung durch beide Altvögel etwa 24 Tage; Führung der Jungen etwa 5 Wochen. Nahrung: Insekten, Würmer, Schnecken. Zugvogel: IV.—V. und VII.—IX.

Pfuhlschnepfe 2
Limosa lapponica
Bar-tailed Godwit
Barge rousse
Pittima minore
Aguja colipinta

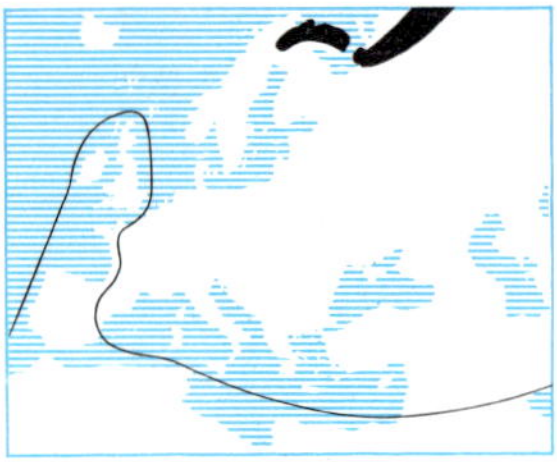

Wenig kleiner, kurzschnäbliger und kurzbeiniger als Uferschnepfe. Körper größtenteils rostrot, Flügel und Rücken graubraun. Schnabel leicht aufgebogen. Ruhe- und Jugendkleid graubraun. ♂ = ♀. Dunenkleid ähnlich Uferschnepfe. Im Fluge ohne Flügelstreif und mit gebändertem, nicht teilweise weißem Schwanz. Stimme: selten zu hören, am Brutplatz ein rauhes „gewäg" oder „hiäg". Brütet in der nordischen Baumtundra, kommt während des Zuges meistens nur an den Meeresküsten vor. Brutzeit: V.—VI.; 1 Jahresbrut. Nest und Gelege ähnlich Uferschnepfe. Brutdauer etwa 22 Tage; beide Eltern brüten und führen die Jungen. Nahrung tierisch: Insekten, Krebstiere, Würmer. Zugvogel: IV.—V. und VII.—X.

Dunkler Wasserläufer 3
Tringa erythropus
Spotted Redshank
Chevalier arlequin
Totano moro
Archibebe oscuro

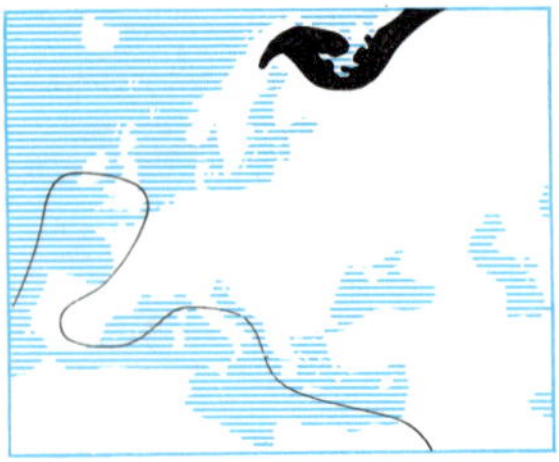

Etwas stärker als Amsel, hochbeinig, mit dünnem, geradem Schnabel. Brutkleid schwarz, oberseits fein weiß gefleckt. Beine und Schnabelwurzel rot. Ruhekleid oberseits schiefergrau mit weißen Flecken, unterseits weiß. Jugendkleid unterseits mehr gefleckt als Ruhekleid. ♂ = ♀. Dunenkleid ähnlich Rotschenkel. Hat im Vergleich mit anderen Wasserläufern einen längeren Schnabel und längere Beine. Ist am leichtesten an dem einsilbigen Ruf zu bestimmen. Stimme: ein energischer, flötender Ruf „tjuít". Brütet an versumpften Stellen der nordischen Waldzone; erscheint auf dem Zuge regelmäßig auf Schlickflächen der Teiche und Seeküsten. Brutzeit: V.—VI.; 1 Jahresbrut. Nest wie Rotschenkel. Gelege: 4 olivbraune Eier mit reicher, dunkelbrauner Fleckung; Bebrütung durch beide Eltern. Nahrung: Würmer, Weichtiere und Insekten. Zugvogel: IV.—V. und VIII.—X., oft übersommernde Vögel in West- und Mitteleuropa.

1 So
1 juv
1 D
2
2 juv
2 So
3 So
3 juv

Rotschenkel 1
Tringa totanus
Redshank
Chevalier gambette
Pettegola
Archibebe común

Hat ungefähr die Größe einer Amsel, ist graubraun, dunkel punktiert und gestrichelt, nur Bauch, Unterrücken und Flügelhinterrand sind weiß. Die langen Beine sowie die Wurzelhälfte des Schnabels leuchtend rot. Jugendkleid rostbrauner, mit blaß orangeroten Beinen. Dunenkleid gelbbraun mit schwarzer Linienzeichnung und rotgelben Beinen. ♂ = ♀. Im Fluge sind die langen roten Beine und der weiße Flügelsaum kennzeichnend. Stimme: melodisch flötender dreisilbiger Ruf „djü tü tü"; am Brutplatz ein dauernd wiederholter Warnruf „djipdjipdjipdjip". Verbreiteter Brutvogel nasser Niederungswiesen und versumpfter Teichufer; auf dem Zuge auf Schlammflächen der Binnengewässer und Küsten. Brutzeit: IV.—V.; 1 Jahresbrut. Nest: eine mit wenigen Halmen ausgelegte Mulde im hohen Gras. Gelege: 4 kreiselförmige graue Eier mit dunklen Flecken. Bebrütung durch beide Eltern 22—25 Tage. Nahrung: Insekten, Würmer, Weichtiere. Teilzieher; Zug: IV.—V. und VII.—IX.

Teichwasserläufer 2
Tringa stagnatilis
Marsh Sandpiper
Chevalier stagnatile
Albastrello
Archibebe fino

Starengroß, zierlich, mit geradem, ganz dünnem, schwärzlichem Schnabel und hohen, graugefärbten Beinen, die im Fluge den recht hellen Schwanz weit überragen. Keine Flügelbinde. Ruhe- und Jugendkleid insgesamt heller. ♂ = ♀. Dunenkleid ockerbraun und weißlich mit dunklen Längsstreifen. Stimme: hell „djü djü djü", ähnlich, aber feiner als Grünschenkel. Brütet an den Steppenseen Osteuropas, in Mittel- und Westeuropa selten während der Zugzeit. Brutzeit: V.—VI. Nest und Gelege wie Rotschenkel. Die Eier werden von beiden Altvögeln bebrütet, auch die Jugendpflege wird von beiden Eltern besorgt. Nahrung: Wasserinsekten und Schnecken. Zugvogel: IV.—V. und VII.—IX.

Grünschenkel 3
Tringa nebularia
Greenshank
Chevalier aboyeur
Pantana
Archibebe claro

Etwas größer und stärker als Rotschenkel, langer Schnabel leicht aufwärts gebogen. Ziemlich lange, grünliche Beine. Sieht im Fluge sehr hell aus; Hinterrücken und Bürzel sind reinweiß, auch die Bauchseite leuchtend weiß. Ruhe- und Jugendkleid mit weißerem Gefieder am Kopf und an der Brust. ♂ = ♀. Dunenkleid ähnlich Rotschenkel, aber heller und am Kopf weißer. Stimme: ein schallender Ruf „kjüg kjüg kjüg". Bewohnt die nördliche Nadelwaldzone und brütet in Sumpf- und Moorgebieten am Rande von Wasserflächen; auf dem Zuge regelmäßig in Teichgebieten und an den Meeresküsten. Brutzeit: V.—VI; 1 Jahresbrut. Nest: versteckt zwischen niedrigen Pflanzen auf der Erde, wenig ausgepolstert. Gelege: 4 kreiselförmige, gelbgraue Eier mit großen dunkelbraunen Flecken; das ♀ brütet etwa 24 Tage. Die Jungen werden von beiden Eltern betreut. Nahrung: kleine Wasser- und Sumpftiere. Zugvogel: IV.—V. und VIII.—X.

1 So
1
1 juv
1 D
2
2 So
2 juv
3 juv
3 So

Waldwasserläufer 1
Tringa ochropus
Green Sandpiper
Chevalier cul-blanc
Piro-piro culbianco
Andarríos grande

So groß wie Singdrossel; oberseits schwärzlich braun mit wenig sichtbaren Punktflecken. Unterseite und Schwanzwurzel blendend weiß. Schnabel und Beine dunkel olivgrün. ♂ = ♀. Jugendkleid mit deutlichen rostfarbigen Flecken am Rücken. Wirkt im Fluge auf der Rückenseite schwarz, hat auch eine dunkle Flügelunterseite und ist ohne Flügelstreif. Dunenkleid hellbraun mit schwarzer Längszeichnung. Stimme: hell pfeifend tluí-ititit". Brütet in versumpften Waldbeständen, Mooren und ähnlichem Gelände mit angrenzenden Wasserflächen; kommt auf dem Zuge außerdem an Flußufern und Teichrändern vor. Brutzeit: IV.—VI.; 1 Jahresbrut. Nest selten am Boden, sondern meist auf Bäumen in alten Nestern anderer Vögel (Drosseln). Gelege: 4 kreiselförmige, grünliche Eier mit dunklen Flecken. Brutdauer: 21—24 Tage, beide Altvögel brüten. Nahrung: Wasserinsekten und Spinnen. Teilzieher; Zug: IV.—V. und VIII.—X.

Bruchwasserläufer 2
Tringa glareola
Wood Sandpiper
Chevalier sylvain
Piro-piro boschereccio
Andarríos bastardo

Etwa so groß wie Haubenlerche, schlanker Körperbau, heller Augenstreif, bräunliche, gefleckte Rückenseite, weißer Bauch und Bürzel. Füße gelblichgrau, Schnabel dunkelgrau. Wippt mit dem Körper. Im Fluge stark gebänderter Schwanz, helle Flügelunterseite, Flügel ohne Streif. ♂ = ♀. Jugendkleid am Rücken mit rostigen Federsäumen und stärker gestreiftem Kopf. Dunenkleid grauweiß mit schwarzer Längsstreifung. Stimme: ein heller Ruf „gigigigi"; Balzruf im Fluge „didl didl didl". Brütet in feuchten Moorlandschaften und Wiesen; auf dem Zuge häufig auf Schlammflächen der Teiche und Seeküsten. Brutzeit: V.; 1 Jahresbrut. Nest auf dem Erdboden in einer flachen, spärlich ausgelegten Mulde. Gelege: 4 kreiselförmige, olivgrüne Eier mit großen, braunen Flecken. Bebrütung durch beide Altvögel etwa 21—24 Tage; die Jungen werden von beiden Eltern betreut. Nahrung: Wasserinsekten und Spinnen. Zugvogel: IV. — V. und VIII.—IX.

Flußuferläufer 3
Tringa hypoleucos
Common Sandpiper
Chevalier guignette
Piro-piro piccolo
Andarríos chico

Lerchengroß; Rückenseite braungrau, Brust grau. Bauch reinweiß. Im Fluge sind ein weißer Flügelstreif, der dunkle Bürzel und ein weißer Schwanzsaum kennzeichnend. ♂ = ♀. Jugendkleid mit schmalen, rostfarbigen Federsäumen am Rücken. Dunenkleid gelbgrau mit dunklem Scheitel- und Augenstrich. Die stetigen, wippenden Bewegungen und der niedrig über die Wasserfläche führende Flug mit eigenartig zuckenden, flachen Flügelschlägen sind die besten Erkennungsmerkmale. Stimme: gereihte trillernde Rufe „titihídi" oder „hididi" sind meistens im Fluge und besonders in der Abenddämmerung zu hören. Verbreiteter Brutvogel auf den Kiesbänken und Sandufern von Flüssen und Bächen, auf dem Zuge an See-, Teich- und Flußufern. Brutzeit: V.—VI.; 1 Jahresbrut. Nest versteckt am Boden. Gelege: 4 birnenförmige, braungelbe Eier mit rotbraunen Punkten. Brutdauer: 20—23 Tage. Nahrung: Würmer, Insekten und Weichtiere. Zugvogel: IV.—V. und VII.—X.

1 So
1
1 juv
2
2 juv
2 So
3
3 juv
3 D

Knutt 1
Calidris canutus
Knot
Bécasseau maubèche
Piovanello maggiore
Correlimos gordo

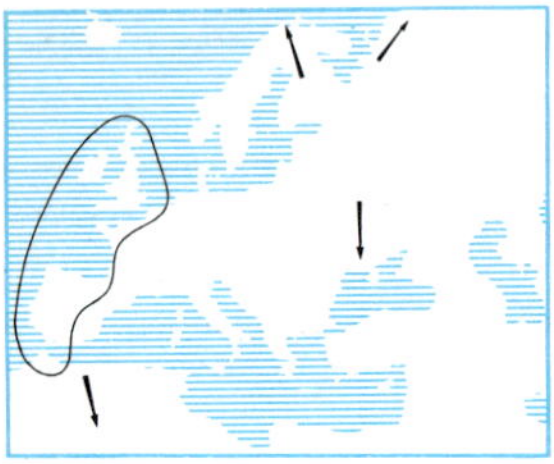

Amselgroß. Im Brutkleid auf der Körperunterseite rostrot, am Rücken braun mit kräftiger Fleckung. Eine ähnlich lebhafte, rostrote Unterseite hat auch der Sichelstrandläufer, der aber kleiner ist, einen längeren, deutlich gebogenen Schnabel hat und am Bürzel weiß ist. Das Ruhekleid ist hell, unterseits weiß und am Rücken grau mit schuppigen Flecken. ♂ = ♀. Im Fluge am gedrungenen Körper und gefleckten Bürzel kenntlich. Jugendkleid unterseits bräunlich. Dunenkleid auf der Rückenseite schwarzbraun marmoriert, am Oberkopf und den Kopfseiten gestreift, Bauchseite weiß. Stimme: ruft wenig, manchmal im Fluge „twiedewät". Verbreiteter Zugvogel an den Seeküsten, oft in großen und dichten Schwärmen; selten im Binnenland. Brütet in der Arktis. Gelege: 4 graugrüne, braun gefleckte Eier. Beide Eltern brüten 20—25 Tage. Nahrung: überwiegend kleine Strandtiere. Zugvogel: V. und VIII.—X.

Zwergstrandläufer 2
Calidris minuta
Little Stint
Bécasseau échasse
Gambecchio
Correlimos menudo

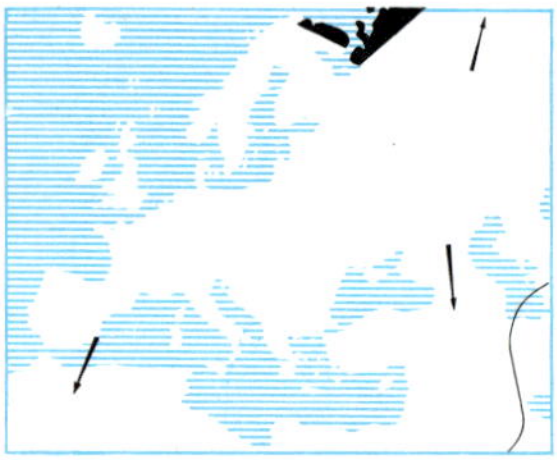

Kaum spatzengroß, mit ziemlich kurzem Schnabel und kurzen Beinen. Im Brutkleid auf der Rückenseite und an den Kopfseiten rostbraun, Bauchseite weiß. Im Ruhekleid mehr graubraun. ♂ = ♀. Vom sehr ähnlichen Temminckstrandläufer durch mehr rostfarbigen und gefleckten Rücken unterschieden. Jugendkleid meist mit auffälligem V-Strich auf dem Vorderrücken. Dunenkleid wie Alpenstrandläufer, mit etwas weißerer Unterseite. Stimme: leiser, klirrender Flugruf, „dirrr dirrit it it". Regelmäßiger Durchzugsvogel an der Seeküste; in kleiner Anzahl auf den Schlammflächen der Binnengewässer. Meist wenig scheu. Brütet in der arktischen Tundra. Brutzeit: VI. — VII. Nest am Boden zwischen niedrigen Pflanzen in der Nähe von Gewässern. Gelege: 4 bräunlichgrüne, braungefleckte Eier. Brutpflege wird von beiden Eltern besorgt; Brutdauer und Führungszeit nicht bekannt. Nahrung: überwiegend kleine Strandtiere, wenig Pflanzensamen Zugvogel: V.—VI. (in geringer Zahl) und VII.—X.

Temminckstrandläufer 3
Calidris temminckii
Temminck's Stint
Bécasseau de Temminck
Gambecchio nano
Correlimos de Temminck

Etwa spatzengroß, dem Zwergstrandläufer ähnlich, aber in allen Kleidern viel grauer, am Rücken weniger gefleckt und mit mehr graugefärbten Kopf- und Kropfseiten. Im Fluge sind die äußeren weißen Schwanzfedern und ein undeutlicher weißer Flügelstreif kennzeichnend. Schnabel dunkelbraun, Füße grünlichbraun. Stimme: schwirrend „tirrr", oft wiederholt und dadurch an das Zirpen einer Heuschrecke erinnernd. Wenig gesellig. Brutvogel der nordischen Tundra; kommt am Zuge regelmäßig an den Seeküsten und spärlich im Binnenlande auf den Schlammbänken von Seen und Teichen vor. Brutzeit: VI.—VII. Nest auf dem Erdboden in niedrigen Pflanzen versteckt. Gelege: 4 grünliche Eier mit kleinen, braunen, meist am stumpfen Pol gehäuften Flecken. Nahrung: kleine Würmer, Weichtiere und Insekten. Zugvogel: IV.—V. und VII.—IX.

1 So
1 juv
1 So
2 So
2 So
2 juv
3 So
3 juv
3 So

Alpenstrandläufer 1
Calidris alpina
Dunlin
Bécasseau variable
Piovanello pancianera
Pelidna de los Alpes

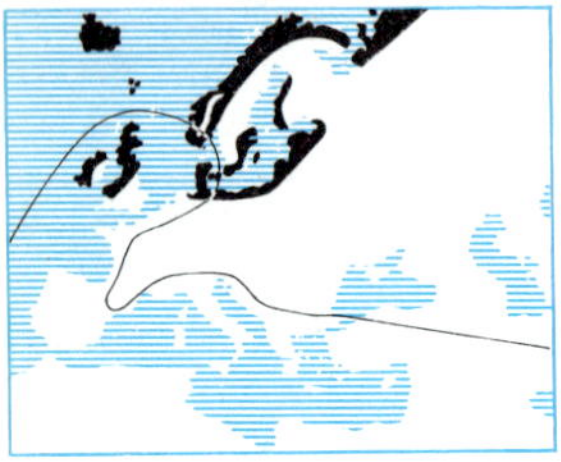

Etwa so groß wie Star, mit wenig gebogenem Schnabel. Im Brutkleid Rücken rostbraun mit schwarzbraunen Flecken und schwarz gefärbter Bauch. Füße und Schnabel schwarz. Ruhekleid graubraun. ♂ = ♀. Jugendkleid mit weißlichen Streifen auf dem rostfarbigen Rücken. Dunenkleid hellbraun mit dunkler Längsstreifung. Stimme: öfters ein leiser Ruf „trüi"; Balzruf: schnurrend gereihte „trütrütrü". Brütet in der nordischen Tundra in Küstennähe; häufiger Durchzugsvogel an den Seeküsten und im Binnenland auf abgelassenen Fischteichen. Kommt manchmal in großen Schwärmen vor. Brutzeit: IV.—VI.; 1 Jahresbrut. Nest: eine kleine, mit Halmen ausgekleidete Mulde im Gras. Gelege: 4 olivbraune Eier mit großen, dunklen Flecken. Beide Eltern brüten 17—20 Tage. Nahrung: kleine Strand- und Schlammtiere, auch Pflanzensamen. Teilzieher; Zug: VII.—XI. und IV.—V.

Sichelstrandläufer 2
Calidris ferruginea
Curlew Sandpiper
Bécasseau cocorli
Piovanello
Correlimos zarapitín

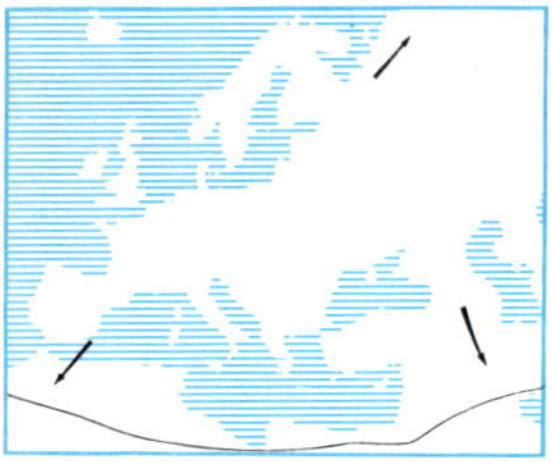

Starengroß; im Brutkleid an der rostroten Unterseite und dem abwärts gebogenen Schnabel leicht kenntlich. Könnte im Ruhe- und Jugendkleid mit dem sehr ähnlichen Alpenstrandläufer verwechselt werden, ist aber durch die etwas längeren Beine, den weißen Bürzel ohne dunklen Mittelstreif sowie durch die weniger gefleckte, mehr rostgelbe Brust verschieden. ♂ = ♀. Dunenkleid rostbraun mit breiten dunklen Streifen und weißen Tüpfeln. Stimme: metallisch „düritit, dirrit" u. ä. Brutvogel des Tundragürtels Nordasiens, in Mittel- und Westeuropa regelmäßiger, wenn auch seltener Zugvogel. Hält sich an flachen Seeküsten und auf den Schlammflächen abgelassener Teiche auf. Brutzeit: VI.—VII. Nest im Moos zwischen Grasbüscheln. Gelege: 4 olivgrüne Eier mit schwarzbraunen Flecken. Bebrütung und Führung der Jungen durch ♀. Nahrung: kleine Strand- und Schlammtiere, Insekten, außerdem Pflanzensamen. Zugvogel: IV.—V. und VII.—IX.

Sanderling 3
Crocethia alba
Sanderling
Bécasseau sanderling
Piovanello tridattilo
Correlimos tridáctilo

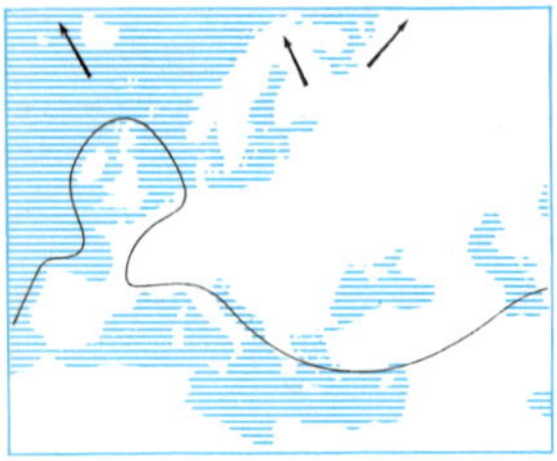

Starengroß, sehr hell mit reinweißer Bauchseite; Beine und Schnabel ziemlich kurz und lackschwarz. Brutkleid oberseits und an der Brust rostbraun mit schwarzen Flecken und Strichen. Im Ruhekleid am Rücken hellgrau mit schwarzem Fleck am Flügelbug. Jugendkleid auf dem Rücken dunkelschwarz gefleckt. Im Fluge ein auffallender Flügelstreif; Schwanz dunkel, an den Seiten grauweiß. Dunenkleid hellbraun, am Rücken schwarz gefleckt. Stimme: scharf „pitt". Brutvogel der arktischen Küstengebiete, häufiger Zugvogel am Sandstrand europäischer Seeküsten, im Binnenland seltener. Brutzeit: VI.—VII. Nest: eine flache Mulde im Moos zwischen Gras, mit trockenem Pflanzenmaterial ausgepolstert. Gelege: 4 olivgrüne Eier mit spärlichen braunen Flecken. Brutdauer 23—24 Tage, beide Eltern beteiligen sich an der Aufzucht der Jungen. Nahrung: Insekten, Weich- und Krebstiere; weniger verschiedene Pflanzenteile und Samen. Zugvogel: III.—V. und VIII.—X.

1 So
1 juv
2 W
2 So
2 juv
3 So
3 W
3 So
3 juv

Ordnung: Watvögel (Limikolen) - *Charadriiformes* **Familie: Schnepfen -** *Scolopacidae*

Kampfläufer 1
Philomachus pugnax
Ruff
Chevalier combattant
Combattente
Combatiente

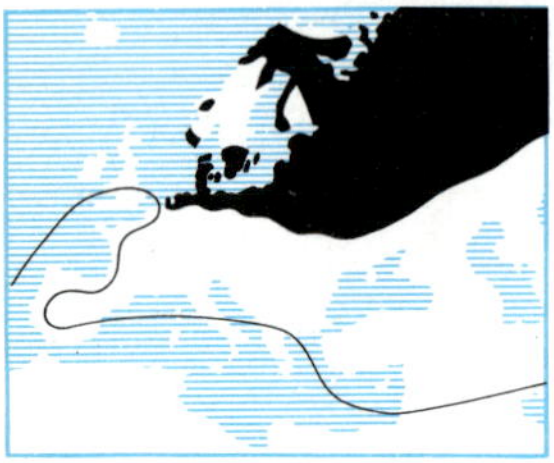

Amselgroß, ziemlich hochbeinig, etwa kopflanger, gerader Schnabel. ♂ im Brutkleid mit spreizbarer, bunter Halskrause und zwei Ohrbüscheln; sieht infolgedessen im Fluge dickhalsig aus. ♀ und Ruhekleider oberseits bräunlich mit dunkler Fleckung. ♀ ist bedeutend kleiner als ♂. Jugendkleid am Rücken fahler, mit rostgelber Brust und weißem Bauch. Dunenkleid auf der Oberseite gelbbraun, dunkel gescheckt, unterseits rostgelb. Stimme: selten ein leises „gagaga" u. ä., meist stumm. Verbreiteter Brutvogel in Niederungswiesen und Sumpfgebieten; auf dem Zuge häufig im Binnenland an Teichen. Brutzeit: V.—VI.; 1 Jahresbrut. Nest am Boden, wenig ausgelegt. Gelege: 4 kreiselförmige, graugrüne bis olivbraune, gefleckte Eier. Bebrütung nur vom ♀ 21 Tage. Nahrung: Insekten, Würmer, manchmal Samen. Zugvogel; Zug: III.—IV. und VIII.—X.

Ordnung: Watvögel - *Charadriiformes* **(Limikolen)** **Familie: Säbelschnäbler -** *Recurvirostridae*

Säbelschnäbler 2
Recurvirostra avosetta
Avocet
Avocette
Avocetta
Avoceta

Etwa haustaubengroß, mit langem Hals, langen blaugrauen Beinen und dünnem, aufwärts gebogenem Schnabel. Brutkleid reinweiß mit scharf begrenzten, rußschwarzen Feldern auf Kopf, Schultern und Flügeln. Flatternder Flug, ähnlich wie Kiebitz. ♂ = ♀. Ruhe- und Jugendkleid an den sonst schwarzen Flächen mehr schwarzbräunlich. Dunenkleid sandfarben mit feinen schwarzen Linien, unterseits weiß. Stimme: melodisch „klu-it", warnt am Brutplatz mit hellen „blikblikblik"-Rufen. Brütet kolonienweise in Strandwiesen an der Seeküste, selten im Binnenland an Salzseen. Brutzeit: IV.—VI.; 1 Jahresbrut. Nest: eine flache Mulde im Sand, mit wenigen Halmen ausgelegt. Gelege: 3—4 lehmbraune Eier mit spärlichen dunklen Flecken. Beide Eltern brüten 22—24 Tage. Nahrung: Insekten, kleine Krebs- und Weichtiere werden im flachen Wasser durch seitliches Hin- und Herbewegen des Kopfes gesucht. Teilzieher; Zug: IV. und VII.—X.

Stelzenläufer 3
Himantopus himantopus
Black-winged Stilt
Échasse blanche
Cavaliere d'Italia
Cigüeñuela

Etwa lachtaubengroß, mit auffällig langen, stelzenartigen, roten Beinen und dünnem, geradem, schwarzem Schnabel. Gefieder schwarz und weiß, ♂ und ♀ wenig verschieden. Im Jugendkleid sind alle schwarzen Flächen mehr dunkelbraun. Dunenkleid sandgelb mit kleinen Flecken, unterseits reinweiß. Schreitet bedächtig auf den langen Beinen, die im Fluge etwa körperlang über das Schwanzende hinausragen. Stimme: ein wiederholtes helles „kyip". Unbeständiger Brutvogel in Überschwemmungsgebieten und an Salzseen des Binnenlandes, brütet kolonienweise. Auch am Zug selten. Brutzeit: V.; 1 Jahresbrut. Nest: eine flache, mit wenigen Halmen ausgelegte Mulde. Gelege: 3—4 grüngelbe Eier mit dunkelbrauner Fleckung. Beide Eltern brüten 25—26 Tage und führen die Jungen fast 1 Monat lang. Nahrung: hauptsächlich Insekten, außerdem kleine Weichtiere und Würmer. Zugvogel: IV.—V. und VII.—IX.

1 ♂ So
1 ♂ So
1 ♂ So
1 ♂ So
1 ♂ W
1 D
1 ♀
2
2 D
3
2 juv

Ordnung: Watvögel (Limikolen) - *Charadriiformes* **Familie: Wassertreter -** *Phalaropidae*

Thorshühnchen 1
Phalaropus fulicarius
Grey Phalarope
Phalarope à bec large
Falaropo beccolargo
Falaropo

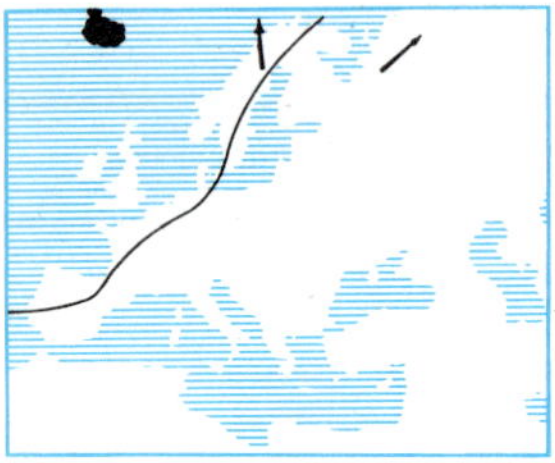

Knapp drosselgroß mit kräftigem, geblichem Schnabel. Brutkleid: Weißer Wangenfleck reicht bis über die Augen hinauf, ganze Unterseite einfarbig dunkel rostbraun. ♂ durch die etwas geringere Größe und mattere Färbung unterschieden. Ruhekleid am Rücken möwengrau; Kopf bis auf dunklen Augenstrich und die ganze Unterseite reinweiß. Jugendkleid auf der Oberseite mehr oder weniger braun. Dunenkleid rostgelb mit dunklen Flecken und Streifen, unterseits grauweiß. Stimme: pfeifender Ruf „twiet", wird am Brutplatz gereiht vorgetragen. Brütet auf sumpfigen Moorwiesen der Tundra, auf dem Zuge an Seeküsten und selten im Binnenland. Brutzeit: VI. bis VII. Nest: eine spärlich ausgelegte Bodenmulde. Gelege: 4 braune, feingefleckte Eier, die nur vom ♂ etwa 19 Tage bebrütet werden. Nahrung: kleine Krebs- und Weichtiere, Würmer, Insekten. Zugvogel: III.—VI. und VIII.—XI.

Odinshühnchen 2
Phalaropus lobatus
Red-necked Phalarope
Phalarope à bec étroit
Falaropo beccosottile
Falaropo picofino

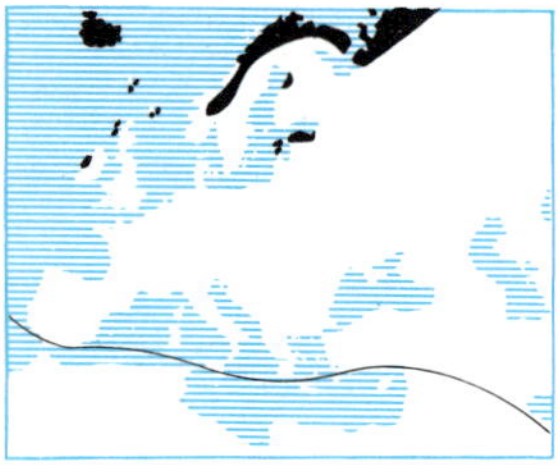

Lerchengroß mit ganz dünnem, schwarzem Schnabel. Brutkleid: auf der Unterseite weiß, nur ein Halsband rostbraun, weißer Wangenfleck klein, reicht nicht bis zu den Augen. ♂ matter gefärbt, besonders am mehr graubraunen Halsband zu erkennen. Ruhe- und Jugendkleid sehr ähnlich Thorshühnchen, aber am Rücken schwärzer und mit schärfer begrenztem schwarzen Augenstreif. Dunenkleid ähnlich Thorshühnchen. Stimme: kurzes einsilbiges „tschritt". Brutvorkommen wie Thorshühnchen, nur etwas häufiger auf dem Zug. Brutzeit: V.—VI. Nest in Grasbüscheln, mit Halmen ausgelegt, meist nahe am Wasser. Gelege: 4 steingraue bis olivgrüne Eier mit dunkelbraunen Flecken. Brutpflege wie bei Thorshühnchen. Nahrung: besonders Insekten und Kleinkrebse. Zugvogel: V. und VII.—XI.

Ordnung: Watvögel - *Charadriiformes* **(Limikolen)** **Familie: Brachschwalben -** *Glareolidae*

Brachschwalbe 3
Glareola pratincola
Pratincole
Glaréole à collier
Pernice di mare
Canastera

Etwa drosselgroß, mit dickem Kopf, kurzem Schnabel, langen, spitzen Flügeln und gegabeltem Schwanz. Im Fluge einer großen Schwalbe ähnlich. Graubraun, mit weißem Bürzel und Bauch. Flügel fast schwarz, rostrote Unterflügeldecken. Kehle rahmgelb, mit schmalem schwarzem Streif umrandet. Bei Jungvögeln sind Brust und Rücken mit schwarzen Fleckchen besät. Dunenkleid sandbraun mit dunklem Mittelstreif über Kopf und Rücken. Stimme: lärmende Rufe „kitti-kirrik" u.ä. Geselliger Brutvogel in trockenen Salzsteppen; in Mittel- und Westeuropa Irrgast. Brutzeit: V.—VI.; 1 Jahresbrut. Nest: ohne besondere Unterlage auf kahlem Boden. Gelege: 2—3 graugelbe Eier mit dichter Fleckung. Beide Eltern brüten etwa 18 Tage und betreuen die Jungen rund 25 Tage. Nahrung: Insekten, die geschickt im Fluge gefangen oder vom Boden aufgelesen werden (z. B. Heuschrecken). Teilzieher: IV.—V. und IX.—X.

1 W
1 ♀ So
2 W
2 W
2 ♀ So
3
3 juv
3

Triel 1
Burhinus oedicnemus
Stone Curlew
Œdicnème criard
Occhione
Alcaraván

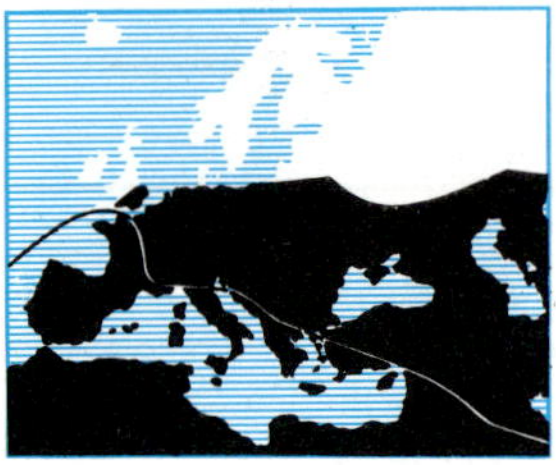

Ringeltaubengroß, plump, mit kurzem kräftigem Schnabel und dicken Beinen (besonders am Fersengelenk). Breiter Kopf mit großen, gelben Augen. Sandbraun, dunkle Längsflecke. Im Fluge 2 weiße Flügelbinden. ♂ = ♀. Jugendkleid fahler, weniger gefleckt. Dunenkleid sandgelb, mit 2 schmalen schwarzen Rückenstreifen. Heimlicher Dämmerungsvogel. Stimme: rauher, laut flötender Ruf „kurrieh", besonders nachts zu hören. Seltener Brutvogel auf ödem, wenig bewachsenem Gelände und Heideflächen; nicht an Wasser gebunden. Brutzeit: IV.—VII; öfters 2 Jahresbruten. Nest: eine flache Mulde, spärlich mit Steinchen und Pflanzenstücken ausgelegt. Gelege: 2 hellgraue Eier mit Flecken und Kritzeln. Brutdauer 25—27 Tage, Jungenführung etwa 1 Monat durch beide Eltern. Nahrung: Insekten, Schnecken, auch kleine Wirbeltiere. Teilzieher; Zug: IV. und VII.—X.

Ordnung: Möwenvögel - *Lariformes* **Familie: Raubmöwen** - *Stercoraridae*

Schmarotzerraubmöwe 2
Stercorarius parasiticus
Arctic Skua
Labbe parasite
Labbo
Págalo parásito

Lachmöwengroß. Meist dunkelbrauner, möwenähnlicher Seevogel. Altvögel mit verlängerten mittleren Steuerfedern, die das Schwanzende um einige cm überragen und spitz auslaufen. Im Fluge mit weißlichem Flügelfeld. Eine helle Farbphase ist auf der Bauchseite weiß und hat einen schwarzen Oberkopf. Jungvögel unterseits mit starker Querbänderung, mittleres Steuerfederpaar kaum merklich verlängert. Dunenkleid dunkelbraun. Stimme miauend „kaau", auch „gack gack". Brutvogel der nordischen Tundra; auf dem Zug auf der See und an den Küsten, selten auf Binnengewässern. Brutzeit: V.—VI. Nest: eine flache Mulde im Moos oder Gras. Gelege: 2 braungrüne, dunkelgefleckte Eier. Beide Eltern beteiligen sich an der Bebrütung 24 Tage und an der Jungenpflege. Nahrung: meist Fische, die anderen Seevögeln geraubt werden. Zug hauptsächlich VIII.—X.

Spatelraubmöwe 3
(Mittlere Raubmöwe)
Stercorarius pomarinus
Pomatorhine Skua
Labbe pomarin
Stercorario mezzano
Págalo pomarino

Sturmmöwengroß; sehr ähnlich der Schmarotzerraubmöwe, aber bei Altvögeln ragt das mittlere Steuerfederpaar weiter über das Schwanzende vor, endet stumpf und ist schraubig gedreht. Jungvögel kaum von Schmarotzerraubmöwen zu unterscheiden. Dunenkleid hellbraun und graubraun. Stimme: möwenartig „ijäh"; Warnruf am Brutplatz „wewewewe". Brutvogel nordischer Tundren; als Zugvogel an den Seeküsten, selten auf den Gewässern im Binnenland. Brutzeit: VI.—VII. Nest, Gelege, Brutpflege und Nahrung wie Schmarotzerraubmöwe. Zug besonders im IX. und X.

1
1 D
2 DV
2 imm
2 HV
2 DV
3 HV
3 DV
3 HV
3 imm

Ordnung: Möwenvögel - *Lariformes* **Familie: Raubmöwen** - *Stercoraridae*

Falkenraubmöwe 1
(Kleine Raubmöwe)
Stercorarius longicaudus
Long-tailed Skua
Labbe longicaude
Labbo codalunga
Págalo rabero

Lachmöwengroß. Altvögel: die spitzen mittleren Steuerfedern ragen um mehr als zwei Schwanzlängen über das Schwanzende hinaus. Schwarze Kopfplatte, weißer Hals und helle Unterseite. Jungvögel und Dunenkleid wie Schmarotzerraubmöwe. Stimme: manchmal „kri kri", oder „krr", am Brutplatz ein schrilles „kríh". Brutvogel nordischer Tundragebiete; auf dem Zuge vereinzelt an den Seeküsten und auf hoher See, im Binnenlande selten. Brutzeit: VI. Nest und Gelege wie andere Raubmöwen. Brutdauer etwa 23 Tage, beide Eltern brüten. Jungenpflege etwa 3 Wochen. Nahrung: kleinere Wirbeltiere, Insekten, Würmer; lebt sonst parasitisch. Zug: V. und VIII.—XI.

Große Raubmöwe 2
Stercorarius skua
Great Skua
Grand Labbe
Stercorario maggiore
Págalo grande

Reichlich silbermöwengroß, stärker gebaut, dunkelbraun mit weißen Feldern an den Wurzeln der Handschwingen. Ziemlich breite und etwas abgerundete Flügel. Schwanz ohne merklich verlängerte Steuerfedern. Schnabel stark. Jugendkleid im Freien nicht zu unterscheiden. Dunenkleid gelblichbraun. Stimme rauh „tak tak" und „skerr". Brutvogel der nordischen Meeresinseln; zur Zugzeit auf dem Meer, vereinzelt an den Seeküsten, verfliegt sich sehr selten in das Binnenland. Brutzeit: V.—VI. Nest und Gelege wie andere Raubmöwen. Brutdauer bis zu 30 Tagen, die Jungen werden 6—7 Wochen lang von beiden Eltern betreut. Nahrung: meist Fische, die anderen Seevögeln abgejagt werden, Vögel, deren Eier und Junge. Zugvogel: VIII.—IV.

Ordnung: Möwenvögel - *Lariformes* **Familie: Möwen** - *Laridae*

Eismöwe 3
Larus hyperboreus
Glaucous Gull
Goéland bourgmestre
Gabbiano bianco
Gaviota hiperbórea

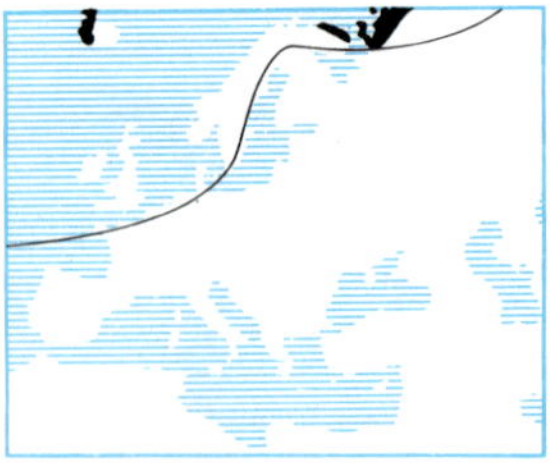

Etwa so groß wie Mantelmöwe. Sehr hell und in allen Kleidern ohne schwarze Flügelenden sowie ohne schwarzen Schwanzsaum. Gelber Schnabel. Dunenkleid wie Mantelmöwe, aber heller. Stimme ähnlich Silbermöwe: gellend „gagagak" und jaulend „kuija". Brutvogel nördlicher Seeküsten und Klippeninseln; zur Zugzeit auf hoher See, weniger an den Küsten; im Binnenland Irrgast. Brutzeit: V.—VII.; brütet in Kolonien. Nest aus angehäuftem Moos, Tang und Rasen. Gelege: 3 grünliche bis braune Eier mit dunklen Flecken. Brutdauer 28 Tage; beide Eltern brüten und füttern die Jungen. Nahrung: Fische, Vögel, Eier, Aas; auch Insekten und Beeren. Zug: X.—III.

1
2
1 juv
3 So
3 juv
3 zweijährig

Mantelmöwe 1
Larus marinus
Great Black-backed Gull
Goéland marin
Mugnaiaccio
Gavión

Bedeutend größer als Silbermöwe, mit viel kräftigerem, gelbem Schnabel. Schwarzer Mantel. Beine fleischfarben. Jungvögel sind gegenüber Silbermöwen außer durch ihre Größe auch durch die weißere Bauchseite unterschieden. Dunenkleid ähnlich der Silbermöwe, etwas grauer mit kleineren Kopfflecken. Stimme: tiefe gackernde und jaulende Rufreihen „jag auk auk kjau jaug". Häufiger Seevogel, nistet auf felsigen Küsteninseln, hält sich während des Zuges an der Küste auf und erscheint sehr selten im Binnenland. Brutzeit: V.—VI.; 1 Jahresbrut. Nest: ein Haufen von Pflanzenteilen mit wenigen Federn. Gelege: 3 braune, dunkelfleckige Eier. Bebrütung durch beide Altvögel 26—28 Tage. Die Jungen werden etwa 50 Tage gefüttert. Nahrung tierisch: allerlei Wirbeltiere, Würmer, Weichtiere und Abfälle. Teilzieher; Zug: VII.—IV.

Heringsmöwe 2
Larus fuscus
Lesser Black-backed Gull
Goéland brun
Gabbiano zafferano
Gaviota sombría

Silbermöwengroß. Schiefergrauer bis schwarzer Mantel, gelber Schnabel und gelbe Beine. Ist im Vergleich zur ähnlichen Mantelmöwe kleiner und beweglicher und hat einen schlankeren Schnabel. Jungvögel braun, dicht dunkel gefleckt, mit schwarzem Schnabel und schmutzig fleischfarbenen Füßen. Sind schwer von jungen Silbermöwen zu unterscheiden, nur einigermaßen durch die schwärzeren Handschwingen. Dunenkleid wie Silbermöwe. Stimme: wie Silbermöwe, aber etwas höher und schwächer. Brütet kolonieweise an den Meeresküsten und seltener auf einigen großen Binnenseen und Mooren, kommt auf dem Zug auch regelmäßiger auf Binnengewässern vor. Brutzeit: V.—VI. Nest, Gelege und Brutpflege wie Silbermöwe. Zugvogel: IV.—V. und IX.—X.

Silbermöwe 3
Larus argentatus
Herring Gull
Goéland argenté
Gabbiano reale
Gaviota argéntea

Ungefähr bussardgroße Möwe mit hellgrauem Mantel, kräftigem gelben Schnabel und fleischfarbenen oder gelben Füßen. Im Winterkleid ähnlich wie alle anderen Großmöwen mit graubraunen, strichförmigen Flecken an Kopf und Hals. Jugendkleid braun, dunkel gefleckt, Handschwingen und Schwanzende schwarzbraun; wird mindestens 2 Jahre lang getragen und nach jeder Mauser heller (Übergangskleider). Dunenkleid rahmfarben mit dunklen Flecken an Kopf und Rücken. Stimme: laute Rufreihen „kjau-kjau kjakkjakjä". Häufigste Seemöwe. Brütet manchmal in großen Siedlungen an den Meeresküsten; auf dem Zuge in den Mündungen größerer Flüsse und selten auf Binnengewässern. Brutzeit: V.—VI.; 1 Jahresbrut. Nest: ein Haufen von Pflanzenmaterial. Gelege: 3 olivgrüne bis braune Eier mit schwarzbrauner Fleckung. Bebrütung durch beide Eltern 25—27 Tage, Jungenpflege 6 Wochen. Nahrung: verschiedene Seetiere, Vogeleier und junge Vögel. Teilzieher; Zug: III.—IV. und VIII.—X.

1 So
1 imm
1
2 imm
2 So
2
3 imm
3
3 So
3 D

Sturmmöwe 1
Larus canus
Common Gull
Goéland cendré
Gavina
Gaviota cana

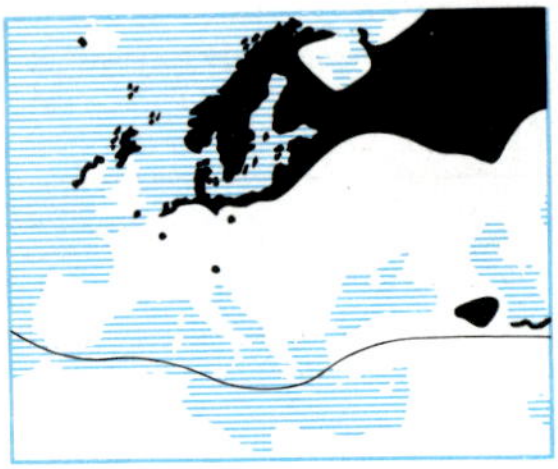

Kleiner als Silbermöwe und größer als Lachmöwe. Altvögel mit grauem Mantel und langen schwarzen Flügelspitzen. Der im Vergleich zur Silbermöwe schwächere Schnabel ist ebenso wie die Füße grünlichgelb. Im Winterkleid mit dunklen Strichen an Kopf und Hals. Jugendkleid überwiegend braun, dunkelfleckig, mit schwarzer Endbinde am Schwanz; Schnabel bläulich mit schwarzbrauner Spitze, Füße fleischfarben. Dunenkleid ähnlich wie Silbermöwe. Stimme: höher als Silbermöwe „giä, gujia" u. ä. Häufiger Brutvogel an den Küsten und einigen Binnenseen — oft in individuenreichen Kolonien; überwintert regelmäßig auch auf Binnengewässern, ebenfalls in Großstädten. Brutzeit: V.—VI.; 1 Jahresbrut. Nest, Gelege und Brutpflege wie Silbermöwe; Brutdauer 22—23 Tage, Junge werden etwa 5 Wochen gefüttert. Nahrung ähnlich wie Silbermöwe, mehr Insekten. Teilzieher; Zug: III.—IV. und VII.—XI.

Lachmöwe 2
Larus ridibundus
Black-headed Gull
Mouette rieuse
Gabbiano comune
Gaviota reidora

Taubengroß. Im Brutkleid mit möwenblauem Mantel und kaffeebrauner Kopfkappe. Schnabel und Füße karminrot. Ruhekleid mit weißem Kopf und dunklem Ohrfleck. Im Fluge mit weißem Flügelvorderrand. Jugendkleid an Kopf, Rücken und Flügeloberseite mehr oder weniger braun, mit schwarzer Endbinde am Schwanz. Dunenkleid rostbraun, oberseits dunkel gefleckt, Schnabel und Füße schmutzig fleischfarben (Unterschied gegenüber Flußseeschwalbe!). Stimme: heiseres „krrjäh, kverr, keckeck" u. ä.; ruft viel. Brütet in Kolonien an bewachsenen und verlandenden Teich- und Seeufern im Binnenland; auf dem Zuge an Flüssen, auf Feldern und in Großstädten, besonders Hafenanlagen. Brutzeit: IV.—VI.; 1 Jahresbrut. Nest: angehäuftes Pflanzenmaterial, oft auf Seggenbülten. Gelege: 3 meist olivgrüne Eier mit braunen Flecken (sehr variabel). Bebrütung: beide Eltern 23 Tage, Jungenpflege bis 6 Wochen. Nahrung: Insekten, Würmer, Jungfische. Teilzieher; Zug: III. und VII.—X.

Schwarzkopfmöwe 3
Larus melanocephalus
Mediterranean Gull
Mouette mélanocéphale
Gabbiano corallino
Gaviota cabecinegra

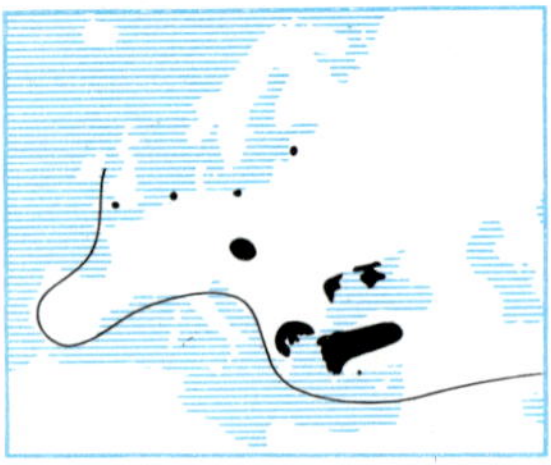

Etwa lachmöwengroß, aber kräftiger gebaut mit stärkerem, korallenrotem Schnabel, rein schwarzer Kopfkappe, die im Gegensatz zur Lachmöwe im Genick tiefer sitzt. Dunkelrote Füße. Winter- und Jugendkleid ähnlich Lachmöwe. Im Fluge ohne weißen Flügelvorderrand und ohne schwarze Schwingenspitzen. Dunenkleid graugelb mit wenig dunkler Zeichnung. Seltener Brutvogel auf versumpften Flächen und Lagunen in der Nähe der Mittelmeerküsten; brütet selten in einigen Lachmöwenkolonien des Binnenlandes; auf dem Zuge als Irrgast im Binnenland. Brutzeit: V.—VI. Nest und Brutpflege ähnlich wie Lachmöwe. Eier mehr sandfarben mit kleinen Flecken und Strichen. Nahrung: kleine Fische, Weichtiere, Insekten. Teilzieher; Zug: IX.—IV.

1 imm
1 D
1 So
2 W
2 imm
2 D
2 So
3 imm
3 W
3 So

Zwergmöwe 1
Larus minutus
Little Gull
Mouette pygmée
Gabbianello
Gaviota enana

Kleiner als Lachmöwe; schwarze Kopfkappe reicht bis zum Genick, Schnabel rotbraun, Füße zinnoberrot. Winterkleid: Kopf weiß, bis auf grauen Scheitel und grauen Ohrfleck. Jugendkleid mit schwarzbrauner Rückenseite und schwarzer Endbinde am Schwanz. Im Fluge schnellerer Flügelschlag als Lachmöwe, dunkle Flügelunterseiten; Jungvögel mit schwärzlichem, m-förmigen Flügelstreif. Dunenkleid: hellbraun mit dunklen Flecken; Füße fleischfarben. Stimme: ruft wenig und nicht laut „kekekek, keikei" u. ä. Nistet vereinzelt in kleinen Kolonien auf dicht bewachsenen Seen, Teichen, Mooren; auf dem Zuge in kleiner Anzahl auf Teichen und Seen im Binnenland. Brutzeit: V.—VI.; 1 Jahresbrut. Nest aus angehäuften Halmen von Sumpfpflanzen. Gelege: 3 gefleckte, olivgrüne Eier. Bebrütung durch beide Eltern 21—23 Tage; die Jungen werden bis zu 25 Tage lang betreut. Nahrung: vor allem Insekten. Teilzieher; Zug: IV. und VIII.—XI.

Dreizehenmöwe 2
Rissa tridactyla
Kittiwake
Mouette tridactyle
Gabbiano tridattilo
Gaviota tridáctila

Größer als Lachmöwe. Mantel etwas dunkler als Sturmmöwe, Schnabel wachsgelb, Füße schwärzlich. Flügel mit schwarzen Spitzen ohne weiße Spitzenflecke. Ruhekleid: Kopf mit grauen und schwärzlichen Flecken vor und hinter den Augen und hellgrauer Hinterkopf. Jugendkleid: schwarzes Querband im Nacken, Längsstreif am Flügel und Endsaum am Schwanz; schwarzer Schnabel. Dunenkleid oberseits graubraun ohne Fleckung, unterseits weiß. Stimme: am Brutplatz ein kennzeichnender Ruf „kekewiek", sonst meist stumm. Häufiger Brutvogel der nordischen Vogelberge, zur Zugzeit auf hoher See; im Binnenland erscheinen manchmal invasionsartig durch Unwetter verschlagene Vögel. Nest auf Felswänden aus angehäuften Pflanzenstücken. Gelege: 2 graugelbe Eier mit spärlichen, runden Flecken. Brutpflege durch beide Eltern 21—24 Tage und 4—5 Wochen. Nahrung: kleine Seefische, Krebse u. a. Teilzieher: Zug: VIII.—VI.

Ordnung: Möwenvögel - *Lariformes* **Familie: Seeschwalben** - *Sternidae*

Raubseeschwalbe 3
Hydroprogne caspia
Caspian Tern
Sterne caspienne
Rondini di mare maggiore
Pagaza piquirroja

So groß wie die Sturmmöwe, größte Seeschwalbe. Kräftiger roter Schnabel, Füße dunkelbraun, wenig gegabelter Schwanz. An der Flügelunterseite erscheinen die Handschwingen dunkel. Ruhekleid: die sonst tiefschwarze Kopfplatte mit weißen Federn untermischt. ♂ = ♀. Jugendkleid: Kopfplatte und Rückengefieder mit dunkelbraunen Federn vermischt, Schnabel matt orangefarben. Dunenkleid hellgrau bis weiß, Schnabel hellrot. Stimme rauh kreischend und laut „krräi, gschäig" u. ä. Nistet in Kolonien an sandigen Meeresküsten und auf Inseln; auf dem Zuge in kleiner Anzahl an Binnengewässern. Brutzeit: V.—VI.; 1 Jahresbrut. Nest: flache Mulde im Sand. Gelege: 2—3 gelblichgraue Eier mit dunkelbraunen Flecken. Die Eier werden von beiden Altvögeln 22—24 Tage bebrütet. Nahrung: Fische, die im Rüttelflug gefangen werden; manchmal junge Seevögel. Zugvogel: IV.—V. und VIII.—X.

1 So
1 So
1 Übergangskleid
1 imm
2 So
2 So
2 imm
3 imm
3 So

Weißflügelseeschwalbe 1
Chlidonias leucopterus
White-winged Black Tern
Guifette leucoptère
Mignattino alibianche
Fumarel aliblanco

Größe und Aussehen wie Trauerseeschwalbe, aber mit reinweißem Schwanz und weißen, anstatt grauen Oberflügeldecken. Körper sowie die Unterflügeldecken rußschwarz. Schnabel und Füße rot. Im Ruhekleid ohne schwarze Flecke an den Kropfseiten. Jugend- und Dunenkleid sehr ähnlich der Trauerseeschwalbe. Stimme: schnarrend „kerrr". Zerstreut vorkommender Brutvogel auf verladenden Seen und Teichen; auch während des Zuges viel seltener als Trauerseeschwalbe. Brutzeit: V. bis VI. Nest, Gelege, Brutpflege und Nahrung wie Trauerseeschwalbe. Zugvogel; Zug: V.—VI. und VIII.—IX.

Weißbartseeschwalbe 2
Chlidonias hybrida
Whiskered Tern
Guifette moustac
Mignattino piombato
Fumarel cariblanco

In Größe und Aussehen der Trauerseeschwalbe ähnlich. Wirkt im Vergleich mit Trauer- und Weißflügelseeschwalbe viel heller. Hat eine schwarze Kopfplatte; die weißen Wangen und Halsseiten bilden einen breiten weißen Streif, die Flügelunterseite ist gleichfalls weiß, der Schwanz grau. Ruhekleid ohne dunkle Flecken an den Kropfseiten, wenig Schwarz am Oberkopf, grauer Nacken und einfarbiger, heller Rücken. Jugendkleid mit schwarzen Flecken auf dem Rücken und der Flügeloberseite. Dunenkleid rostgelb, gefleckt, Kehle schwarz und Bauchseite rein weiß. Stimme: rauh „schrähb" und „ky-ik". Seltener Brutvogel auf versumpften Flüssen und Teichen. Brutzeit: V.—VI. Nest: auf Schwimmpflanzen angehäuftes Material. Gelege: 3 bläulich grüne, gefleckte Eier. Brutdauer mindestens 18 Tage. Beide Eltern brüten und füttern. Nahrung: vorwiegend Insekten. Zugvogel: IV.—V. und VIII.—IX.

Trauerseeschwalbe 3
Chlidonias niger
Black Tern
Guifette épouvantail
Mignattino
Fumarel común

Viel kleiner und zierlicher als Lachmöwe. Körper schwarz, Flügeloberseite und Schwanz schiefergrau, Flügelunterseite hellgrau, Unterschwanzdecken weiß. ♀ nur durch wenig grauere Färbung vom ♂ unterschieden. Ruhekleid oberseits grau mit gesprenkeltem Kopf und Nacken, unterseits weiß. Jugendkleid am Oberkopf und Rücken braun gesprenkelt, Schnabel rotbraun. Dunenkleid ockergelb mit schwarzen Flecken. Stimme: „kirr" oder „gick". Nicht häufiger, in kleinen Kolonien brütender Vogel auf verwachsenen Teichen und Seen im Binnenlande. Brutzeit: V.—VI.; 1 Jahresbrut. Nest auf Schwimmpflanzen auf der Wasserfläche. Gelege: 3 olivbraune, dicht dunkelbraun gefleckte Eier. Bebrütung 14—17 Tage durch beide Eltern; die Jungen werden etwa 1 Monat lang gefüttert. Nahrung: hauptsächlich Insekten, die in regelmäßigen, kurzen Sturzflügen von der Wasserfläche aufgenommen werden, außerdem Fischbrut und kleine Fische. Zugvogel: V. und VII.—IX.

1 So
1 So
1 imm
2 So
2 So
2 imm
3 So
3 So
3 W
3 D
3 imm

Lachseeschwalbe 1
Gelochelidon nilotica
Gull-billed Tern
Sterne hansel
Rondine di mare zampenere
Pagaza piconegra

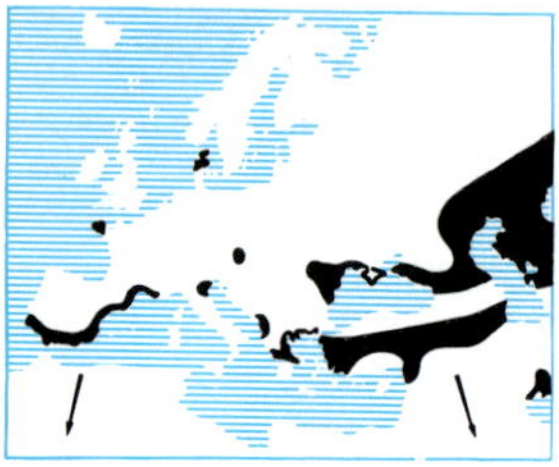

Lachmöwengroß mit schwarzem, ziemlich hohem Schnabel und wenig gegabeltem, hellgrauem Schwanz. Füße schwarz, relativ lang. Bei sitzenden Vögeln ragen die Flügelspitzen weit über das kurze Schwanzende hinaus. Hat im Fluge mehr möwenartiges Aussehen. Ruhekleid: weiße Stirn, weißgrauer Rücken. Jugendkleid: größtenteils weißer, z. T. rahmfarbener Kopf und dunkel geflecktes Rückengefieder. Dunenkleid gelbbraun, meist schwarz gefleckt, an der Unterseite fast weiß. Stimme: laut lachender Ruf „hähähäg". Koloniebildender Brutvogel auf sandigen Seeküsten und Inseln, auch an Steppenseen und selten auf Flußinseln im Binnenland. Brutzeit: V.—VI.; 1 Jahresbrut. Nest: eine Mulde im Sand oder niedrigem Rasen. Gelege: 3 sandgelbe Eier mit braunen Flecken. Brutdauer: 22—23 Tage; Jungenpflege etwa 5 Wochen; beide Eltern brüten und füttern. Nahrung: besonders Insekten, auch kleine Wirbeltiere u. ä. Zugvogel: V. und VIII.—IX.

Flußseeschwalbe 2
Sterna hirundo
Common Tern
Sterne Pierre-Garin
Rondine di mare
Charrán común

Kleiner als Lachmöwe, schlank gebaut, mit schmalen Flügeln und leichtem, „schwimmendem" Flug. Weißer Schwanz tief gegabelt. Schnabel mennigerot mit schwarzer Spitze. Ruhekleid: weiße Stirn und schwarzer Hinterkopf, der Vorderrand im Armteil des Flügels merklich dunkler als übrige Flügeloberseite. Schnabel braun bis schwarz. Jugendkleid an den braunen Federn des Rückens und Scheitels kenntlich. Dunenkleid fahlgelb, am Rücken schwarz gefleckt; Schnabel und Füße lachsrot. Stimme: laut kreischende Rufe „kit kit kirrr, kik" oder „kiäärr". Verbreiteter Brutvogel der Seeküsten und vieler Gewässer des Binnenlandes (Flußinseln, Teiche, Seen); auf dem Zuge meistens an den Küsten. Brutzeit: V.—VII.; 1 Jahresbrut. Nest: flache Bodenmulde mit spärlicher Ausbettung. Gelege: 3 hellgrüne bis olivbraune, dunkel gefleckte Eier. Beide Eltern brüten 20—22 Tage und füttern 1 Monat. Nahrung: Kleinfische, Krebstiere, Insekten. Zugvogel: IV.—V. und VII.—IX.

Küstenseeschwalbe 3
Sterna paradisaea
Arctic Tern
Sterne arctique
Rondine di mare codalunga
Charrán ártico

So groß wie Flußseeschwalbe und dieser äußerst ähnlich. Die Unterschiede beziehen sich auf einige subtile Merkmale: Die Kopfseiten sind entlang der schwarzen Kopfplatte oft deutlich weißer als die übrige Unterseite, der Schnabel ist feiner, meist ganz korallenrot. Im Stehen sind die Beine auffallend kurz, kaum sichtbar, und die Schwanzspitzen sind merklich länger als die Flügelenden. Ruhe- und Jugendkleid ähnlich wie Flußseeschwalbe. Dunenkleid oberseits mit sehr kleinen dunklen Flecken. Stimme: im Vergleich mit der Flußseeschwalbe ein weicheres und kurzes „kit kit kirrä". Nistet in großen Kolonien an den Meeresküsten; kommt im Binnenlande nur als Irrgast vor. Brutzeit: V. Nest, Eier und Brutpflege wie bei der Flußseeschwalbe; die Gelege enthalten meist nur 2 Eier. Nahrung: kleine Fischchen, Krebstiere und wenig Insekten. Zugvogel: IV.—V. und VII.—X.

1 So
1 W
1 imm
2 W
2 So
2
2 imm
2 D
3 So
3
3 imm

Rosenseeschwalbe 1
Sterna dougallii
Roseate Tern
Sterne de Dougall
Rondine di mare di Mac Dougall
Charrán rosado

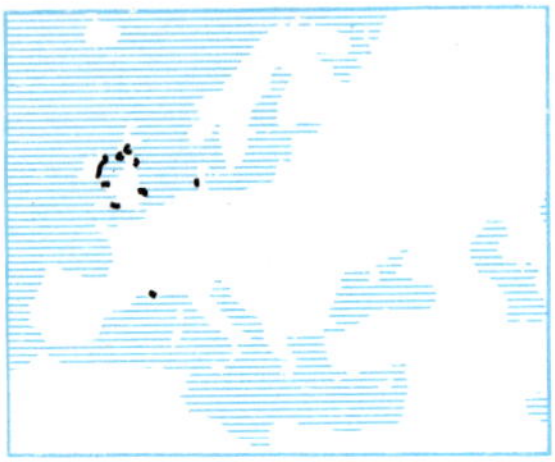

In Größe und Form der Flußseeschwalbe in allen Kleidern sehr ähnlich, aber Schnabel etwas schlanker und schwarz, nur an der Wurzel rot. Die äußersten Schwanzfedern sind auffallend lang und ragen im Sitzen weit über die Flügelspitzen hinaus. Im Brutkleid öfters mit rosigem Stich auf der Unterseite. Stimme: laut kreischend „kríií", außerdem ein weiches „tschu-ick"; beide Rufe sind wichtig zum Unterscheiden von der sonst sehr ähnlichen Fluß- und Küstenseeschwalbe. Seltener und unsteter Brutvogel an den europäischen Küsten. Brutzeit: VI.—VII. Nest wird nicht gebaut, die 2 rahmfarbenen, rotbraun gefleckten Eier werden auf den Sand abgelegt und 21 Tage von beiden Eltern bebrütet. Nahrung: kleine Seefische. Zugvogel: IV.—V. und VIII.—IX.

Zwergseeschwalbe 2
Sterna albifrons
Little Tern
Sterne naine
Fraticello
Charrancito

Mauerseglergroß, kleinste Seeschwalbe. Im Brutkleid an der weißen, scharf, aber ungerade begrenzten Stirn, dem feinen, wachsgelben Schnabel mit schwarzer Spitze und den gelben Füßen kenntlich. Im Sitzen ist die Schwanzgabel etwa so lang wie die Flügelspitzen. Ruhekleid: Scheitel aschgrau, Hinterkopf schwarz. Jugendkleid mit schwarzen und braunen Flecken an Rücken und Flügeln. Dunenkleid blaß sandfarben, unterseits weiß; feine dunkle Rückenzeichnung. Stimme: hoch schnarrendes „kirri kirri kirri", oder Einzelrufe „krih-ik" u. ä. Brutzeit: V.—VI.; 1 Jahresbrut. Nest: flache Mulde im Sand, mit wenigen Pflanzen- und Muschelstücken ausgelegt. Gelege: 2—3 sandfarbene, dunkelfleckige Eier. Beide Eltern brüten 19—22 Tage und füttern nur etwa 3 Wochen. Nahrung: größtenteils Krebstiere und Kleinfische. Zugvogel: IV.—VI. und VIII.—IX.

Brandseeschwalbe 3
Sterna sandvicensis
Sandwich Tern
Sterne caugek
Beccapesci
Charrán patinegro

Lachmöwengroß mit schlankem und ziemlich langem, schwarzem und an der Spitze gelbem Schnabel. Die verlängerten schwarzen Hinterkopffedern können gesträubt werden. Füße schwarz und relativ lang. Schwanz tief gegabelt. Ruhekleid mit weißer Stirn und grauem Oberkopf. Jugendkleid: Kopfplatte schwarzweiß, Rücken dunkelbraun gefleckt. Dunenkleid: oberseits graugelb, schwarzgefleckt. Schnabel gelblich. Stimme: ruft viel und energisch „kirreck", an den Ruf des Rebhuhns erinnernd. Verbreiteter Brutvogel sandiger Meeresküsten und flacher Sandinseln; im Binnenland nur Irrgast. Brutzeit: V.—VI.; 1 Jahresbrut. Nest: flache, mit wenigen Halmen ausgelegte Mulde im Sand. Gelege: 2—3 sandfarbene, manchmal sehr helle, braunschwarz gefleckte Eier. Beide Eltern brüten 22 Tage. Nahrung: kleine Seefische; rüttelt oft und fängt die Beute durch Sturzflug und kurzes Eintauchen. Zugvogel: IV.—V. und VII.—IX.

1 So
1 So
1 imm
2 So
2
2 D
2 imm
3 So
3 So
3 W
3 imm

Tordalk 1
Alca torda
Razorbill
Petit pingouin
Gazza marina
Alca común

Kleiner als Stockente, schwarz und weiß gefärbt, mit dickem Kopf und ziemlich kurzem Hals, dadurch von Seetauchern und Enten unterschieden. Im Fluge am gedrungenen Körper, keilförmigen, kurzen Schwanz und fast schwirrenden Schlag der kurzen Flügel leicht zu bestimmen. Sitzt hoch auf dem Wasser und taucht viel. Von anderen Alkenarten an der Form des schwarzen, seitlich abgeflachten und mit einer weißen Strichzeichnung gezierten Schnabels zu unterscheiden. ♂ = ♀. Ruhe- und Jugendkleid mit weißer Kehle und weißem Vorderhals. Dunenkleid: Rücken braun, Kopf und Unterseite weiß. Stimme: tiefe, quarrende Laute und ein leises, schwirrendes Pfeifen. Gesellig brütende Seevögel der nordischen Felsküsten. Brutzeit: IV.—VI. Gelege: 1 birnenförmiges Ei, grau mit schwärzlichen Flecken, ohne Nestbau in Felsnischen abgelegt. Beide Eltern brüten 32—36 Tage und füttern etwa 1 Monat lang. Nahrung: Fische, Krebstiere. Teilzieher: II.—III. und IX.

Papageitaucher 2
Fratercula arctica
Puffin
Macareux moine
Polcinella di mare
Frailecillo

Etwas kleiner als Taube, auffällig hoher, dreieckiger und bunter Schnabel, dicker Kopf und hellgraue Kopfseiten. Füße zinnoberrot. Ruhekleid: Schnabel gelbbraun, Kopfseiten dunkler grau. Jugendkleid: Schnabel schwarz und ziemlich niedrig. Dunenkleid grauschwarz, Bauch weiß. Fliegt und schwimmt wie Tordalk. Steht aufrecht. Stimme: knurrend „orrr". Kolonienweise brütender Seevogel an Felsküsten und steilen Meeresinseln. Brutzeit: V.—VI. Brütet in langen Niströhren, die im Torfboden ausgegraben werden. Gelege: 1 weißgraues ungeflecktes Ei. Beide Altvögel brüten 33—37 Tage lang und füttern das Junge mindestens 40 Tage. Nahrung: kleine Seefische, verschiedene Krebstiere, Weichtiere und Würmer. Teilzieher; Zug: III.—IV. und VIII.— IX.

Trottellumme 3
Uria aalge
Guillemot
Guillemot de Troïl
Uria
Arao común

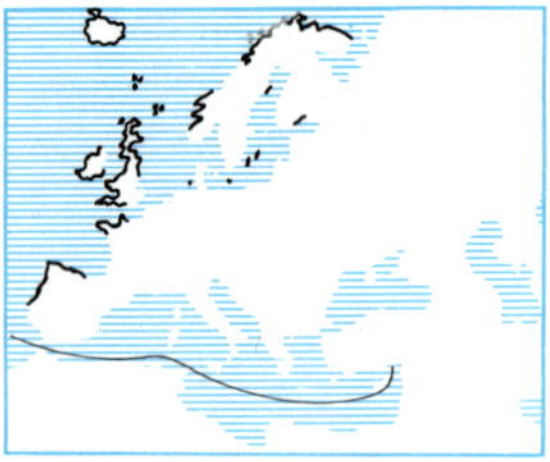

Etwa stockentengroß; Oberseite schwarz, Unterseite weiß. Spitzer, seetaucherartiger Schnabel. Oft weißer Strich hinter dem weiß umrandeten Auge. Schnabel und Füße schwarz. Im Ruhe- und Jugendkleid Wangen, Kehle und Vorderhals weiß. Dunenkleid oberseits schwarzgrau, unterseits weiß. Schwimmt und taucht wie Tordalk, sitzt hockend auf dem ganzen Lauf. Stimme: laute Schreie „arr, örr, jirr" u. ä. Verbreiteter Brutvogel der felsigen Seeküsten, nistet gesellig auf Felsklippen. Brutzeit: V.—VI. Gelege: 1 birnenförmiges Ei, sehr variabel in Färbung; steingrau bis blaugrün mit dunklen Flecken und Schnörkeln. Beide Eltern brüten 28—31 Tage, hudern und füttern den Jungvogel etwa 20 Tage am Brutplatz, später noch auf dem Meer. Nahrung: hauptsächlich kleine Seefische, weniger Krebs-, Weichtiere und Würmer. Teilzieher; Zug: III.—IV. und VIII.—IX.

1 So
1 So
1 juv
2 juv
2 So
3 juv
3 So
3 So

Ordnung: Alken - *Alciformes* **Familie: Alken - *Alcidae***

Gryllteiste 1
Cepphus grylle
Black Guillemot
Guillemot à miroir blanc
Uria nera
Arao aliblanco

Etwa taubengroß, schwarz mit kennzeichnendem weißen Flügelschild. Schnabel schwarz, Füße rot. Ruhekleid auf der Unterseite mehr oder weniger weiß. Jugendkleid dem Ruhekleid ähnlich, aber mit weißem Flügelschild und auf der Unterseite mit schwarzen Flecken. Schwimmt mit erhobenem Kopf, taucht und sitzt wie Tordalk. Dunenkleid schwarzbraun. Stimme: ein leises, singvogelartiges „ssie". Brutvogel felsiger Meeresküsten und Inseln; meistens vereinzelt oder in kleinen Kolonien. Brutzeit: V.—VI. Gelege besteht aus 2 grauen oder bräunlichen, dunkelgefleckten Eiern, die ohne Nestbau in Erdlöchern abgelegt werden. Beide Eltern brüten 27—30 Tage und füttern mindestens 35 Tage lang. Nahrung: größtenteils kleine Seefische, außerdem Krebstiere und Würmer. Teilzieher; Zug: III.—IV. und IX.—X.

Ordnung: Taubenvögel - *Columbiformes* **Familie: Tauben - *Columbidae***

Felsentaube 2
Columba livia
Rock Dove
Pigeon biset
Piccione selvatico
Paloma bravia

Haustaubengroß. Blaugrau, weißer Bürzel und 2 schwarze Flügelbinden. Jugendkleid mehr braun. Dunenkleid besteht aus spärlich wachsenden, rahmgelben Dunenfedern. Die vielen Stadtpopulationen verwildert lebender Haustauben bilden Rückschläge, die nach mehreren Generationen wieder der Felsentaube ähnlich sind. Stimme: gurrend „ruhruh-ruk". Brutvogel an den Felsklippen der mittelmeerischen Seeküsten, vereinzelt auch im Binnenland. Brutzeit: IV.—VII.; 2—3 Jahresbruten. Nest: ein Haufen von Pflanzenteilen in Felsspalten und Nischen. Gelege: 2 weiße Eier. Bebrütung 17—18 Tage, überwiegend durch ♀. An der Jungenpflege beteiligen sich beide Eltern etwa 4—5 Wochen. Nahrung: hauptsächlich Sämereien, Getreide; auch Schnecken. Standvogel.

Hohltaube 3
Columba oenas
Stock Dove
Pigeon colombin
Colombella
Paloma zurita

Etwa haustaubengroß. Waldbewohner. Ohne weißen Bürzel oder weiße Flügel- und Halsflecke. Oberseits hell blaugrau. 1—2 undeutliche schwarze Flügelbinden. Schwanz grau, mit undeutlich begrenzter, schwarzer Endbinde. Halsseiten schillernd grün, Kropf bräunlich weinrot. Jungvögel mit braungrauer Oberseite; Halsseiten ohne metallischen Glanz. Dunenkleid: ähnlich wie Ringeltaube. Stimme: eine Reihe von mehr heulenden als gurrenden Lauten „huu hu huhuhuhu". Brutvogel alter, lichter Waldbestände. Brutzeit: IV.—VII.; 2—3 Jahresbruten. Nest in Baumhöhlen; ein Haufen aus Zweigen, Stengeln und Blättern. Gelege: 2 weiße Eier, die von beiden Eltern 17—18 Tage bebrütet werden. Jungenpflege dauert etwa 25 Tage lang. Nahrung: Sämereien. Teilzieher. Zug: III. und VIII.—X.

1 So
1 juv
1 So
2
3

Ringeltaube 1
Columba palumbus
Wood Pigeon
Pigeon ramier
Colombaccio
Paloma torcaz

Reichlich haustaubengroß. Oberseite dunkel graubraun, Bürzel blaugrau. An den Halsseiten ein weißer Fleck, außerdem mit weißem Flügelvorderrand, der im Fluge als breites weißes Querband an der Flügeloberseite ein sehr gutes Kennzeichen liefert. Den Jungvögeln fehlen die weißen Halsflecke. Fliegt schnell, klatscht oft beim Auffliegen mit den Flügeln, besonders auch beim wellenförmigen Balzflug. Stimme: gurrend „huh rkuh-ku-ku". Häufiger Brutvogel in Wäldern aller Art, in Westeuropa auch Stadtvogel; im Spätsommer oft in großen Scharen auf Feldern und Wiesen. Brutzeit: IV.—VIII.; 2—3 Jahresbruten. Nest: ein tellerförmiger Bau aus trockenen Reisern in Baumkronen. Gelege: 2 weiße Eier. Brutpflege wird von beiden Eltern besorgt: Bebrütung 16—17 Tage und Füttern bis etwa 4 Wochen. Nahrung: allerlei Sämereien, besonders auch Bucheckern und Eicheln, weniger Beeren und Schnecken. Teilzieher: II.—III. und IX.—XI.

Turteltaube 2
Streptopelia turtur
Turtledove
Tourterelle des bois
Tortora
Tórtola común

Kleiner und zierlicher als Haustaube. Der längere, abgerundete Schwanz wird im Fluge häufig fächerförmig ausgebreitet, wobei besonders die weißen Steuerfederspitzen zu sehen sind. Oberseite rostbraun, Kropf und Brust weinrötlich. Im Jugendkleid am Kopf, Rücken und auf den Flügeln brauner. Dunenkleid fahl, wenig befiedert. Fliegt mit zuckenden Flügelschlägen. Stimme: eine schnurrende Rufreihe „turrr turrr turrr". Verbreiteter Brutvogel in offenem Gelände mit Buschwerk, Hecken, Baumgruppen und Feldwäldchen. Brutzeit: V.—VII.; 1 Jahresbrut. Nest tellerförmig aus wenigen Reisern im Gebüsch. Gelege: 2 weiße Eier. Bebrütung durch beide Eltern 14—16 Tage; die Jungen werden etwa 3 Wochen lang gefüttert. Nahrung: Pflanzensamen. Zugvogel: IV.—V. und VIII.—IX.

Türkentaube 3
Streptopelia decaocto
Collared Turtle-dove
Tourterelle turque
Tortora dal collare orientale
Tórtola turca

Etwas größer, stärker und mit längerem Schwanz als Turteltaube. Fahlbraun mit schwarzem Nackenring. Dunkle Handschwingen und breites weißes Band am Schwanzende. ♂ = ♀. Jugendkleid unterseits bräunlicher, Nackenband sehr schmal oder fehlt völlig. Dunenkleid wie Turteltaube. Stimme: rucksender dreisilbiger Ruf „gu-gúh-gug" sowie Treibruf „chäähh". Verbreiteter und häufiger Brutvogel in Gärten und Parkanlagen inmitten menschlicher Siedlungen. Brutzeit III.—X.; 2—4 Jahresbruten. Beim Balzflug fliegt der Vogel schräg in die Höhe und segelt dann mit ausgebreiteten Flügeln hinab. Nest auf Bäumen und an Gebäuden; ein flacher Haufen aus Reisern. Gelege: 2 weiße Eier; Brutdauer 14—16 Tage. Die Jungen verlassen das Nest im Alter von 14—20 Tagen und werden dann noch 3 Wochen gefüttert. Nahrung: Samen, Beeren, Pflanzenteile. Standvogel.

1 ad
1 ad
1 juv
2
2 ad
3
2 juv
3 D

Schleiereule 1
Tyto alba
Barn Owl
Chouette effraie
Barbagianni
Lechuza común

Etwa taubengroß mit großem Kopf und herzförmigem Gesicht. Weißgrau mit weißen Perlflecken, unterseits weiß bis rostgelb, dunkelbraun gefleckt. Augen dunkel. Flügel lang und schlank. Füße ziemlich hoch und recht kurz befiedert. ♂ = ♀. Jugendkleid = Brutkleid. Dunenkleid weiß. Stimme: lauter und langgezogener Flugruf „chrüüi", außerdem am Nest eigenartige Schnarchlaute. Verbreiteter Brutvogel in menschlichen Siedlungen; nistet in Kirchtürmen, Burgen, Scheunen u. ä.; jagt in offenem Gelände. Brutzeit: IV.—VIII.; 1—2 Jahresbruten. Nest: ohne Unterlage in dunklen Winkeln der Dachböden. Gelege: 4—7 (oder mehr) weiße Eier. Brutdauer 30—34 Tage; Nestlingsdauer 7—9 Wochen; beide Eltern brüten und füttern. Nahrung: kleine Säugetiere, weniger Vögel und Insekten. Standvogel.

Ordnung: Eulenvögel - *Strigiformes* **Familie: Eulen** - *Strigidae*

Schnee-Eule 2
Nyctea scandiaca
Snowy Owl
Harfang des neiges
Civetta delle nevi
Buho nival

So groß wie Uhu. Großer runder Kopf mit goldgelben Augen. Überwiegend weißes, pelzartiges Gefieder. ♂ reinweiß oder mit wenigen dunklen Querbändern. ♀ durch reichlichere schwärzliche Querbänderung unterschieden. Jugendkleid größtenteils graubraun, mit schwarzen Flekken und Querbändern. Dunenkleid weiß. Im Flug ziemlich kurze, breite Flügel und längerer Keilschwanz. Tagaktiv. Stimme: selten zu hören, manchmal krächzende Laute, oder gereihtes „rick rick rick". Brutvogel arktischer Tundren, in Nordeuropa fast regelmäßiger Wintergast, südlicher nur als Irrgast. Brutzeit: IV.—VI., 1 Jahresbrut. Nest: eine Bodenvertiefung ohne Ausbettung. Gelege: 7—9 rundliche, weiße Eier. Brutdauer 32—34 Tage, nur ♀ brütet. Beide Eltern füttern 50—60 Tage. Nahrung: vorwiegend kleinere Säugetiere (Lemminge, Wühlmäuse), weniger Vögel. Teilzieher; in West- und Mitteleuropa X.—I.

Uhu 3
Bubo bubo
Eagle Owl
Hibou grand-duc
Gufo reale
Buho real

Größte Eule, weit größer als Bussard; Spannweite 170 cm. Großer Kopf mit beweglichen Ohrbüscheln; orangerote Augen. ♂ = ♀, nur geringer Größenunterschied. Dunenkleid gelblichweiß. Jugendkleid matter gezeichnet als Altvögel. Fliegt geräuschlos, wechselt Ruder- mit Gleitflug ab. Nachtaktiv. Stimme: Balzruf ein wiederholtes tiefes „púhhúh". Seltener Brutvogel in größeren Waldgebieten der Ebene und Gebirge, in Bergschluchten und felsreichen Flußtälern. Brutzeit: III.—V. Nest meist in einer Bodenvertiefung an Felshängen, in Felsspalten, selten auf Bäumen in alten Horsten von Greifvögeln oder Reihern. Gelege: 2—3 weiße, fast kugelförmige Eier. Nur das ♀ brütet etwa 35 Tage und wird vom ♂ mit Nahrung versorgt. Die Jungen werden von beiden Eltern 2½ Monate lang gefüttert und betreut. Nahrung: kleine und mittelgroße Säuger und Vögel. Standvogel.

1 DV
1 HV
1
1 D
2 ♂ HV
2 ♀ DV
3
3 D

Waldohreule 1
Asio otus
Long-eared Owl
Hibou moyen-duc
Gufo comune
Buho chico

Etwa taubengroß. Gesicht kreisrund, die weißlichen Schleierfedern zwischen den Augen bilden eine helle, x-förmige Zeichnung. Lange Federohren, gelbrote Augen. ♂ = ♀ = Jugendkleid. Dunenkleid weiß, mit schwarzer Einfassung der Augen und bereits sichtbaren Ohrenstümpfen (Unterschied zum Waldkauz). Im geräuschlosen Flug fallen außer dem dicken Kopf die langen, schmalen Flügel und der langsame Flügelschlag auf. Ruht am Tage in den Baumkronen, oft dicht am Stamm; Jagdflug in der Dämmerung. Stimme: ein im langsamen Rhythmus ausgestoßenes dumpfes „hu"; ausgeflogene Jungvögel kreischen andauernd „pschíe". Verbreiteter Waldvogel, jagt an den Waldrändern; im Winter öfters in größeren Schlafgesellschaften. Brutzeit: IV.—VI.; 2 Jahresbruten. Nest: auf Bäumen, meist in alten Greifvogel- und Krähennestern. Gelege: 4—7 weiße, rundliche Eier. Das ♀ brütet allein 27—28 Tage. Nahrung: überwiegend Wühlmäuse. Teilzieher: III. und X.—XI.

Sumpfohreule 2
Asio flammeus
Short-eared Owl
Hibou brachyote
Gufo di palude
Lechuza campestre

Etwa so groß wie Waldohreule; gelbbraun, recht hell scheinend. Federohren ganz kurz, meist angelegt und unsichtbar. Schleier kreisrund und weiß mit schwarzer Maske um die gelben Augen. Schmale, lange, an der Unterseite sehr helle Flügel; langsamer Flügelschlag und schaukelnder Flug. Oft auch tagaktiv. ♂ = ♀ = Jugendkleid. Dunenkleid rahmfarbig, später mit abgerundeter schwarzer Maske und weißem „Schnurrbart". Stimme: bei der Flugbalz schnell wiederholte „bububu"-Rufe, außerdem rasches Flügelklatschen im Sturzflug. Unbeständiger, nicht häufiger Brutvogel in nassen, offenen Gebieten, z. B. Mooren und nassen Wiesen; auf dem Zuge öfters in Trupps in Kartoffelfeldern, Weidengebüsch u. ä. Brutzeit: IV.—V.; 1 Jahresbrut. Nest aus allerlei Pflanzenteilen auf dem Boden im Gras oder Schilf versteckt. Gelege: 4—7 weiße Eier, die vom ♀ 26—27 Tage bebrütet werden. Nahrung: Überwiegend Feldmäuse. Teilzieher: III.—IV. und IX.—XI.

Steinkauz 3
Athene noctua
Little Owl
Chouette chevêche
Civetta
Mochuelo común

Etwa amselgroß. Großer Kopf mit flachem Scheitel; flach ovales Gesicht, gelbe Augen. Kurzer Schwanz und kurz befiederte, ziemlich hohe Füße (s. Rauhfußkauz). Kleine weiße Tropfenflecke auf dem Rücken, längsgestreifte Brust. ♂ = ♀. Jugendkleid bräunlicher. Dunenkleid weiß. Sitzt oft in geduckter Haltung und drückt seine Erregung durch hastige Knixe aus. Stimme: der Balzruf ist ein langgezogenes „guhk", häufige Rufe: „kuitt" und erregt bellendes „kew". Öfter tagaktiv. Hat kurze, abgerundete Flügel; fliegt mit flatternden Flügelschlägen in Wellenlinie. Nicht seltener Brutvogel in offenem Gelände mit Baumbestand, oft in menschlichen Siedlungen. Brutzeit: IV.—V.; 1 Jahresbrut. Nest: ohne Unterlage in Mauer- und Baumhöhlen, auf Dachböden u. ä. Gelege: 4—6 rundliche, weiße Eier. Bebrütung 28 Tage, nur vom ♀. Nahrung: mäuseartige Nager, Insekten, wenig Vögel. Standvogel.

1
1 D
2
2
2 D
3
3 D
3

Sperlingskauz 1
Glaucidium passerinum
Pygmy Owl
Chouette chevêchette
Civetta nana
Mochuelo chico

Kleinste Eule, kaum starengroß; Bewohner tiefer Wälder. Flach ovales Gesicht, hellgelbe Augen, weiße „Augenbrauen". Kurzer beweglicher Schwanz, wird in Erregung wippend bewegt. ♂ = ♀ = Jugendkleid. Dunenkleid weiß. Fliegt wellenförmig, oft schon am hellen Tage; ist wenig scheu. Stimme: der einsilbige, wiederholte Ruf „gühg" erinnert an das Pfeifen eines Gimpels, außerdem Rufreihe „diü ü ü ü". Seltener Brutvogel in alten Fichtenwäldern der Gebirge. Brutzeit: IV.—V.; 1 Jahresbrut. Nest in Baumhöhlen (Spechthöhlen). Gelege: 4—6 weiße Eier. Brutdauer 28 Tage, nur das ♀ brütet. Jungenpflege etwa 6 Wochen. Das ♂ sorgt für die Beschaffung der Nahrung, die aus Kleinsäugern und Singvögeln besteht. Standvogel.

Zwergohreule 2
Otus scops
Scops Owl
Hibou petit-duc
Assiolo
Autillo

Fast amselgroß; graubraun mit rindenähnlicher Zeichnung, kurze, hörnchenartige Federohren, zitronengelbe Augen. ♂ = ♀ = Jugendkleid. Dunenkleid weiß. Nachtaktiv. Fliegt ziemlich schnell und gewandt, hat relativ lange Flügel und einen kurzen Schwanz. Stimme: ein andauernd vorgetragener, monotoner Balzruf „gju". Südeuropäischer Brutvogel offener Landschaften mit alten Bäumen, oft in Obstgärten in der Nähe menschlicher Siedlungen. Brutzeit: V.—VII.; 1 Jahresbrut. Nest in Baum- und Mauerhöhlen. Gelege: 3—5 weiße Eier. Nur das ♀ brütet 24—25 Tage lang und beide Eltern füttern die Jungen etwa 5 Wochen. Nahrung: vorwiegend größere Insekten, weniger Mäuse und Vögel. Zugvogel: IV. und VIII.—X.

Waldkauz 3
Strix aluco
Tawny Owl
Hulotte chat-huant
Allocco
Cárabo

Größer und kräftiger als Waldohreule. Großer, runder Kopf, Gesicht (Schleier) kreisrund, Augen braunschwarz, kurze, bis auf die Zehen befiederte Füße. Kommt in einer grauen und einer rostbraunen Farbvariante vor. ♂ = ♀ = Jugendkleid. Dunenkleid weiß. Nachtaktiv. Geräuschloser Flug; Flügel breit und abgerundet, Schwanz kurz. Stimme: heulender, zweiteiliger Balzruf „huu u-huhuhuhu", außerdem gellend „kuwik". Häufiger Waldvogel, der auch größere Parkanlagen bewohnt. Brutzeit: III.—IV.; 1—2 Jahresbruten. Nest meist in Baumhöhlen, gelegentlich in Gebäuden oder in Erdhöhlen. Gelege: 3—4 weiße, rundliche Eier, die vom ♀ allein während 28—30 Tagen bebrütet werden. Die Jungen bleiben etwa 4—5 Wochen auf dem Nest und werden nach dem Ausflug noch mindestens 3 Wochen von beiden Eltern mit Nahrung versorgt. Nahrung: vorwiegend Mäuse und andere kleine Säugetiere, viele Singvögel, größere Insekten. Standvogel.

1 juv
2 graue Form
1
2 braune Form
2 D
3 braune Form
3 graue Form
3 D

Habichtskauz 1
Strix uralensis
Ural Owl
Chouette de l'Oural
Gufo degli Urali
Cárabo uralense

Größer und langschwänziger als Waldkauz. Meist auffallend hell, es gibt aber eine dunkle, braune Farbvariante. Gesicht kreisrund, Augen schwarzbraun. ♂ = ♀ = Jugendkleid. Dunenkleid weiß. Im Flugbild sind die breiten, mittellangen Flügel sowie der ziemlich lange Schwanz kennzeichnend. Ist bereits vor Eintritt der Nacht aktiv. Stimme: ein wildes „hu-hauhauhau" und heiseres „kchräik". Seltener Brutvogel alter Waldbestände, besonders alter Buchenwälder und Mischwaldungen. Brutzeit: III.—V.; 1 Jahresbrut. Nest in Baumhöhlen, ohne Unterlage, manchmal in Greifvogelhorsten. Gelege: 3—4 weiße Eier. Brutpflege: nur das ♀ brütet 27—29 Tage. Die Jungen werden von beiden Eltern etwa 5 Wochen im Nest und nach dem Ausfliegen noch einige Wochen mit Nahrung versorgt. Nahrung: Mäuse, Vögel und Insekten. Standvogel.

Rauhfußkauz 2
Aegolius funereus
Tengmalm's Owl
Chouette de Tengmalm
Civetta capogrosso
Lechuza de Tengmalm

Wenig größer als Steinkauz, mit abgerundetem Kopf und kreisrundem Schleier. Sitzt meist in aufrechter Haltung, hat einen längeren Schwanz und lang befiederte Füße (vgl. den sonst ähnlichen Steinkauz). Auf dem Rücken große, helle Tropfenflecke. ♂ = ♀. Jugendkleid fast einfarbig kaffeebraun. Dunenkleid bräunlichweiß. Fliegt im Unterschied zum Steinkauz geradlinig und ist nur während der Nacht aktiv. Stimme: ein melodischer kollernder Ruf „huhuhuhuhuhu", an das Pfeifen einer Dampflokomotive erinnernd. Brutvogel in alten Waldbeständen, sowohl in Hügelland und Ebene, als auch hoch im Gebirge. Brutzeit: III.—V.; 1 Jahresbrut. Nest in Baumhöhlen (meist Schwarzspechthöhlen), ohne Unterlage. Gelege: 4—6 weiße Eier. Nur das ♀ brütet 26—27 Tage, die Jungen werden von beiden Alten 7—8 Wochen betreut. Nahrung: Kleinsäuger und Singvögel. Standvogel.

Sperbereule 3
Surnia ulula
Hawk Owl
Chouette épervière
Ulula
Lechuza gavilana

Etwas größer als Waldohreule. Das schwarz umrahmte, eckige Gesicht, der abgeflachte Kopf, die hellgelben Augen, der lange quergestreifte Schwanz und die Sperberung der Unterseite kennzeichnen die Eule eindeutig. ♂ = ♀. Jugendkleid insgesamt graubrauner mit fehlender Bänderung an den Unterschwanzdecken. Dunenkleid weiß. Hat im Fluge viel Ähnlichkeit mit Greifvögeln, besonders Sperber (langer Schwanz, kurze Flügel, Sperberzeichnung). Jagt bereits am Tage. Stimme: Balzruf eine monotone Rufreihe „huhuhuhuhu". Brutvogel der nordischen Taiga-Wälder; erscheint im Winter manchmal invasionsartig in Nord- und seltener in Mitteleuropa. Brutzeit: III.—IV. Nest: in Baumhöhlen (Spechthöhlen) und alten Greifvogelnestern. Gelege: 4—7 weiße Eier. Brutbiologie sehr wenig bekannt. Nahrung: Mäuse, Lemminge, Singvögel. Teilzieher; Wintervorkommen: X.—II.

1 D
2 juv
2
2
3
3

Ordnung: Kuckucksvögel - *Cuculiformes* **Familie: Kuckucke** - *Cuculidae*

Kuckuck 1
Cuculus canorus
Cuckoo
Coucou gris
Cuculo
Cuco

Turteltaubengroß. ♂ grau mit Querbänderung an der Bauchseite. ♀ unterseits braun, manchmal gänzlich rotbraun, mit quergebänderter Bauchseite. Jugendkleid auf der Oberseite rostweiß geschuppt. Das Nestjunge ist zuerst ohne Befiederung, nackt, mit dunkelvioletter Haut und orangerotem Rachen. Im Fluge einem kleineren Greifvogel (Sperber, Turmfalken) ähnlich, hat aber einen flacheren Flügelschlag. Stimme: melodischer Ruf des ♂ in Terz „kukuk", außerdem ein heiserer Treibruf „hachachach". ♀ ruft klangvoll kichernd „kwickkwickkwickkwick". Brutvogel in Wäldern aller Art, im Parkland und in Wiesen mit Baumgruppen. Brutschmarotzer, der etwa 15—20 sehr variable Eier einzeln in die Nester insektenfressender Singvögel ablegt. Brutzeit: V.—VII. Brutdauer $12^{1}/_{2}$ Tage. Nestlingsdauer 21—23 Tage; wird dann noch etwa 3 Wochen gefüttert. Nahrung: Insekten. Zugvogel: IV.—V. und VII.—VIII.

Ordnung: Ziegenmelker - *Caprimulgiformes* **Familie: Ziegenmelker** - *Caprimulgidae*

Ziegenmelker 2
Caprimulgus europaeus
Nightjar
Engoulevent d'Europe
Succiacapre
Chotacabras gris

Etwa amselgroß. Großer Kopf mit kurzem Schnabel und großen Augen. Ganz kurze Füße, rindenfarbige Gefiederzeichnung. ♂ mit weißen Flügelflecken und Schwanzecken, diese Abzeichen fehlen dem ♀. Jugendkleid wie ♀. Dunenkleid braungrau. Im Fluge sind die langen, schmalen Flügel und der lange Schwanz kennzeichnend. Sitzt tagsüber regungslos auf einem Ast längs angeschmiegt. Stimme: abends und nachts ein langer schnurrender Balzruf „örrrörrrörrr" usw., im Fluge lautes Flügelklatschen. Brutvogel in trockenen Nadelwäldern, auf Heideflächen, an Waldwegen und Waldrändern. Brutzeit V.—VII; 2 Jahresbruten. Gelege: 2 langgestreckte, braun marmorierte Eier, die ohne irgendwelche Nestunterlage auf den Boden abgelegt werden. Bebrütung durch beide Eltern 17—20 Tage. Nahrung: verschiedene nachts fliegende Insekten, besonders Nachtschmetterlinge. Zugvogel: IV. —V. und VIII.—IX.

Ordnung: Rackenvögel - *Coraciiformes* **Familie: Wiedehopfe** - *Upupidae*

Wiedehopf 3
Upupa epops
Hoopoe
Huppe puput
Upupa
Abubilla

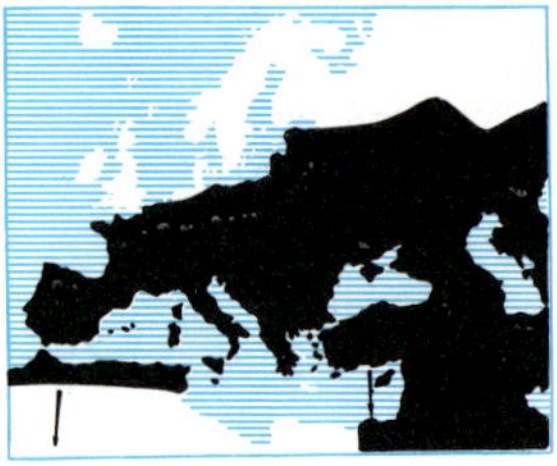

Größer als Amsel. Das orangebraune, schwarz-weiß gescheckte Gefieder, der dünne und lange, gebogene Schnabel und der aufrichtbare Federfächer am Scheitel machen den Vogel unverkennbar. ♂ = ♀ = Jugendkleid. Dunenkleid grauweiß. Fliegt schmetterlingsartig gaukelnd, wirkt sehr bunt. Stimme: Balzruf dreisilbig „hupupup"; Treibruf ein heiseres „chärrr". Brutvogel im offenen Gelände in der Nähe von Viehweiden und in Wiesen mit Kopfweiden. Brutzeit: V.—VII.; 1—2 Jahresbruten. Nest in verschiedenen Höhlen, wenig ausgepolstert; meist Baum- und Mauerhöhlen, in Stein- und Reisighaufen, manchmal unter Hausdächern. Gelege: 6—7 graue, fein punktierte Eier. Bebrütung durch ♀ 16 Tage. Nestlingsdauer etwa 4 Wochen, die ausgeflogenen Jungen werden von beiden Eltern noch etwa 1 Woche gefüttert. Nahrung: Insekten, besonders Maulwurfsgrillen. Zugvogel: IV. und IX.—X.

1 ♂
1 ♀ braune Phase
1
2
2 ♂
3
3

Alpensegler 1
Apus melba
Alpine Swift
Martinet alpin
Rondone alpino
Vencejo real

Bedeutend größer als Mauersegler. Graubraun mit braunem Brustband, Kehle und Bauch weiß. ♂ = ♀. Jugendkleid mit hellen Federsäumen. Nestjunge anfangs gefiederlos. Reißender, gewandter Flug, lange und schmale, sichelförmige Flügel, kurzer Gabelschwanz. Stimme: ein lauter trillernder Flugruf „dürrdürrdürr". Südeuropäischer Brutvogel in felsigen Gebirgen oder unter den Dächern hoher Stadtgebäude. Brutzeit: V.—VI.; 1 Jahresbrut. Nest: ein flaches Häufchen verklebter Stroh- und Halmstücke mit einigen Federn; unter Hausdächern oder in Felsspalten. Brütet kolonienweise. Gelege: 2—3 weiße Eier. Bebrütung überwiegend durch das ♀ 20 Tage. Beide Eltern füttern 45—50 Tage lang. Nahrung: fliegende Insekten. Zugvogel: III.—IV. und VIII.—IX.

Mauersegler 2
Apus apus
Swift
Martinet noir
Rondone
Vencejo común

Schwarzer, schwalbenähnlicher Vogel mit schmalen, sichelförmigen Flügeln und mit auffällig schnellem Schwirrflug. Kreist gewöhnlich in Trupps um Kirchtürme und andere hohe Gebäude herum. Kann sich, an den kurzen Klammerfüßen hängend, an senkrechten Mauern festhalten. ♂ = ♀. Jugendkleid mit hellen Federsäumen am Kopf und Rücken. Dunenkleid fehlt. Stimme: ein durchdringender und schriller Schrei „srieh srieh", langgezogen und meist vielstimmig. Weit verbreiteter Brutvogel in menschlichen Siedlungen. Brutzeit: V.—VI.; 1 Jahresbrut. Nest: ein Häufchen zusammengeklebter Halme, Haare und Federn in finsteren Ecken auf den Dachböden hoher Gebäude. Brütet gesellig. Gelege: 2 weiße Eier, die von beiden Eltern 18—20 Tage bebrütet werden. Die Jungen werden bis zu 50 Tage lang gefüttert. Nahrung: allerlei freifliegende Insekten. Zugvogel: V. und VIII.

Ordnung: Rackenvögel - *Coraciiformes* **Familie: Racken** - *Coraciidae*

Blauracke 3
Coracias garrulus
Roller
Rollier d'Europe
Ghiandaia marina
Carraca

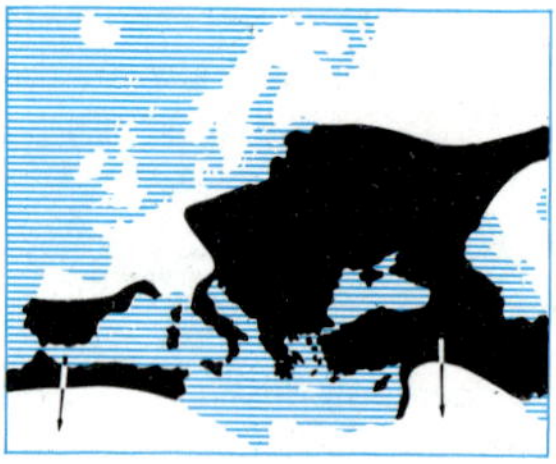

Etwa dohlengroß; ungewöhnlich bunt, azurblau mit rotbraunem Rücken. Kräftiger Schnabel, mittellanger, gerade abgestutzter Schwanz, ziemlich kurze Beine. Flugweise dohlenartig; ♂ mit gaukelndem Balzflug. Benutzt erhöhte Sitzplätze, etwa Leitungsmasten oder Getreidepuppen zur Jagd auf Insekten. ♂ = ♀. Jugendkleid: anstatt blau grünbräunlich. Dunenkleid fehlt. Stimme: rauhe Rufe „rack rack rack" u. ä. Seltener und verstreut vorkommender Brutvogel, häufiger und dann oft in Kolonien brütend nur in Ost- und Südeuropa. Brutzeit: V.—VII.; 1 Jahresbrut. Nest: in Baumhöhlen (meist Schwarzspechthöhlen), die mit wenigem Pflanzenmaterial und einigen Federn ausgelegt werden. Gelege: 4—5 weiße Eier. Brutdauer 19 Tage. Die Jungen werden bis 30 Tage im Nest von beiden Eltern gefüttert. Nahrung: vorwiegend größere Insekten, weniger Mäuse und Eidechsen. Zugvogel: IV.—V. und VIII.—IX.

2 juv
2
2
1
3 juv
3

Ordnung: Rackenvögel - *Coraciiformes* **Familie: Eisvögel** - *Alcedinidae*

Eisvogel 1
Alcedo atthis
Kingfisher
Martin-pêcheur
Martin pescatore
Martín pescador

Reichlich spatzengroß. Großer Kopf mit dolchartigem Schnabel. Kurzer Schwanz. Oberseits schillernd blaugrün, unterseits rostbraun. In Gestalt und bunter Färbung unverkennbar. ♂ = ♀ = Jugendkleid. Dunenkleid fehlt. Fliegt mit schwirrenden Flügelschlägen in schnellem Flug niedrig über dem Wasser und läßt dabei regelmäßig seine Stimme, ein energisches „tieht tieht" hören. Verbreiteter, aber nicht häufiger Brutvogel an sauberen Flüssen, Bächen und Seen. Brutzeit: IV.—VII.; 2 Jahresbruten. Nest in einer selbstgegrabenen, horizontalen Erdröhre in lehmigen oder sandigen Steilufern. Gelege: 6—7 kugelförmige Eier. Bebrütung: 21 Tage; beide Eltern brüten und füttern die Jungen etwa 25 Tage im Nest und nur wenige Tage nach dem Ausfliegen. Nahrung: vorwiegend kleine Fische, außerdem Wasserinsekten. Die Beute wird im Stoßtauchen gefangen. Teilzieher ohne regelmäßige Zugzeit.

Ordnung: Rackenvögel - *Coraciiformes* **Familie: Bienenfresser** - *Meropidae*

Bienenfresser 2
Merops apiaster
Bee-eater
Guêpier d'Europe
Gruccione
Aberajuco común

Etwa drosselgroß. Sehr bunt: blaue Unterseite, Kehle gelb, Rücken kastanienbraun und gelb. Spitzer, kopflanger und schlanker Schnabel; verlängerte, spitze Schwanzfedern. Flug schwalbenartig mit oft eingeschaltetem Gleitflug. ♂ = ♀. Jugendkleid ohne Schwanzspieße. Dunenkleid nicht entwickelt. Stimme: im Flug ständig wiederholtes „prürrr". Südeuropäischer Brutvogel, der manchmal in größeren Kolonien nistet. Brutzeit: VI.—VII.; 1 Jahresbrut. Nest in selbstgegrabenen, horizontalen Niströhren in Steilufern, Sandgruben u. ä. Gelege: 5—6 weiße, kugelförmige Eier. Bebrütung etwa 20 Tage; ♂ und ♀ brüten und füttern die Jungen 20—25 Tage in der Nesthöhle und noch einige Tage im Freien. Nahrung: fliegende Insekten, besonders Hautflügler, Schmetterlinge und Libellen. Zugvogel: V. und VIII.—IX.

Ordnung: Spechtvögel - *Piciformes*

Familie: Spechte - *Picidae*

Wendehals 3
Jynx torquilla
Wryneck
Torcol foumilier
Torcicollo
Torcecuello

Sperlingsgroß; rindenfarbene Zeichnung ohne kontrastreiche Färbung. Schwacher Schnabel, kein Stützschwanz. Füße mit 2 Zehen nach vorne und 2 nach hinten (Kletterfuß), klammert sich jedoch nicht an senkrechte Baumstämme. ♂ = ♀ = Jugendkleid. Dunenkleid: fehlt. Stimme: eine Reihe von 8—12 gezogenen und ansteigenden „gäh gäh gäh"-Rufen. Verbreiteter Brutvogel in offenen Landschaften mit Baumgruppen und Obstgärten. Brutzeit: V.—VI.; 1 Jahresbrut. Nest in Baumhöhlen, die im Gegensatz zu den Spechten nicht selbst gezimmert werden. Gelege: 7—10 weiße Eier, werden von beiden Eltern 13—14 Tage bebrütet. Die Jungen verbleiben etwa 25 Tage in der Nesthöhle. Nahrung: vorwiegend Ameisen und ihre Larven, weniger andere Insekten. Zugvogel: IV.—V. und VIII.—IX.

1
1
2
3

Schwarzspecht 1
Dryocopus martius
Black Woodpecker
Pic noir
Picchio nero
Pito negro

Krähengroß. Einfarbig schwarz mit dunkelrotem Scheitel (♂) oder nur Hinterkopf (♀). Jugendkleid mehr bräunlichschwarz. Dunenkleid nicht entwickelt. Fliegt geradlinig, also nicht im Wellenflug wie die anderen Spechte. Stimme: ein weit schallendes Krähen „kliäh" und anschließendes „krikrikrikri", außerdem im Flug oft ein klangvolles „kwih kwih kwih". Trommelt kräftig in langsamer und langer Wirbelreihe. Verbreiteter Brutvogel in großen Waldgebieten mit alten Baumbeständen. Brutzeit: IV.—V.; 1 Jahresbrut. Nest in einer selbstgezimmerten tiefen Baumhöhle mit ovalem Einflugloch. Gelege: 4—5 weiße Eier. Beide Eltern brüten 12—14 Tage und füttern die Jungen rund 25 Tage in der Nesthöhle und noch einige Tage im Freien. Nahrung: verschiedene im Holz lebende Käferlarven und Ameisen. Standvogel.

Grünspecht 2
Picus viridis
Green Woodpecker
Pic vert
Picchio verde
Pito real

Taubengroß; überwiegend olivgrün. Roter Scheitel. Im Fluge leuchtend gelber Bürzel und gegittert aussehende Schwingen. Das ♂ hat einen roten Bartstreif, das ♀ einen schwarzen. Die Jungvögel sind an der mattroten Kopfkappe und der fleckigen Unterseite zu erkennen. Dunenkleid fehlt. Fliegt in Wellenlinien. Hält sich meistens an Baumstämmen auf, sucht aber manchmal am Boden nach Nahrung. Stimme: der Balzruf ist ein lautes, schallendes Lachen „glückglückglückglück". Häufiger Brutvogel in lichten Wäldern, Baumgruppen, Parks und Obstgärten. Brutzeit: IV.—V.; 1 Jahresbrut. Nest: eine selbstgezimmerte Baumhöhle mit ungefähr kreisrundem Einflugloch. Gelege: 5—7 weiße Eier. Beide Eltern brüten 15—17 Tage und füttern die Jungen etwa 20 Tage im Nest; sie führen sie dann noch etwa 14 Tage. Nahrung: vorwiegend Ameisen und deren Brut, weniger andere Insekten. Standvogel.

Grauspecht 3
Picus canus
Grey-headed Woodpecker
Pic cendré
Picchio cenerino
Pito cano

Kleiner als Grünspecht; graugrün mit schiefergrauem Hals und Kopf, nur das ♂ besitzt einen leuchtend roten Stirnfleck. Jugendkleid am Bauch und Schwanz gefleckt. Dunenkleid: nicht entwickelt. Flugbild ähnlich wie Grünspecht. Stimme: die lachende Tonreihe ist langsamer und schleppender als beim Grünspecht, oft nur aus 3—4 Tönen bestehend. Zerstreut vorkommender Brutvogel im Hügel- und Bergland; bevorzugt Parkland, Obstgärten und offenes Gelände. Brutzeit: V.—VI.; 1 Jahresbrut. Nest, Gelege und Brutverhalten stimmen weitgehend mit Grünspecht überein. Nahrung: besonders Ameisen, außerdem andere Insekten. Standvogel.

1 ♂
1 ♀
1 ♂
2 ♀
2 ♂
2 juv
3 ♂
3 ♀
2 ♂

Buntspecht 1
Dendrocopos major
Greater Spotted Woodpecker
Pic épeiche
Picchio rosso maggiore
Pico picapinos

Starengroßer Klettervogel mit gescheckten schwarzweißem Gefiedermuster. Kennzeichnend sind der kräftige, schwarze Bartstreif, der sich bis zum Genick ohne Unterbrechung fortsetzt, sowie die intensiv roten Unterschwanzdecken, die gegen das weißliche Bauchgefieder scharf abgegrenzt sind. ♂ mit rotem Genick, ♀ mit schwarzem Scheitel und Nacken. Jugendkleid: mit rotem Oberkopf. Dunenkleid fehlt. Fliegt in langen Wellen. Stimme: ruft am häufigsten ein lautes und hartes „kix", bei Erregung werden die Rufe zu „gigigigigi" gereiht. Trommelt regelmäßig. Brutvogel in Wäldern aller Art und in Parks. Brutzeit: V.—VI.; 1 Jahresbrut. Nest: eine selbstgemeißelte Baumhöhle mit kreisrundem Einschlupfloch. Gelege: 5—7 weiße Eier; beide Eltern brüten 12—13 Tage und füttern die Nestlinge etwa 3 Wochen und noch kurze Zeit nach dem Ausfliegen. Nahrung: holzbewohnende Insekten, Nadelholzsamen, Obst und Beeren. Teilzieher und Standvogel.

Blutspecht 2
Dendrocopos syriacus
Syrian Woodpecker
Pic syriaque
Picchio siriaco
Pico sirio

Dem Buntspecht sehr ähnlich, aber der schwarze Querstreif am unteren Wangenrand fehlt, und die unteren Schwanzdecken sind heller rot. ♂ mit rotem Nackenfleck, ♀ ohne solchen. Im Jugendkleid mit roter Kopfkappe und öfters mit roten Brustfedern. Dunenkleid fehlt. Stimme: ruft weicher als Buntspecht, „tschik" und „kirruk". Südeuropäischer Brutvogel; ist in den letzten Jahren nach Mitteleuropa vorgerückt und brütet dort sehr vereinzelt. Bewohnt offenes Gelände, besonders Obstgärten und Baumalleen. Brutzeit: V.—VI.; 1 Jahresbrut. Nest: in selbstgezimmerten Baumhöhlen mit kreisförmigem Eingangsloch. Gelege: 4—5 weiße Eier. Beide Eltern brüten 14—15 Tage und füttern 17—21 Tage die Nestjungen weit mehr mit Beeren, Obst und Nüssen als mit Insekten. Standvogel.

Mittelspecht 3
Dendrocopos medius
Middle Spotted Woodpecker
Pic mar
Piccio rosso mezzano
Pico mediano

Wenig kleiner als Buntspecht. Bei ♂, ♀ und Jungvögeln ganzer Scheitel rot und gegen die Wangen nicht schwarz begrenzt (Unterschied gegenüber Bunt- und Blutspecht). Die Unterschwanzdecken sind hellrosa, gegen den weißlichen Bauch nicht scharf begrenzt. Körperunterseiten mit einzelnen schwarzen Längsstrichen, die besonders im Jugendkleid stärker sind. Schnabel schwach. Dunenkleid fehlt. Stimme: Lockruf ein weich klingendes „kük" oder „djük", im Frühling ein heiser klingendes quäkendes Geschrei von 6—9 gereihten „gäh"-Rufen. Trommelt selten. Vereinzelt Brutvogel in Laubwäldern. Brutzeit: IV.—VI.; 1 Jahresbrut. Nest: eine selbstgemeißelte Baumhöhle mit kreisrundem Flugloch. Gelege: 5—6 weiße Eier. Brutdauer: 12 Tage. Fütterungsdauer: mindestens 14 Tage in der Bruthöhle und etwa 1 Woche nach dem Ausflug. Die Brutpflege wird von beiden Eltern besorgt. Nahrung: holzbewohnende Käfer, Ameisen, Fichtensamen. Standvogel.

1 ♂
1 juv
1 ♀
1 ♂
2 ♂
3 ♀
3 ♂

Weißrückenspecht 1
Dendrocopos leucotos
White-backed Woodpecker
Pic à dos blanc
Picchio dorsobianco
Pico dorsiblanco

Größer und schlanker als Buntspecht; längerer, schlanker Schnabel. Hat keine weißen Schulterfelder, ist aber durch den weißen Hinterrücken und Bürzel gekennzeichnet (Unterschied zum Bunt-, Blut- und Mittelspecht). ♂ mit rotem Oberkopf, ♀ mit schwarzem Scheitel. Unterschwanzdecken rot, ohne scharfe Begrenzung gegenüber der weißen Unterseite. Jugendkleid nur mit wenig Rot an Kopf und Bauch. Dunenkleid: nicht entwickelt. Stimme: Lockruf „kjück", weicher als Buntspecht; ♂ und ♀ trommeln. Brutvogel in alten Baumbeständen großer Laub- und Mischwälder, besonders in Gebirgslagen. Brutzeit: IV.—V.; 1 Jahresbrut. Nest: selbstgezimmerte große Baumhöhle. Gelege: 4—5 weiße Eier. Nestlingsdauer 27—28 Tage. Beide Eltern brüten und füttern. Nahrung: holzbewohnende Käferlarven und Ameisen. Standvogel.

Kleinspecht 2
Dendrocopos minor
Lesser Spotted Woodpecker
Pic épeichette
Picchio rosso minore
Pico menor

Spatzengroß; kontrastreiche Schwarzweißzeichnung, die weißen Schulterflecke fehlen, aber die gesamte Rückenseite ist kräftig weiß quergebändert. ♂ mit rotem Scheitel, ♀ ohne Rot. Unterseite weiß, ohne rotes Bauchgefieder. Jugendkleid auf der Unterseite bräunlich und an den Körperseiten gestreift. Dunenkleid: nicht entwickelt. Stimme: helle Rufreihen „kikikikikiki"; trommelt oft. Verbreiteter Brutvogel der Ebenen, in offenem Gelände mit Baumgruppen, Alleen, Obstgärten. Brutzeit: IV.—V.; 1 Jahresbrut. Nest: eine selbstgezimmerte Baumhöhle mit kreisrundem Einflugloch. Gelege: 5—6 weiße Eier. Beide Eltern brüten 11 Tage und füttern die Jungen etwa 20 Tage im Nest und dann noch etwa 10 Tage freifliegend. Nahrung: meist Käfer und ihre Larven, weniger Ameisen, im Winter auch Sämereien. Standvogel.

Dreizehenspecht 3
Picoïdes tridactylus
Three-toed Woodpecker
Pic tridactyle
Picchio tridattilo
Pico tridáctilo

Etwas kleiner als Buntspecht, ohne Rot, breite schwarze Wangenstreifen. Der ganze Rücken ist weiß mit einigen schwarzen Flecken, weiße Schulterfelder fehlen, die Körperseiten sind kräftig schwarz gebändert. ♂ mit zitronengelbem Oberkopf, das ♀ hat einen grauen Scheitel. Jugendkleid: insgesamt grauer und mit stärkerer Fleckung des weißen Rückens. Dunenkleid fehlt. Stimme: Lockruf ein kurzes „ügg" oder „kjök"; langsames Trommeln. Brutvogel in alten Gebirgswäldern, im Norden auch in den Ebenen. Brutzeit: V.—VI.; 1 Jahresbrut. Nest: eine selbstgemeißelte Baumhöhle mit kreisrundem Flugloch; in Nadelbäumen. Gelege: 3—4 weiße Eier. Beide Eltern brüten und füttern, aber Brutdauer und Nestlingsdauer sind noch nicht bekannt. Nahrung: besonders Käfer, Schmetterlinge und Ameisen. Standvogel.

1 ♀
1 ♂
1 ♂
2 ♂
2 ♂
2 ♀
3 ♀
3 ♂
3 ♂

Feldlerche 1
Alauda arvensis
Skylark
Alouette des champs
Lodola
Alondra común

Größer und kräftiger als Sperling; erdbraun mit schwarzen Längsstreifen. Die äußersten Schwanzfedern sind weiß. Scheitelfedern zeitweise gesträubt. Läuft auf dem Boden und drückt sich bei Gefahr. ♂ = ♀. Jugendkleid: etwas dunkler und auf dem Rücken mit weißlichen Federspitzen. Dunenkleid: mit spärlichen, langen strohgelben Dunenfedern. Stimme: der Balzgesang wird im hohen, flatternden Flug oft minutenlang vorgetragen; der Lockruf ist ein vibrierendes „trlie". Häufiger Brutvogel in der Kultursteppe: auf Feldern, Wiesen, vereinzelt auch auf breiten Bergrücken. Brutzeit: IV.—VII.; 2 Jahresbruten. Nest: in einer Bodenvertiefung aus Grashalmen und Wurzeln locker verwebt. Gelege: 3—5 graugelbe Eier mit dichten und feinen braunen Flecken. Bebrütung durch das ♀ 12—14 Tage; die Jungen verlassen das Nest, bevor sie flugfähig sind; beide Eltern füttern. Nahrung: Sämereien, grüne Pflanzenteile und Insekten. Teilzieher; II. und IX.—X.

Heidelerche 2
Lullula arborea
Wood Lark
Alouette lulu
Tottavilla
Totovía

Kleiner als Feldlerche, kurzer Schwanz, äußerste Steuerfedern braun mit helleren Spitzen. Helle, bis in das Genick reichende Augenstreifen. ♂ = ♀. Jugendkleid: mit schuppiger Federzeichnung auf dem Rücken. Dunenkleid: wie Feldlerche. Stimme: der weich klingende, trillernde und lullende Gesang wird im Fluge vorgetragen und besteht aus kurzen, etwas absteigenden Tonreihen „lülülülülülü, didlie didlie didlie" u. ä.; Lockruf: „didloi". Singt öfters auch in hellen Nächten. Brutvogel auf Ödflächen mit schütteren Waldbeständen und in Heidegebieten. Im Winter auf Feldern. Brutzeit: IV.—VI.; meist 2 Jahresbruten. Nest aus Halmen, Wurzeln und Moos in einer Bodenmulde. Gelege: 3—5 weißliche, mit feinen braunen Flecken dicht besäte Eier. Bebrütung: vom ♀ 13—15 Tage; die Jungen werden von beiden Eltern 12—15 Tage im Nest gefüttert. Nahrung: Insekten und Sämereien. Teilzieher: II.—III. und IX.—X.

Haubenlerche 3
Galerida cristata
Crested Lark
Cochevis huppé
Capellaccia
Cogujada común

Feldlerchengroß, ziemlich hell, spitzer Federschopf, kurzer Schwanz mit hellbraunen äußeren Steuerfedern. ♂ = ♀. Jugendkleid auf dem Rücken mehr gefleckt. Das Dunenkleid besteht aus spärlichen, langen, weißlich gefärbten Dunenfedern. Stimme: der Lockruf „trüdritrieh" bildet auch das Hauptmotiv im Gesang, der oft vom Boden und manchmal im Fluge ertönt. Verbreiteter Brutvogel auf Ruderalflächen, an den Stadträndern, auf Gleisanlagen, Bau- und Übungsplätzen u. ä. Brutzeit: IV.—VI; 2 Jahresbruten. Nest: in einer Bodenvertiefung kunstlos aus Halmen und Würzelchen zusammengefügt. Gelege: 3—5 feingefleckte Eier, die denen der Feldlerche sehr ähnlich sind. Brutpflege und Nahrung wie Feldlerche. Standvogel.

1
1
1 juv
2
2 juv
2
3
3
3 juv

Kurzzehenlerche 1
Calandrella brachydactyla
Short-toed Lark
Alouette calandrelle
Calandrella
Terrera común

Viel kleiner als Feldlerche. Ungefleckte weißliche Unterseite und ziemlich helle, gelblich braune, kräftig gestreifte Oberseite. Kurzer Schwanz mit weißlichen äußeren Steuerfedern. ♂ = ♀. Jugendkleid am mehr gefleckten Rücken kenntlich. Dunenkleid hellbraun. Stimme: Lockruf „tschirrp"; singt fliegend „zitsiwie ziwitscho"-Motive, die dauernd wiederholt werden. Fliegt wellenförmig in Bodennähe. Brutvogel in öden, sandigen Gebieten und auf dürren oder brachliegenden Feldern im Mittelmeergebiet. Brutzeit: IV.—VII.; 2 Jahresbruten. Das Nest wird aus Grashalmen und feinen Wurzelteilen in eine Bodenvertiefung eingebaut. Gelege: 3—5 bräunlich gelbe, sehr fein gefleckte Eier. Bebrütung: nur durch das ♀ 13 Tage. Die Jungen werden von beiden Eltern gefüttert. Nahrung: Sämereien, kleine Käfer und andere Insekten. Zugvogel: III.—IV. und X.—XI.

Ohrenlerche 2
Eremophila alpestris
Shore Lark
Alouette hausse-col
Lodola golagialla
Alondra cornuta

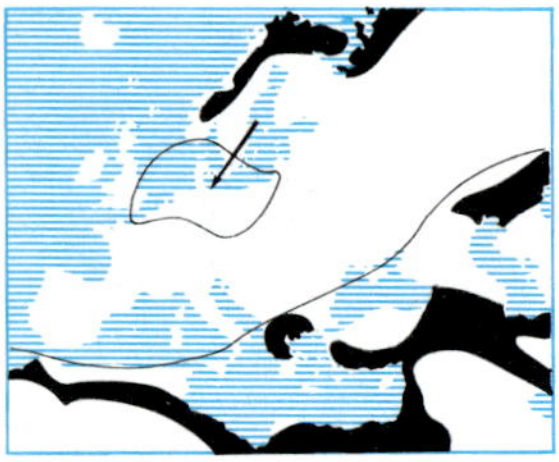

Knapp feldlerchengroß. Kontrastreiche Kopfzeichnung, schwarz und hellgelb, am Kropf ein schwarzes Querband. Oberseite braun, fein gefleckt. ♂ mit kurzen, spitzen Federohren, ♀ und Jugendkleid mit unscharfer Kopfzeichnung. Bodenvogel, läuft ziemlich schnell. Stimme: metallisch klingender Lockruf „dididü"; Gesang wohlklingend, meist im Sitzen, seltener im Fluge vorgetragen. Brütet in der Tundra und auf tundraartigen Bergrücken; im Winter an den Seeküsten und selten im Binnenlande auf Stoppelfeldern und Brachland. Brutzeit: VI.—VII.; 1—2 Jahresbruten. Nest: am Boden unter Grasbüscheln, aus Grashalmen und mit Pflanzenwolle und Tierhaaren weich ausgepolstert. Gelege: 4 Eier, ähnlich denen der Feldlerche. Brutdauer: etwa 12 Tage; Nestlingsdauer: 10—12 Tage, beide Eltern füttern. Nahrung: Samen verschiedener Bodenpflanzen und Insekten. Zugvogel und Teilzieher: III.—V. und X.—XI.

Ordnung: Sperlingsvögel - *Passeriformes* **Familie: Schwalben** - *Hirundinidae*

Rauchschwalbe 3
Hirundo rustica
Swallow
Hirondelle de cheminée
Rondine
Golondrina común

Allgemein bekannte Schwalbengestalt mit langer Schwanzgabel, rostbrauner Kehle und einheitlich dunkelblauer, glänzender Oberseite. Die Schwanzfedern haben weiße Flecke vor den Spitzen (s. Rötelschwalbe). ♂ unterscheidet sich vom ♀ durch längere Schwanzspieße. Jugendkleid: matt gefärbte Oberseite und Kehle. Das Dunenkleid besteht aus wenigen langen und grauen Dunenfedern. Stimme: der Gesang ist ein hastiges Gezwitscher aus vielen Tönen und einigen schnurrenden Teilen; Lockruf: „witt-witt". Häufiger Brutvogel im besiedelten Kulturland. Brutzeit: V.—VIII.; 2—3 Jahresbruten. Nest schalenförmig, aus lehmigen Erdklümpchen mit Speichel zusammengeklebt und mit Halmen und Federn ausgepolstert. Wird in Innenräumen gebaut. Gelege: 4—5 weiße, braunrot gefleckte Eier. Bebrütung durch das ♀ 14—17 Tage. Beide Eltern füttern 20—22 Tage. Nahrung: fliegende Insekten. Zugvogel: IV. und IX.—X.

1
2
2 juv
3
3 juv
3

Mehlschwalbe 1
Delichon urbica
House Martin
Hirondelle de fenêtre
Balestruccio
Avión común

Kleiner als Rauchschwalbe; kurze Schwanzgabel, reinweiße Unterseite und kontrastierender weißer Bürzel. ♂ = ♀. Jugendkleid auf der Oberseite bräunlich und mit weißen Spitzen der inneren Armschwingen. Dunenkleid aus spärlichen, langen, grauweißen Dunenfedern. Stimme: Lockruf: „tsrr“ oder „tschrr“; der Gesang ist leise schwatzend. Brutvogel im besiedelten Kulturland; nistet häufig kolonieweise an den Außenseiten von Gebäuden; selten an Felsen, Betonbrücken u. ä. abseits menschlicher Siedlungen. Brutzeit: V.—VIII.; 2 Jahresbruten. Nest: aus Erdklumpen zusammengekittet und innen mit Halmen und Federn ausgepolstert; hat eine geschlossene, halbkugelige Form mit kleinem Einschlupfloch. Gelege: 4—5 reinweiße Eier. Bebrütung durch ♂ und ♀ dauert 13 Tage, beide Eltern füttern die Jungen 18—22 Tage. Nahrung: Insekten. Zugvogel: IV.—V. und IX.

Felsenschwalbe 2
Ptyonoprogne rupestris
Crag Martin
Hirondelle de rochers
Rondine montana
Avión roquero

So groß wie Mehlschwalbe; oberseits braun, Schwanz gerade abgestutzt mit einer Reihe weißer Flecken in der Endhälfte. Hat auf der schmutzigweißen Unterseite kein Brustband. ♂ = ♀. Jugendkleid: oberseits geschuppt, unterseits fahlbraun. Stimme: „tschrri“ oder „trt trt“. Brutzeit: V.—VII.; 2 Jahresbruten. Stellenweiser Brutvogel in felsigen Talschluchten; brütet gesellig. Nest: rauchschwalbenähnlich, an überhängenden Steilfelsen in Felsspalten und Nischen. Gelege: 4—5 weiße, rostbraun gefleckte Eier. Brutdauer: 14—15 Tage; Nestlingsdauer 25—26 Tage, beide Eltern füttern. Nahrung: Insekten, darunter auch Schmetterlinge. Zugvogel: III. und IX.—X.

Uferschwalbe 3
Riparia riparia
Sand Martin
Hirondelle de rivage
Topino
Avión zapador

Klein, braun gefärbt, ohne hellen Bürzel, mit braunem Brustband und wenig gegabeltem Schwanz. ♂ = ♀. Jugendkleid mit hellen Federsäumen und rostbräunlicher Kehle. Dunenkleid blaßgrau. Stimme: Lockrufe leise „gräh gräh“ und ein rauhes „tschrrip“ oder „dschrr“. Brütet kolonieweise in Sandgruben und an steilen, sandigen Flußufern. Brutzeit: V.—VII.; 2 Jahresbruten. Nest: am Ende einer langen, selbstgegrabenen, horizontalen Röhre aus Halmen, Fasern und Federn. Gelege: 4—6 einfarbig weiße Eier, die von beiden Eltern 12—16 Tage lang bebrütet werden. Die Jungen werden ebenfalls von beiden Altvögeln gefüttert und verlassen die Niströhre im Alter von etwa 20 Tagen. Nahrung: wie Rauchschwalbe. Zugvogel: IV.—V. und VIII.—IX.

1
2
3

Rötelschwalbe 1
Hirundo daurica
Red-rumped Swallow
Hirondelle rousseline
Rondine rossiccia
Golondrina dáurica

In Größe und Form der Rauchschwalbe ähnlich, aber mit rostgelbem Bürzel und rostgelbem Nackenband und unterseits rahmgelb gefärbt. Schwanzfedern ohne weiße Flecke (s. Rauchschwalbe). ♂ = ♀. Jugendkleid brauner und matter. Stimme: der Flugruf klingt wie „quitsch", der Warnruf „kier". Brutvogel in offenen Landschaften mit felsigem Gelände, auch Stadtbewohner. Brutzeit: IV.—VII.; 1—2 Jahresbruten. Nest: aus lehmiger Erde gebaut, gänzlich verschlossen, mit röhrenförmigem Einschlupf, an Felsen oder Gebäuden. Gelege: 4—5 reinweiße Eier. Bebrütungsdauer: etwa 14 Tage; beide Eltern füttern. Nahrung: kleine, freifliegende Insekten. Zugvogel: IV. und IX.—X.

Ordnung: Sperlingsvögel - *Passeriformes* **Familie: Stelzen** - *Motacillidae*

Schafstelze 2
(Mitteleuropäische)
Motacilla flava
Blue-headed Wagtail
Bergeronnette printanière
Cutrettola gialla
Lavandera boyera

Etwa spatzengroß, schlank. ♀ mit weißlicher anstatt gelber Kehle. Jugendkleid mit braunen Flecken an der Kehle. Dunenkleid: lange, hellbraune Dunenfedern. Läuft mit zierlichen Schritten und wippt mit dem Schwanz. Fliegt in langen Wellenlinien. Stimme: kräftig „psieb" oder „srieh". Verbreiteter Brutvogel in der Tiefebene. Brutzeit: V.—VII.; 1 Jahresbrut. Nest: auf dem Boden. Gelege: 4—6 weißliche, dicht graubraun gewölkte Eier. Bebrütung: vom ♀ 13 Tage. Nestlingsdauer: 11—12 Tage; beide Eltern füttern. Nahrung: Insekten. Zugvogel: IV. und VIII. bis IX. Die verschiedenen Unterarten sind auch im Freien unterscheidbar: A. Englische Schafstelze *(M. flava flavissima)*: gelber Scheitel; Großbritannien. B. Aschköpfige Schafstelze *(M.f. cinereocapilla)*: grauer Kopf, weiße Kehle; Italien. C. Nordische Schafstelze *(M.f. thunbergi)*: dunkelgrauer Scheitel und schwarze Ohrdecken; Skandinavien. D. Maskenstelze *(M.f. feldegg)*: schwarzer Kopf; Balkanländer.

Gebirgsstelze 3
Motacilla cinerea
Grey Wagtail
Bergeronnette des ruisseaux
Ballerina gialla
Lavandera cascadeña

So groß wie Bachstelze, unterseits schwefelgelb. Von der Schafstelze durch aschgrauen Rücken und deutlich längeren Schwanz unterschieden; außerdem ist der Lebensraum völlig verschieden. ♂ im Brutkleid mit schwarzer Kehle, im Winterkleid so wie das ♀ mit weißer Kehle. Jugendkleid oberseits braungrau, Brust bräunlichgelb. Dunenkleid goldbraun. Wippt mit dem langen Schwanz, fliegt in flachem Wellenflug. Stimme: hartes „zitt zitt", oder „zezeze" und „sisiht". Brutvogel an schnell fließenden Bächen, an Teichausflüssen, Wassermühlen; stets in Wassernähe. Brutzeit: IV.—VII; 2 Jahresbruten. Nest: ein aus Halmen, Würzelchen und Blattstücken zusammengefügter Haufen, mit Tierhaaren ausgepolstert, meist in Halbhöhlen. Gelege: 4—6 gelbliche, fein rotbraun gewölkte und dicht punktierte Eier. Beide Eltern brüten 12—14 Tage und füttern 12—13 Tage. Nahrung: Insekten. Teilzieher; Zug: III. und X.

1
M. f. flava
M. f. flavissima
M. f. cinereocapilla
M. f. thunbergi
2 ♂
M. f. feldegg
2 juv
3 ♂ So
3 juv

Bachstelze 1
Motacilla alba
White Wagtail
Lavandière grise
Ballerina bianca
Lavandera blanca común

Allbekannte Vogelart mit kontrastreicher schwarzweißer Zeichnung. ♂ im Winterkleid mit weißer, anstatt schwarzer Kehle. ♀: schwarze Kopfzeichnung mit grauen Federn untermischt. Jugendkleid: Oberseite bräunlich grau, dunkelbraunes Kropfband. Dunenkleid: rauchgrau. In Großbritannien brütet die Trauerbachstelze *(1a—M. alba yarrellii)*, die durch einen schwarzen Rücken gekennzeichnet ist. Stimme: „zilipp, ziewitt", erregt „zissis"; im Gesang werden diese Rufe in einem halblauten Gezwitscher vermischt. Fliegt in langem Wellenflug. Brütet meist in Wassernähe und oft auf Gebäuden. Brutzeit: IV.—VIII.; 2—3 Jahresbruten. Nest: ein unordentlich zusammengefügter Haufen aus Halmen, Blättern, Würzelchen; meist in Halbhöhlen eingebaut. Gelege: 5—6 weißliche, dicht dunkelgrau gefleckte Eier. Bebrütung durch das ♀ 12—14 Tage. Beide Eltern füttern die Jungen 14—15 Tage. Nahrung: Insekten. Teilzieher: III. und X.

Wasserpieper 2
Anthus spinoletta
Water Pipit
Pipit spioncelle
Spioncello
Bisbita ribereño alpino

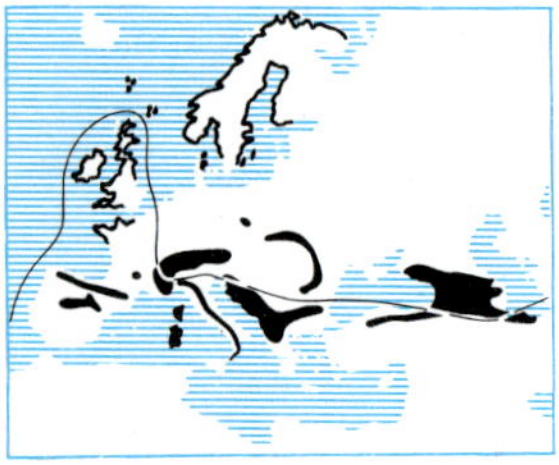

Sperlingsgroß, schlank, ziemlich hochbeinig mit dunklen Füßen. Brutkleid: ungestreifte, rötlich überlaufene Brust, graubrauner Rücken, heller Augenstreif. Winterkleid: mit verwaschener Längsfleckung auf der Brust. Das Jugendkleid hat eine noch dunklere Fleckung. Dunenkleid: braungrau. Fliegt hastig, in kurzen Bogenlinien. Stimme: der Lockruf klingt „pssi" oder „zip"; das Lied bildet eine Reihe von „zip zip zip"-Tönen, die im flatternden Balzflug gesungen werden. Brutvogel der Gebirge, auf den alpinen Wiesen der Knieholzregion. Eine andere, stärker gefleckte Unterart (Strandpieper, *A.s. petrosus*) bewohnt die felsigen Seeküsten des Nordens. Brutzeit: V.—VII.; 1—2 Jahresbruten. Nest: aus Grashalmen und Würzelchen in Erdspalten unter Grasbüscheln oder Steinen versteckt. Gelege: 4—5 grauweiße, stark gefleckte Eier. Bebrütung: durch ♀ 14—16 Tage; beide Eltern füttern etwa 15 Tage. Nahrung: größtenteils Insekten. Teilzieher: III.—IV. und VIII.—IX.

Brachpieper 3
Anthus campestris
Tawny Pipit
Pipit rousseline
Calandro
Bisbita campestre

Etwa sperlingsgroß, schlank, mit ziemlich langem Schwanz, hohen Beinen und auffälligem hellem Augenstreif. Läuft meist stelzenartig auf dem Boden umher, fliegt in flachen Wellen. Von den anderen Pieper-Arten durch die fahlbraune, fast ungefleckte Färbung unterschieden, wirkt deshalb sehr hell. ♂ = ♀. Jugendkleid mit dunkelbraunem Rücken und hellen Federsäumen, am Kropf gefleckt. Dunenkleid: hellbraun. Stimme: Lockruf spatzenartig „zschlipp, dieb" u. ä.; der Gesang besteht aus wiederholten „zirluih"-Rufen, wird im Fluge vorgetragen. Brutvogel auf trockenem Brach- und Heideland mit Sand und Gestrüpp, nur in den Niederungen. Brutzeit: V.—VII.; 1 Jahresbrut. Nest: auf dem Boden unter Heidekraut oder Grasbüscheln versteckt. Gelege: 4—5 weißliche, spärlich braun gefleckte Eier. Brutdauer: 13—14 Tage, nur das ♀ brütet. Beide Eltern füttern die Jungen etwa 14 Tage. Nahrung: Insekten. Zugvogel: IV.—V. und VIII.—IX.

1 juv
1 ♂ So
1 ♂ So
1a ♂ So
2
2 So
2 W
3

Baumpieper 1
Anthus trivialis
Tree Pipit
Pipit des arbres
Pispolone
Bisbita arbóreo

Kaum sperlingsgroß, Rücken olivbraun mit schwärzlichen Längsstreifen, Brust gelblich und an den Kropfseiten kräftig gestreift, heller Augenstreif. ♂ = ♀. Jugendkleid oberseits stärker gestreift. Dunenkleid: dunkelgrau. Stimme: Lockruf „sib oder psi"; der melodische, laute Gesang wird in einem kurzen Flug vorgetragen, beim Auffliegen ertönt ein „ziziziwiswiswis", dann ein energischer Roller und im Gleitflug mit gespreizten Flügeln und Schwanz ein lautes „ziá ziá zìá ziá". Sitzt meistens in den Baumwipfeln; fliegt ruckweise in kurzen Bogen. Brutvogel an Waldrändern, auf Lichtungen und Wiesen mit einzelstehenden Bäumen, auf Heidegelände u. ä. Brutzeit: V.—VII., 1 Jahresbrut. Nest: am Boden unter Grasbüscheln oder Gebüsch versteckt, aus Halmen und Moos. Gelege: 5 sehr variable Eier, meist grauweiß mit feinen braunen Flecken. Nur das ♀ brütet 12—13 Tage, beide Eltern füttern etwa 12 Tage. Nahrung: Insekten. Zugvogel: IV.—V. und IX.

Wiesenpieper 2
Anthus pratensis
Meadow Pipit
Pipit des prés
Pispola
Bisbita común

Etwas kleiner als der sehr ähnliche Baumpieper, mehr graugrünlich gefärbt mit verschwommener dunkler Rückenstreifung und mit kleineren Streifen auf der hellen Brust. ♂ = ♀ = Jugendkleid. Dunenkleid: bräunlichgrau. Stimme: der Lockruf klingt scharf „ist ist" und unterscheidet sich vom Ruf des Baumpiepers. Singt im Fluge eine ziemlich lange Strophe „djip djip djip djil djil djil dzi dzi dzi" usw. Läuft meistens nur auf dem Boden umher und fliegt hüpfend. Verbreiteter Brutvogel auf feuchten Wiesen und Viehweiden, in Moorgebieten, auch in Gebirgen; auf dem Zuge oft in größeren Trupps auf Feldern und an Teichrändern. Brutzeit: IV.—VI.; 2 Jahresbruten. Nest: auf dem Boden, aus Halmen und Moos, mit Haaren ausgepolstert. Gelege: 4—6 hellgraue Eier mit brauner Fleckung. Bebrütung: vom ♀ 13 Tage; beide Eltern füttern 12—14 Tage. Nahrung: Insekten, zusätzlich Sämereien. Teilzieher; Zug: III.—V. und IX.—XI.

Rotkehlpieper 3
Anthus cervinus
Red-throated Pipit
Pipit à gorge rousse
Pispola golarossa
Bisbita gorgirrojo

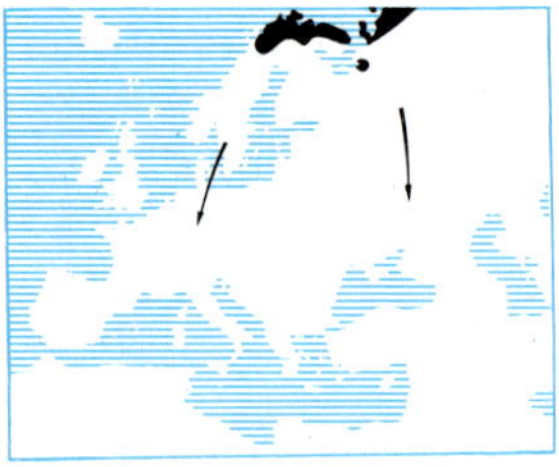

Dem Wiesenpieper sehr ähnlich, aber mit kräftigerer Längsstreifung der Oberseite, besonders auch des Bürzels. Im Brutkleid sind namentlich die ♂♂ an der rostroten Kehle und Brust kenntlich. Jugendkleid: gleicht dem Winterkleid der Altvögel. Dunenkleid: dunkel graubraun. Stimme: der Lockruf ist ein scharfes „szieh" (rohrammerartig) oder klingt zweisilbig, weich „djie-e" und bildet ein wichtiges Kennmerkmal gegenüber dem Wiesenpieper. Brutvogel im Tundragürtel, auf dem Zuge selten an Teichufern und in Wiesen. Brutzeit: VI.—VII.; 1 Jahresbrut. Nest, Gelege und Brutverhalten wie beim Wiesenpieper. Nahrung: Insekten, Würmer, Weichtiere, manchmal Sämereien. Zugvogel: IV.—V. und IX.—X

1
1
2
2 juv
2
3 So
3 W

Seidenschwanz 1
Bombycilla garrulus
Waxwing
Jaseur de Bohême
Beccofrusone
Ampelis europeo

Starengroß, rötlichbraun mit spitzem Federschopf, weißer und gelber Flügel- und Schwanzzeichnung. ♂ = ♀. Jugendkleid: Kinn und Kehle weißlich anstatt schwarz. Stimme: der Lockruf ist ein leiser, metallischer Klirrlaut „sirrr", der gewöhnlich im Fluge ertönt. Fliegt starenartig. Brutvogel des nordischen Waldgürtels; manche Jahre ein häufiger Wintervogel in Mitteleuropa, meist in größeren Schwärmen. Brutzeit: V.—VI.; 1 Jahresbrut. Nest: auf Bäumen, aus Zweigen, Rentierflechte und Grashalmen; Nestmulde mit etwas Haaren und Federn ausgepolstert. Gelege: 4—6 graue Eier mit wenigen dunkelbraunen Flecken. Bebrütung: vom ♀ etwa 14 Tage. Die Jungen werden von beiden Eltern gefüttert. Nahrung: im Sommer hauptsächlich Insekten (Mücken), im Herbst und Winter fast ausschließlich Beeren. Zugvogel (Wintergast): X.—XI. und III.—IV.

Ordnung: Sperlingsvögel - *Passeriformes* **Familie: Würger** - *Laniidae*

Raubwürger 2
Lanius excubitor
Great Grey Shrike
Pie-grièche grise
Averla maggiore
Alcaudón real

Amselgroß, kontrastreich schwarz-hellgrau gefärbt. Kräftiger, an der Spitze hakenförmiger Schnabel. Breite schwarze Augenbinde, grauweiße Stirn (Unterschied gegenüber Schwarzstirnwürger). ♂ = ♀. Jugendkleid: bräunlichgrauer Rücken, Wellenzeichnung an der Brust und den Körperseiten. Stimme: der Warnruf am Brutplatz ist ein lautes Schakern; während der Balz gellende Rufe „trüü, krürr" oder „tritt" u. ä. Spärlicher Brutvogel in offenem Gelände mit Baumgruppen. Sitzt häufig lange auf Baumwipfeln zur Ausschau auf Beute. Fliegt in flachen Wellen, rüttelt manchmal. Brutzeit: IV.—VI.; 1 Jahresbrut. Nest: auf Bäumen, aus Stengeln, Halmen und Moos. Gelege: 5—6 weiße, grau und braun gefleckte Eier. Bebrütung: durch ♀ etwa 15 Tage. Beide Eltern füttern die Jungen rund 20 Tage im Nest und dann noch etwa 2 Wochen freifliegend. Nahrung: Insekten und kleine Wirbeltiere. Teilzieher und Wintergast.

Schwarzstirnwürger 3
Lanius minor
Lesser Grey Shrike
Pie-grièche à poitrine rose
Averla cenerina
Alcaudón chico

Dem Raubwürger ähnlich, ist aber an der geringeren Größe, der schwarzen Stirn und der rosenrot überhauchten Unterseite kenntlich. ♂ = ♀. Jugendkleid: graue Stirn, braungraue Oberseite mit Wellenzeichnung. Stimme: schackernder Warnruf, klangvolle Rufe „quiell" und ein halblauter, schwatzender Spottgesang. Vereinzelt Brutvogel in offenem Wiesen- und Feldgelände der Niederungen. Brutzeit: V.—VI.; 1 Jahresbrut. Nest: hoch auf Laubbäumen, aus Reisern und Wurzeln, mit grünen Pflanzenteilen vermischt und geziert. Gelege: 4—5 weißliche Eier mit brauner Fleckung. Bebrütung: etwa 15 Tage, das ♀ brütet wohl allein. Die Jungen werden von beiden Eltern etwa 2 Wochen im Nest und noch längere Zeit freifliegend gefüttert. Nahrung: Insekten. Zugvogel: V. und VIII.

1
2
2 zweispiegelige Form
2 juv. einspiegelige Form
3
3 juv
3

Rotrückenwürger 1
(Neuntöter) *Lanius collurio*
Red-backed Shrike
Pie-grièche écorcheur
Averla piccola
Alcaudón dorsirrojo

Reichlich spatzengroß; großer Kopf mit kräftigem Hakenschnabel, Wippschwanz. ♂: hellgrauer Kopf. ♀: Kopf rostbraun, Körperseiten und Brust gewellt. Jugendkleid: ähnlich wie ♀, aber auch auf der Oberseite mit Wellenzeichnung. Dunenkleid: nicht entwickelt. Stimme: ein harter, rauher Warnruf „gäck, gwä" oder gereiht „grägrägrägrä"; die Nestjungen kreischen gepreßt „wrie". Brutvogel in offenen Landschaften mit viel Buschwerk, in dornigen Hecken, an Eisenbahndämmen, Waldrändern u. ä. Brutzeit: V.—VII.; 1 Jahresbrut. Nest: niedrig im Buschdickicht, aus Halmen, Wurzeln und Moos. Gelege: 4—6 weißliche Eier mit rotbrauner Fleckung, die oft am stumpfen Eipol einen Kranz bildet. Das ♀ brütet 2 Wochen und beide Eltern füttern die Jungen 2 Wochen im Nest und noch etwa 3 Wochen freifliegend. Nahrung: Insekten, selten kleine Wirbeltiere und Beeren. Zugvogel: V. und VIII.—IX.

Rotkopfwürger 2
Lanius senator
Woodchat Shrike
Pie-grièche à tête rousse
Averla capirossa
Alcaudón común

Wenig größer als Neuntöter; scheint insgesamt dunkler als die anderen Würgerarten. Rotbrauner Hinterkopf. Schulterfelder und Bürzel weiß. Das ♀ hat einen graubraunen anstatt schwarzen Rücken. Jugendkleid: oberseits graubraun und weiß, quergebändert. Stimme: „quä"-Rufe und elsterartiges Schackern, manchmal ein rauher Spottgesang. Zerstreut vorkommender Brutvogel in offenen Niederungen und warmen Hügellandschaften. Brutzeit: V.—VII.; 1 Jahresbrut. Nest ähnlich wie beim Schwarzstirnwürger, öfters auf Obstbäumen. Gelege: 5—6 weißliche, braungefleckte Eier mit Kranzbildung am stumpfen Eipol. Bebrütung: durch ♀ 15 Tage; Nestlingsdauer etwa 20 Tage. Nahrung: Insekten. Zugvogel: IV.—V. und VIII.—IX.

Ordnung: Sperlingsvögel - *Passeriformes* **Familie: Wasseramseln** - *Cinclidae*

Wasseramsel 3
Cinclus cinclus
Dipper
Cincle plongeur
Merlo acquaiolo
Mirlo acuático

Starengroß, mit kurzem Stelzschwanz; braun, Kehle und Brust blendend weiß. ♂ = ♀. Jugendkleid: oberseits schiefergrau, ganze Unterseite weiß mit dunklen Querstrichen. Dunenkleid: dunkelgrau, dicht und lang. Stimme: scharfes „zit" oder „zrrb"; der Gesang ist halblaut, zwitschernd. Brutvogel an schnell fließenden Gebirgsbächen mit Felsblöcken. Flug: schnurrend, niedrig über dem Wasser. Taucht, schwimmt und läuft unter Wasser. Brutzeit: IV.—VII.; 2 Jahresbruten. Nest: meist groß und bis auf das runde Einschlupfloch geschlossen. Es wird aus Moos und Pflanzenteilen in Uferhöhlen, Erdspalten, unter Brücken und Wehren gebaut. Gelege: 4—6 reinweiße Eier, die 15—17 Tage bebrütet werden. Nestlingsdauer etwa 20 Tage, beide Eltern brüten und füttern. Nahrung: Wasserinsekten, Flohkrebse, Wasserschnecken. Stand- und Strichvogel.

1 ♂
1 ♀
2 ♂
2 juv
3 juv
3
3

Ordnung: Sperlingsvögel - *Passeriformes* **Familie: Zaunkönige** - *Troglodytidae*

Zaunkönig 1
Troglodytes troglodytes
Wren
Troglodyte mignon
Scricciolo
Chochín

Winzig, mit dunkler Querbänderung und kurzem, gestelztem Schwanz. ♂ = ♀ = Jugendkleid. Dunenkleid: spärliche, schwarzbraune Dunenfedern. Stimme: Lockruf „zick zick", Warnruf energisch „zerrr"; der Gesang ist eine schmetternde Strophe mit kräftigem Roller. Hält sich stets in Bodennähe auf, fliegt schnurrend und nur über kurze Strecken, huscht ständig im dichtesten Gestrüpp umher. Häufiger Brutvogel in Wäldern mit viel Unterwuchs. Brutzeit: V.—VII.; 2 Jahresbruten. Nest: kugelförmig, bis auf ein Einschlupfloch geschlossen, aus Moos, Farnkraut, dürrem Laub, innen mit Federn ausgepolstert. Gelege: 5—7 weiße, rotbraun gefleckte Eier. Nur das ♀ brütet etwa 15 Tage. Beide Eltern füttern 15—17 Tage die Nestjungen. Nahrung: Insekten. Teilzieher; Zug: III.—IV. und IX.—X.

Ordnung: Sperlingsvögel - *Passeriformes* **Familie: Braunellen** - *Prunellidae*

Heckenbraunelle 2
Prunella modularis
Hedge Sparrow (Dunnock)
Accenteur mouchet
Passera scopaiola
Acentor común

Kleiner als Sperling; Brust und Kopf bleigrau, der braune Rücken gestreift. ♂ = ♀. Jugendkleid: oberseits rostgelb, unterseits rahmgelb und dunkelgefleckt. Dunenkleid aus langen, schwarzen Dunenfedern. Stimme: dünne, wiederholte Rufe „zi", der Gesang ist eine einfache, ziemlich leise pfeifende Tonreihe. Häufiger Waldvogel, besonders in jungen Fichtenbeständen, ist im Gebirge bis in die Knieholzregion verbreitet. Brutzeit: IV.—VII.; 2 Jahresbruten. Nest: niedrig über dem Boden im Dickicht versteckt, aus wenigen Stengeln und viel grünem Moos, die Mulde weich gepolstert und meist mit den roten Sporenträgern des Mooses ausgelegt. Gelege: 4—5 einfarbig grünblaue Eier. Bebrütung: überwiegend vom ♀, 12—14 Tage. Die Jungen werden von beiden Eltern 13—14 Tage gefüttert. Nahrung: vorwiegend Insekten, besonders im Winter feine Pflanzensamen. Teilzieher; Zug: III.—IV. und IX.—X.

Alpenbraunelle 3
Prunella collaris
Alpine Accentor
Accenteur alpin
Sordone
Acentor alpino

Spatzengroß; Körpervorderteil bleigrau, weißliche, fein schwarz gefleckte Kehle, rostbraun gefleckte Körperseiten. Schwanz ziemlich kurz. ♂ = ♀. Jugendkleid: Kehle grau und ungefleckt, übrige Unterseite rostgelb mit kräftiger brauner Streifung. Dunenkleid: dunkelgrau. Stimme: lerchenartige Lockrufe „trüi, tjürr", auch spatzenartig „djem" oder „schirr"; der Gesang erinnert an Feldlerche, wird meist vom Boden aus vorgetragen. Gebirgsvogel; nistet oberhalb der Waldgrenze auf felsigem Gelände, Brutzeit: V.—VII.; 2 Jahresbruten. Nest: aus Moos, Halmen und Wurzeln, Mulde weich gepolstert und oft mit roten Sporenträgern der Moose ausgelegt. Gelege: 4—5 einfarbig blaugrüne Eier. Bebrütung: etwa 15 Tage. Nestlingsdauer: etwa 16 Tage. Beide Eltern brüten und füttern. Nahrung: Insekten, Spinnen, Schnecken, Sämereien. Teilzieher; Zug: IV. und X.

1 juv
1
2
2 juv
3 juv
3

Cistensänger 1
Cisticola juncidis
Fan-tailed Warbler
Cisticole des joncs
Beccamoschino
Buitrón

Kleiner Rohrsänger, nicht viel größer als ein Goldhähnchen. Oberseite: braun und dunkel längsgestreift, Bürzel rostbraun. Vom ähnlichen Schilfrohrsänger außerdem in folgenden Merkmalen unterschieden: Der Kopf hat am Scheitel eine dunkle Zeichnung, aber keine hellen Augenstreifen. Der kurze, stark abgerundete Schwanz besitzt weiße Federspitzen. ♂ = ♀ = Jugendkleid. Stimme: der Gesang klingt „tschik, zack, zik, zik" und wird im Fluge rhythmisch mit den immer von neuem ansetzenden Flügelschlägen vorgetragen. Brutvogel in den Niederungen, in feuchten Stellen mit Sumpfvegetation und Büschen, auch in Korn- und Reisfeldern. Lebt versteckt. Brutzeit: IV.—VII.; 2 Jahresbruten. Nest: beutelförmig mit dem Schlupfloch nach oben, aus dürren Blättern und Pflanzenfasern, niedrig über dem Boden in dichte Pflanzenbüschel kunstvoll hineingewebt. Gelege: 4—6 meist weiße Eier mit rotbraunen Punkten. Nahrung: Insekten. Standvogel.

Seidensänger 2
Cettia cetti
Cetti's Warbler
Bouscarle de Cetti
Rusignolo di fiume
Ruiseñor bastardo

Fast sperlingsgroß; oberseits einfarbig dunkel rotbraun, Unterseite grauweiß, Schwanz breit abgerundet. ♂ = ♀ = Jugendkleid. Dunenkleid: fast schwarz. Lebt versteckt, verrät sich aber meist durch die Stimme: einen schnarrenden Warnruf, ferner laute „tuik" und „tschi"-Rufe und schließlich durch den trompetenlauten Gesang „witschu wititschu wititschu witschu". Lebt und nistet verborgen im Röhricht am Wasser, öfters an Wassergräben. Brutzeit: IV.—VI.; 2 Jahresbruten. Nest: niedrig über dem Boden im dichtesten Gestrüpp, napfförmig aus Halmen, Grasblättern und Moos gebaut. Gelege: meist 4 ziegelrot gefärbte, ungefleckte Eier. Bebrütung: nur vom ♀ 13 Tage; die Jungen werden auch nur vom ♀ gefüttert, und zwar 14 Tage im Nest und weitere 14 Tage freifliegend. Nahrung: Insekten. Stand- und Strichvogel.

Mariskensänger 3
Acrocephalus melanopogon
Moustached Warbler
Lusciniole à moustaches
Forapaglie castagnolo
Carricerín real

Kleiner Rohrsänger. Vom ähnlichen Schilfrohrsänger an dem fast gänzlich schwarzen Scheitel und dem reinweißen, breiten Augenstreif zu unterscheiden; außerdem hat der Bürzel denselben Farbton wie der Rücken. ♂ = ♀ = Jugendkleid. Stimme: Warnruf wie der Schilfrohrsänger „tschrrr", auch im Gesang ähnlich, aber weicher, oft mit vier Tönen eingeleitet, die an das Nachtigall-Lied erinnern. Nicht häufiger Brutvogel an flachen Teichen, Seen und in Sumpfgebieten, meist an den Rändern größerer Rohrbestände. Brutzeit: IV.—VI.; 2 Jahresbruten. Nest: napfförmig, niedrig über dem Wasser, aus Schilf-, Rohr- und Seggenblättern, an Rohrhalmen befestigt. Gelege: 4—5 weißliche Eier mit feinen braunen Flecken. Beide Eltern brüten und füttern. Nahrung: Insekten. Teilzieher; Zug: IV. und IX.

1
1
2
3 juv
3

Rohrschwirl 1
Locustella luscinioides
Savi's Warbler
Locustelle luscinioïde
Salciaiola
Buscarla unicolor

Kleiner als Sperling; einfarbig rötlichbraun, ungefleckt, Unterseite rostweiß, breiter und stufig abgerundeter Schwanz. ♂ = ♀ = Jugendkleid. Dunenkleid: rotbraun, aus spärlichen Dunenfedern. Stimme: ein schmatzender Lockruf „gick", ist nur in der Nähe zu hören; Gesang: ein eintöniges, rollendes und manchmal sehr langes „örrrrr" (tönt tiefer als das Lied des Feldschwirls). Versteckt lebender Brutvogel in Sumpfgebieten mit ausgedehnten Schilf- und Rohrbeständen, die oft mit zerstreut wachsenden Weidengebüschen durchsetzt sind. Klettert beim Singen oft an den Schilfhalmen in die Höhe. Brutzeit: V.—VII.; 2 Jahresbruten. Nest: niedrig über dem Wasser im dichtesten Röhricht, ziemlich groß, aus Rohrhalmen und Rohrblättern. Gelege: 4—5 weißliche, fein rotbraun gefleckte Eier. Bebrütung: 12 Tage; Nestlingsdauer: 12—14 Tage. Beide Eltern füttern. Nahrung: Insekten. Zugvogel: IV. und VIII.—IX.

Schlagschwirl 2
Locustella fluviatilis
River Warbler
Locustelle fluviatile
Salciaiola fluviatile
Buscarla fluvial

Fast spatzengroß. Erdbraun, weißliche Unterseite mit undeutlich gestreifter Brust. Breiter, gestuft abgerundeter Schwanz. ♂ = ♀ = Jugendkleid. Stimme: der Gesang — ein andauerndes Schwirren — klingt wetzend „dzedzedzedze", in Tonlage und Rhythmus oft dem Anfang des Goldammerlieds ähnlich. Singt regelmäßig auch während der Nacht. Brutvogel in Auwäldern mit dichtem Unterwuchs von Brennesseln, allerlei Gebüsch, Brombeeren u. ä.; meist entlang von Flußläufen und Bächen, manchmal auf bewachsenen Kahlschlägen, öfters in Sumpfwiesen mit Weidengebüsch. Brutzeit: V.—VII.; 1—2 Jahresbruten. Nest: napfförmig, nahe am Boden im dichtesten Gestrüpp, aus Halmen, Schilfblättern und Moos. Gelege: 4—5 weiße, dicht rotbraun gesprenkelte Eier. Brutdauer: etwa 13 Tage. Nahrung: Insekten. Zugvogel: V. und VIII.

Feldschwirl 3
Locustella naevia
Grasshopper Warbler
Locustelle tachetée
Forapaglie macchiettato
Buscarla pintoja

Viel kleiner als Sperling. Oberseite olivbraun mit kräftigen Längsstrichen, Unterseite gelblichweiß, ungefleckt. ♂ = ♀. Jugendkleid: am Kropf spärlich gestreift. Dunenkleid: dunkelgrau, dicht und lang. Stimme: der Gesang ist ein langes, metallisch klingendes Schwirren „sirrrr". Er ist dem eintönigen Zirpen der grünen Laubheuschrecke sehr ähnlich und ertönt überwiegend nachts. Brutvogel in feuchten Wiesen mit Weidengebüsch, an versumpften Teichrändern, manchmal in Raps- und Kleefeldern und auf Kahlschlägen. Brutzeit: V.—VII.; 1—2 Jahresbruten. Nest: am Boden im dichtesten Pflanzengewirr versteckt, ein tiefer Napf aus Grasblättern. Gelege: 5—6 rosafarbige, dicht rotbraun gesprenkelte Eier. Bebrütung: 14 Tage; Nestlingsdauer: 10—13 Tage. Beide Eltern brüten und füttern. Nahrung: Insekten. Zugvogel: IV.—V. und VIII.—IX.

2
1
3
3
3 juv

Schilfrohrsänger 1
Acrocephalus schoenobaenus
Sedge Warbler
Phragmite des joncs
Forapaglie
Carricerín común

Viel kleiner als Sperling. Rückenseite olivbraun, kräftig gestreift, Bürzel rostbraun und ungestreift. Kopf mit dunklem Scheitel und kontrastierendem schwarzweißen Augenstreif. Weiße Kehle. ♂ = ♀. Jugendkleid: lebhafter gefärbt. Dunenkleid: nicht entwickelt. Stimme: Warnrufe „zäck" oder schnarrend „tscherrr". Gesang: hastig vorgetragene, wechselreiche Strophen mit langen Trillern und „woid"-Rufen; singt auch nachts. Oft singen die ♂♂ in kurzem Balzflug. Brutvogel in verschilftem, buschreichem Sumpfgelände, an Teichrändern, seltener in Getreidefeldern. Brutzeit: V.—VII.; meistens nur 1 Jahresbrut. Nest: niedrig zwischen Schilf, Seggen oder im Gebüsch, ein fester napfförmiger Bau aus Gräsern und Moos. Gelege: 4—6 dicht rostbraun gesprenkelte Eier. Beide Eltern brüten 12—13 Tage und füttern die Nestjungen 12—16 Tage. Nahrung: Insekten. Zugvogel: IV. und IX.—X.

Seggenrohrsänger 2
Acrocephalus paludicola
Aquatic Warbler
Phragmite aquatique
Pagliarolo
Carricerín

In Größe und Zeichnung dem Schilfrohrsänger ähnlich, aber in folgenden Merkmalen verschieden: Außer den hellen Augenstreifen noch ein gelblicher Scheitelstreif, die Längsstriche der Rückenzeichnung erstrecken sich auch auf den Bürzel und die Unterseite. ♂ = ♀ = Jugendkleid. Stimme: ähnlich wie Schilfrohrsänger, Gesang nicht so abwechslungsreich; singt öfters in kurzem Balzflug. Läuft oft auf dem Boden umher. Brutvogel in Sumpfgebieten mit ausgedehnten Seggenwiesen, auf dem Zuge auch an Teichrändern. Brutzeit: V.—VI.; 2 Jahresbruten möglich. Nest und Gelege: wie Schilfrohrsänger. Einzelheiten der Brutpflege nicht bekannt. Nahrung: Insekten. Zugvogel: IV.—V. und VIII.—IX.

Drosselrohrsänger 3
Acrocephalus arundinaceus
Great Reed-Warbler
Rousserolle turdoïde
Cannareccione
Carricero tordal

Fast starengroß — größter Rohrsänger. Einfarbig braun, mit wenig auffallendem, hellem Augenstreif. ♂ = ♀ = Jugendkleid. Dunenkleid: nicht vorhanden. Stimme: sehr kennzeichnender, lauter, quarrender Gesang „rät rät rät kiet kiet karra karra kiet"; ein energischer knarrender Warnruf; singt auch oft nachts. Verbreiteter Brutvogel in Schilfbeständen der Teich- und Seegebiete. Brutzeit: V.—VII.; meist nur 1 Jahresbrut. Nest: tief napfförmig, aus Grasblättern und Schilffasern kunstvoll über dem Wasser an Schilfhalmen befestigt. Gelege: 5—6 bläulichweiße Eier mit grünlicher bis brauner Fleckenzeichnung. Brutdauer: 13—15 Tage; Nestlingsdauer etwa 12 Tage. Beide Eltern brüten und füttern. Nahrung: Insekten. Zugvogel: V. und VIII.—IX.

1 juv
1
1
2
3

Teichrohrsänger 1
Acrocephalus scirpaceus
Reed Warbler
Rousserolle effarvatte
Cannaiola
Carricero común

Einem kleinen Drosselrohrsänger ähnlich, viel kleiner als Sperling. Unterschiede gegenüber dem sehr ähnlichen Sumpfrohrsänger s. dort. ♂ = ♀ = Jugendkleid. Dunenkleid: nicht entwickelt. Stimme: Alarmruf rauh „tscherrr" und „karrr", auch ein heiseres „grä"; der Gesang ist nicht laut und ist sehr taktfest, mit jeweils dreimal wiederholten Motiven, etwa „tiri tiri tiri tier zäck zäck zerr zerr zerr scherk scherk scherk" usw.; singt auch nachts. Häufiger Brutvogel in Schilfbeständen der Teiche, Seen und Überschwemmungsgebiete, manchmal auch im Weidengebüsch. Brutzeit: V.—VII.; 1—2 Jahresbruten. Nest: meist ähnlich wie Drosselrohrsänger, nur kleiner; als Neststand werden im Wasser stehende Schilfhalme bevorzugt. Gelege: 4—5 weißliche, graubraun gesprenkelte Eier. Beide Elternvögel bebrüten die Eier 11—12 Tage und füttern die Nestjungen 11—14 Tage. Nahrung: Insekten. Zugvogel: V. und IX.—X.

Sumpfrohrsänger 2
Acrocephalus palustris
Marsh Warbler
Rousserolle verdorolle
Cannaiola verdognola
Carricero poliglota

Vom Teichrohrsänger bei Feldbeobachtungen mit Sicherheit nur an der Stimme zu unterscheiden. An der mehr olivbraunen Rückenseite etwas unterschieden. ♂ = ♀ = Jugendkleid. Dunenkleid: fehlt. Stimme: schmatzende „tack" und „tschak"; der Gesang ist sehr wechselreich und erinnert an das Lied des Gelbspötters, enthält gewöhnlich einleitende „wit wit wit"-Rufe, ein grasmückenartiges „woid woid woid", wohltönende wirbelnde Laute und eine Anzahl von Spottmotiven; singt auch nachts. Brutvogel in feuchtem Wiesengelände, an Wassergräben mit dichten Brennesselbeständen, an Flußufern im dichten Gebüsch, oft in Roggenfeldern. Brutzeit: V.—VII.; 1 Jahresbrut. Nest: im Pflanzengewirr versteckt, aus trockenem Gras, Würzelchen und wenigen Tierhaaren. Gelege: 4—5 bläulichweiße Eier mit groben braunen Flecken. Beide Eltern brüten 12—13 Tage und füttern die Nestjungen 11—13 Tage. Nahrung: Insekten, zusätzlich Beeren. Zugvogel: V. und IX.

Gelbspötter 3
Hippolais icterina
Icterine Warbler
Hypolaïs ictérine
Canapino maggiore
Zarcero icterino

Etwas kleiner als Sperling, oberseits graugrün, unterseits gelb, kurzer gelber Augenstreif. Schnabel rötlichbraun. Vom sehr ähnlichen Orpheusspötter durch das gelbe Flügelfeld und die bläulichgraue Beinfärbung unterschieden. ♂ = ♀ = Jugendkleid. Dunenkleid: fehlt. Stimme: Lockruf „dedehoi"; der Gesang ist ein schwatzendes, langes und etwas scharf klingendes Lied mit meist dreimal wiederholten Motiven und oft eingeschaltetem typischen „dedehoi". Brutvogel in lichten Laubwäldern, auch in Ortschaften. Hält sich meist in den dichten Kronen der Laubbäume auf. Nest: ein fester, napfförmiger Bau aus Pflanzen- und Tiermaterial, schön geglättet und von außen fast immer mit papierdünner Birkenrinde bekleidet; nicht allzu hoch über dem Boden. Gelege: 5 rosenrote Eier mit wenigen schwarzen Flecken. Bebrütung durch beide Eltern 13 Tage und Füttern der Nestlinge ebenfalls 13 Tage. Nahrung: Insekten, zusätzlich Beeren und Obst. Zugvogel: V. und VIII.

1
2
3

Blaßspötter 1
Hippolais pallida
Olivaceous Warbler
Hypolaïs pâle
Canapino pallido
Zarcero pálido

Größe und Figur wie Gelbspötter. Oberseite bleich erdbraun, Unterseite weißlich, ohne Gelb, heller Augenstreif. Flügel ziemlich kurz, längerer Schnabel als Gelbspötter. Im Flügel kein helleres Feld. ♂ = ♀ = Jugendkleid. Stimme: Lockruf kurz „teck"; der Gesang klingt weniger scharf und ist motivärmer als beim Gelbspötter und erinnert mehr an das Lied des Schilfrohrsängers. Brutvogel in Gärten und Parkanlagen der Ortschaften, in Hecken und lichten Auwäldern; hält sich viel im Gebüsch auf. Brutzeit: V.—VI.; 1 Jahresbrut. Nest: wie Gelbspötter, in Hecken, seltener auf Bäumen. Gelege: 4—5 rötlichweiße Eier mit feinen schwarzen Punkten. Brutdauer 14—15 Tage, Nestlingsdauer etwa 15 Tage. Nahrung: Insekten. Zugvogel: IV.—V. und VIII.

Orpheusspötter 2
Hippolais polyglotta
Melodious Warbler
Hypolaïs polyglotte
Canapino
Zarcero común

Sehr ähnlich Gelbspötter, läßt sich aber bei guter Sicht an folgenden Unterscheidungsmerkmalen erkennen: kürzere Flügel, meist ohne helleres Flügelfeld, Füße bräunlich. ♂ = ♀ = Jugendkleid. Dunenkleid: nicht entwickelt. Stimme: der Gesang ist weicher und wohltönender als beim Gelbspötter, ein schnelles Schwatzen mit oft wiederkehrenden schilpenden Lauten und Spottmotiven anderer Singvögel; manchmal ein kurzer Balzflug. Westeuropäischer Brutvogel, der ähnliche Standplätze bewohnt wie der Gelbspötter. Brutzeit: V.—VII.; meist 1 Jahresbrut. Nest: gewöhnlich im Gebüsch, ähnlich gebaut wie beim Gelbspötter, nur etwas kleiner und weniger massiv. Gelege: 4—5 rötlichweiße, schwarz punktierte Eier. Bebrütung: nur vom ♀ 13 Tage. Beide Eltern füttern die Nestjungen 12—13 Tage. Nahrung: Insekten. Zugvogel: IV.—V. und VIII.—IX.

Gartengrasmücke 3
Sylvia borin
Garden Warbler
Fauvette des jardins
Beccafico
Curruca mosquitera

Fast sperlingsgroß, eintönig graubraun mit hellerer Unterseite; ohne besondere Zeichnung. Füße bleigrau. ♂ = ♀. Jugendkleid: oberseits rostfarbener und unterseits mehr gelbbraun, ohne weiße Kehle. Dunenkleid: nicht entwickelt. Stimme: Warnruf „wäd wäd" oder hart „täk"; der Gesang wird in schnellem Fluß vorgetragen, ist eine wohltönende lange Strophe, etwas plaudernd, ohne große Unterschiede in der Tonhöhe. Häufiger Brutvogel in Parkanlagen, unterholzreichen Wäldern, im Buschwerk an Teichufern u. ä. Brutzeit: V.—VII.; 1 Jahresbrut. Nest: ziemlich groß, locker gebaut aus Halmen, Würzelchen, Moos und Stengeln, meist nicht hoch im Gestrüpp. Gelege: 5 gelblichweiße Eier mit braunen Flecken. Beide Eltern brüten 13—14 Tage und füttern die Nestjungen 11—12 Tage. Nahrung: Insekten, Beeren und Obst. Zugvogel: V. und VIII.—IX.

1
2
3 juv
3

Mönchsgrasmücke 1
Sylvia atricapilla
Blackcap
Fauvette à tête noire
Capinera
Curruca capirotada

Fast sperlingsgroß. ♂ mit graubraunem Rücken, scharf begrenzter, glänzend schwarzer Kopfplatte, die an den oberen Augenrand grenzt, Kopfseiten grau. ♀ mit rotbrauner Kopfplatte. Jugendkleid: ähnlich dem ♀. Dunenkleid: fehlt. Hält sich vorwiegend in Bodennähe im dichten Gebüsch auf. Stimme: warnt oft scharf „tze"; das vollständige Lied hat einen rauhen, zwitschernden Vorgesang, dem ein volltönender, flötender, kurzer Überschlag folgt. Brütet in lichten Wäldern mit Unterwuchs, in Parks, auch in Gebirgswäldern. Brutzeit: V.—VII., 2 Jahresbruten. Nest: klein, napfförmig, aus locker zusammengefügten Halmen, Würzelchen und Haaren gebaut. Gelege: 5—6 weißliche Eier mit rotbraunen Flecken. Beide Eltern brüten 12—14 Tage und füttern die Nestjungen 10—13 Tage. Nahrung: Insekten, Beeren und Obst. Teilzieher; Zug: IV. und IX.—X.

Samtkopfgrasmücke 2
Sylvia melanocephala
Sardinian Warbler
Fauvette mélanocéphale
Occhiocotto
Curruca cabecinegra

In Größe und Gesamtfärbung der Mönchsgrasmücke ähnlich, die Oberseite ist aber grau, die glänzend schwarze (oder beim ♀ aschgraue) Kopfkappe reicht bis auf die Wangen und ist dort gegen die reinweiße Kehle scharf abgegrenzt. Karminroter Augenring. Schwanz abgerundet, mit weißen, äußeren Steuerfedern. Jugendkleid = ♀. Dunenkleid: nicht entwickelt. Stimme: schnelle Alarmrufe „trretrretrretrr" oder „tschatschatscha"; der Gesang hat einige Ähnlichkeit mit dem Lied der Dorngrasmücke, ist aber länger und nicht so rauh. Singt auch in kurzem Balzflug. Mediterrane Art, die trockenes Gelände mit dichtem Buschwerk, lichte Waldstücke mit viel Unterwuchs und Weinberge aufsucht. Brutzeit: III.—VI.; 2 Jahresbruten. Nest: aus dürren Stengeln und Gras. Gelege: 3—5 gelbweiße Eier mit dichter, rotbrauner Sprenkelung. Beide Eltern brüten 13—14 Tage und füttern 11—12 Tage. Nahrung: Insekten, Spinnen, Beeren und Obst. Stand- und Strichvogel.

Orpheusgrasmücke 3
Sylvia hortensis
Orphean Warbler
Fauvette orphée
Bigia grossa
Curruca mirlona

Große Grasmücke mit mattschwarzer Kopfkappe, die bis unter das weiße Auge reicht. Weißliche Kehle, schiefergrauer Rücken und weiße Außenfedern im Schwanz. ♀ und Jugendkleid oberseits bräunlicher und mit mehr grauer Kopfkappe. Stimme: ein schnarrender Alarmruf, Lockruf „täck" u. ä.; der Gesang ist laut, etwas amselähnlich orgelnd, mit wiederholten Motiven „tschiwiruh" und „titiwuh". Brütet in lichten, unterwuchsreichen, mediterranen Wäldern, Olivenhainen und Obstgärten. Brutzeit: V.—VII.; 1 Jahresbrut. Nest: meist niedrig im Gebüsch, locker aus Stengeln, Grashalmen und Pflanzenwolle gebaut. Gelege: 5 weiße Eier mit spärlichen, braunschwarzen Flecken. Bebrütung überwiegend durch ♀ 12—13 Tage; Nestlingsdauer etwa 12 Tage, beide Eltern füttern. Nahrung: Insekten, Beeren und Obst. Zugvogel: IV.—V. und VIII.—X.

1 ♀
1 ♂
2 ♀
2 ♂
2 ♂
3 ♀
3 ♂

Klappergrasmücke 1
Sylvia curruca
Lesser Whitethroat
Fauvette babillarde
Bigiarella
Curruca zarcerilla

Klein, oberseits dunkelgrau, dunkelbraune Flügel, schwärzliche Ohrdecken, weiße Kehle, äußere Steuerfedern weiß. ♂ = ♀ = Jugendkleid. Dunenkleid: fehlt. Stimme: Lockruf ein hartes „tze"; der Gesang ist zweiteilig, ein rauher, hastig zwitschernder Vorgesang und eine schmetternde Klapperstrophe „dlidlidlidlidli" als Hauptlied. Brütet in Hecken, Buschwerk, Gärten, jungem Nadelwald. Brutzeit: V.—VII.; 1 Jahresbrut. Nest: sehr locker aus dürren Stengeln und Grashalmen zusammengefügt, meist niedrig im dichten Gebüsch. Gelege: 5 weiße, spärlich rotbraun gefleckte Eier. Brutdauer 11—13 Tage. Nestlingsdauer ebenfalls 11—13 Tage. Beide Eltern brüten und füttern. Nahrung: Insekten, Beeren. Zugvogel: IV. und IX.—X.

Dorngrasmücke 2
Sylvia communis
Whitethroat
Fauvette grisette
Sterpazzola
Curruca zarcera

Fast sperlingsgroß. Aschgrauer Kopf, reinweiße Kehle, Flügeloberseite lebhaft rostrot, Schwanz mit weißen Außenfedern. ♀: Kopf bräunlichgrau (= Jugendkleid). Dunenkleid: nicht entwickelt. Stimme: oft ein gedämpftes „woidwoidwoid" und ein schmatzender Warnruf „tze". Der Gesang ist ein rauhes Zwitschern, dem eine laute, etwa wie „didudidoidida" klingende Schlußstrophe angeschlossen wird. Singt meist von erhöhten Singplätzen (Gebüschspitzen, Telefonleitung), manchmal in kurzem Balzflug. Bewohnt dichtes Gebüsch, z. B. Schlehen-, Rosen-, Brombeerhecken, Weidenbüsche, junge Nadelholzbestände, Waldränder. Brutzeit: V.—VII.; 2 Jahresbruten. Nest: niedrig im Gebüsch, aus dürren Stengeln, Grashalmen und Pflanzen- sowie Tierwolle. Gelege: 4—6 grünlichweiße Eier mit dichten, braunen Punktflecken. Beide Eltern brüten 12—13 Tage und füttern die Nestjungen 13 Tage. Nahrung: Insekten und Beeren. Zugvogel: IV.—V. und IX.

Provencegrasmücke 3
Sylvia undata
Dartford Warbler
Fauvette pitchou
Magnanina
Curruca rabilarga

Kleine, dunkel gefärbte und auf der Unterseite dunkel weinrote Grasmücke mit meist gefächertem, langem Stelzschwanz. ♂ = ♀. Jugendkleid insgesamt mehr braun. Stimme: warnt mit metallisch klingenden „tschirr tack tack"-Rufen; der Gesang erinnert etwas an Dorngrasmücke, ist aber wohltönender und wird auch öfters von erhöhten Sitzplätzen (Telefonleitungen) vorgetragen. Brütet in trockenen Landschaften mit vielen dornigen Sträuchern, Gebüsch, Ginster und Heidekraut. Brutzeit: IV.—VI.; 2 Jahresbruten. Nest: gewöhnlich niedrig im dichten Dorngestrüpp, aus Halmen, Grasblättern und Moos. Gelege: 3—4 weißliche, fein braun gefleckte Eier, die meist nur vom ♀ in etwa 12 Tagen ausgebrütet werden. Die Fütterung der Nestjungen dauert 11—13 Tage und wird von beiden Eltern besorgt. Nahrung: Insekten und Spinnen. Stand- und Strichvogel.

1
2
2 juv
3 ♂
3 juv

Weißbartgrasmücke 1
Sylvia cantillans
Subalpine Warbler
Fauvette passerinette
Sterpazzolina
Curruca carrasqueña

Kleine Grasmücke, Kopf und Rücken schiefergrau, Kehle und Brust rötlichbraun. Kennzeichnender weißer Zügelstreif. ♀ und Jugendkleid im ganzen matter gefärbt, mit mehr gelblicher Unterseite. Stimme: der Gesang ähnelt dem Lied der Dorngrasmücke, aber nicht so rauh; öfters ein kurzer Balzflug. Mediterrane Art, die an trockenen, sonnigen Berghängen mit viel Gestrüpp und eingestreuten Eichen lebt. Brutzeit: IV.—VI.; 2 Jahresbruten. Nest: niedrig im dichten Gestrüpp, dem anderer Grasmücken ähnlich. Gelege: 4 weißliche Eier mit dichten braunen Flecken. Bebrütung: überwiegend vom ♀, 11—12 Tage; die Nestjungen werden von beiden Eltern 12 Tage gefüttert. Nahrung: Insekten. Zugvogel: III.—IV. und VIII.

Sperbergrasmücke 2
Sylvia nisoria
Barred Warbler
Fauvette épervière
Bigia padovana
Curruca gavilana

Sperlingsgroß und kräftig gebaut; aschgrau, Körperseiten und Brust quergebändert, leuchtend gelbes Auge. ♀: oberseits brauner, schwächere Querbänderung. Jugendkleid: dem ♀ ähnlich und fast ohne Querbänderung. Stimme: oft ein auffälliges, schnarrendes „errr", ferner „tze"-Rufe; der Gesang erinnert etwas an das Lied der Gartengrasmücke, ist aber kürzer und öfters mit den „errr"-Rufen untermischt. Bewohnt Berghänge, Auwiesen und Felder mit dichtem Gesträuch und mit Hecken, besonders Dornbüschen. Brutzeit: V.—VI.; 1 Jahresbrut. Nest: ziemlich groß, aus Stengeln, Halmen, Wurzeln und Tierhaaren gebaut, meist niedrig in dornigen Büschen angelegt. Gelege: 5—6 weißliche, dicht mit kleinen hellgrauen Fleckchen bedeckte Eier. Beide Eltern brüten 14—15 Tage und füttern die Nestjungen 14—16 Tage. Nahrung: Insekten, Beeren, Obst. Zugvogel: V. und VIII.

Zilpzalp 3
Phylloscopus collybita
Chiffchaff
Pouillot véloce
Luì piccolo
Mosquitero común

Ein kleiner Laubsänger von zierlicher Gestalt, mit trüber, grüngrauer Oberseite und einer ähnlich gefärbten, helleren Unterseite. Dunkle Füße. Wenig sichtbarer, gelblicher Augenstreif. ♂ = ♀ = Jugendkleid. Vom Fitis nur an der Fußfarbe zu unterscheiden und besonders am ganz anderen Gesang. Stimme: der Lockruf ist ein pfeifendes, weiches „tuít", der Gesang ein regelmäßig abgehacktes „zilp zalp zilp zalp" usw. Häufiger Brutvogel in Wäldern mit vielem Unterholz, im Gebirge bis zur Waldgrenze. Brutzeit: IV.—VII.; 1—2 Jahresbruten. Nest: am Boden oder niedrig darüber in dichter Krautschicht oder im Gebüsch, backofenförmig, aus dürren Halmen, Blättern und Moos, mit Federn ausgepolstert. Gelege: 6—7 weiße Eier mit braunen Punkten. Brutdauer: 14—15 Tage; Nestlingszeit: 12—14 Tage. Nur das ♀ brütet und füttert auch meist allein. Nahrung: Insekten. Teilzieher: Zug: III.—IV. und VIII.—XI.

1 ♂
1 ♀
2
2
2 juv
3

Waldlaubsänger 1
Phylloscopus sibilatrix
Wood Warbler
Pouillot siffleur
Luì verde
Mosquitero silbador

Kleiner als Sperling, zierlich, oberseits grün gefärbt. Sehr beweglich, hält sich vorwiegend in den Baumkronen auf. Hat gegenüber den anderen Laubsängerarten eine hellgelbe Kehle und Brust und einen weißen Bauch. Der ziemlich breite, gelbe Augenstreif ist recht auffällig. Helle Füße. ♂ = ♀ = Jugendkleid. Dunenkleid: hellgrau. Stimme: der Gesang besteht aus einer Reihe von gleich hohen, immer schneller wiederholten „sib"-Rufen, die schließlich zu einem schwirrenden „sirrrr" zusammenfließen. Oft wird er in flatterndem Balzflug vorgetragen und mit einem flötenden „tüh tüh tüh" eingeleitet. Brutvogel in zusammenhängenden Laubwäldern, besonders Buchenbeständen. Brutzeit: V.—VI.; 1 Jahresbrut. Nest: bodenständig, ein kugelförmiger Bau aus dürrem Gras mit seitlichem Einschlupf. Gelege: 6—7 weiße Eier mit braunen Flecken. Nur das ♀ brütet 13 Tage; beide Eltern füttern 13 Tage. Nahrung: Insekten, Beeren. Zugvogel: IV.—V. und VIII.—IX.

Fitis 2
Phylloscopus trochilus
Willow Warbler
Pouillot fitis
Luì grosso
Mosquitero musical

Im Freien schwer vom Zilpzalp zu unterscheiden; ist meist etwas gelblicher, mit mehr auffälligem, gelbem Augenstreif; helle Beinfarbe. ♂ = ♀ = Jugendkleid. Dunenkleid: grauweiß. Sehr beweglich, schlüpft und flattert geschickt im Gezweig herum. Stimme: der Lockruf klingt fragend „füít"; das Lied ist eine langsam abfallende pfeifende Gesangstrophe, die dem Buchfinkenschlag entfernt ähnelt. Häufiger Brutvogel in Wäldern aller Art, in Parks und oft im Weidengebüsch. Brutzeit: IV.—VI.; 1 Jahresbrut. Nest: auf dem Boden zwischen Gras an Gebüschrändern, backofenförmig aus dürrem Gras und Laub, mit Federn ausgepolstert. Gelege: 6—7 weißliche Eier mit rostfarbenen Flecken. Brutdauer: 13—15 Tage; Nestlingszeit: 13—16 Tage. Das ♀ brütet allein, beide Eltern füttern. Nahrung: Insekten. Zugvogel: IV. und VIII.—X.

Berglaubsänger 3
Phylloscopus bonelli
Bonelli's Warbler
Pouillot de Bonelli
Luì bianco
Mosquitero papialbo

Ein hell graubrauner Laubsänger. Ganze Unterseite weiß, Bürzel gelbgrün. Der ebenfalls weißbäuchige Waldlaubsänger unterscheidet sich durch die gelbe Kehle und den ausgeprägten gelben Augenstreif. ♂ = ♀ = Jugendkleid. Stimme: der Lockruf ist meist zweisilbig „ho-íhd"; der Gesang ist ein kurzer Schwirrer aus mehreren gleich hohen Schlägen. Ein sehr beweglicher Vogel, der sich in lichten Baumkronen aufhält. Brutvogel in Mischwäldern mit viel Nadelholz, besonders auf trockenen Berghängen. Brutzeit: V.—VI.; 1 Jahresbrut. Nest: am Boden, ein kugelförmiger Bau aus Laub, Moos und Halmen, mit seitlichem Einschlupfloch. Gelege: 5—6 weiße Eier mit dichten, rotbraunen Flecken. Brutdauer: 13—14 Tage; Nestlingszeit: 12 Tage. Nur das ♀ brütet und beide Eltern füttern. Nahrung: Insekten und Spinnen. Zugvogel: IV.—V. und VIII.—IX.

1
1
2
3

Grüner Laubsänger 1
Phylloscopus trochiloides
Greenish Warbler
Pouillot verdâtre
Luì giallo
Mosquitero troquiloide

Dem Zilpzalp sehr ähnlich, hat aber eine schmale, gelbliche Flügelbinde und einen hellen Augenstreif. ♂ = ♀ = Jugendkleid. Das beste Unterscheidungsmerkmal bildet die Stimme: der Lockruf ist ein schafstelzenähnliches „psieb" oder „zielib", der Gesang ein lauter Triller mit zwitschernden Tönen, zaunkönigsähnlich rollend. Brütet sehr zerstreut in Gärten, Parks und Wäldern. Brutzeit: V.—VI.; 1 Jahresbrut. Nest: am Boden zwischen Gras oder Gebüsch, aus Halmen, Moos und dürrem Laub, backofenförmig. Gelege: 5—6 weiße Eier ohne Zeichnung. Nur das ♀ brütet 12—14 Tage und beide Eltern füttern 12—15 Tage. Nahrung: Insekten. Zugvogel: V.—VI. und IX.

Ordnung: Sperlingsvögel - *Passeriformes* **Familie: Goldhähnchen** - *Regulidae*

Wintergoldhähnchen 2
Regulus regulus
Goldcrest
Roitelet huppé
Regolo
Reyezuelo sencillo

Winziger, sehr beweglicher Vogel von olivgrüner Färbung mit hellerer Unterseite, zwei weißen und einer schwarzen Querbinde am Flügel und mit lebhaft orangefarbenem, schwarz eingefaßtem Scheitel. Beim ♀ ist der Scheitel einfarbig gelb und im Jugendkleid fehlt diese Scheitelzeichnung völlig. Dunenkleid: dunkelgrau. Stimme: der Lockruf ist ein dünnes „srisrisri", der Gesang eine hohe, wispernde, auf- und abpendelnde Tonreihe. Häufiger Brutvogel in Nadelholzwäldern. Brutzeit: V.—VI.; 2 Jahresbruten. Nest: tief napfförmig und dickwandig, aus Moos und Flechten, auf der Unterseite von Fichtenzweigen aufgehängt. Gelege: 8—10 weißliche Eier mit verwaschener, hellbrauner Zeichnung. Brutdauer: etwa 16 Tage; Nestlingszeit: 15—16 Tage. Das ♀ brütet und beide Eltern füttern. Nahrung: Insekten, Spinnen. Teilzieher; Zug: III.—IV. und IX.—X.

Sommergoldhähnchen 3
Regulus ignicapillus
Firecrest
Roitelet triple-bandeau
Fiorrancino
Reyezuelo listado

Wie Wintergoldhähnchen, aber bunter, da die Kopfzeichnung noch durch einen weißen Augenstreif und einen schwarzen Zügel ergänzt und das Gefieder an den Schultern goldgelb gefärbt ist. Das ♀ und Jugendkleid unterscheiden sich in denselben Merkmalen wie beim Wintergoldhähnchen. Stimme: Gesang ähnlich dem des Wintergoldhähnchens, bleibt aber auf gleicher Höhe und schwillt langsam an, klingt etwa wie „sisisisisisisia". Häufiger Brutvogel in Nadelwäldern. Brutzeit: V.—VII.; 2 Jahresbruten. Nest, Gelege, Brutpflege und Nahrung: wie Wintergoldhähnchen. Teilzieher; Zug: IV. und X.

1
2 ♂
2 juv
2 ♀
3 ♀
3 ♂

Grauschnäpper 1
Muscicapa striata
Spotted Flycatcher
Gobe-mouche gris
Pigliamosche
Papamoscas gris

Etwa sperlingsgroß, oberseits graubraun, unterseits weißlich mit schwachen, dunklen Längsstrichen auf der Brust und am Oberkopf. ♂ = ♀. Jugendkleid mit besonders am Rücken hellen Federsäumen, es sieht dadurch fleckig aus. Dunenkleid: dunkelgrau. Sitzt meist in aufrechter Haltung frei auf trockenen Zweigspitzen, auf Drahtleitungen, Zaunpfosten u. ä., zuckt oft mit Flügeln und Schwanz und fliegt einige Meter in die Höhe, um fliegende Insekten zu schnappen. Stimme: der Lockruf klingt scharf „pst", Warnruf „teckteck". Häufiger Brutvogel in Parks, Gärten und an Waldrändern, oft in Ortschaften. Brutzeit: V.—VII.; 1—2 Jahresbruten. Nest: napfförmig, aus Halmen, Wurzeln, Moos und Tierhaaren, meist in Halbhöhlen, oft auf Balken unter Dachgiebeln. Gelege: 5 weiße Eier mit grauen und rostroten Flecken. Beide Eltern brüten 12—13 Tage und füttern die Nestjungen 13—14 Tage. Nahrung: fliegende Insekten, Beeren. Zugvogel: IV.—V. und VIII.—IX.

Trauerschnäpper 2
Ficedula hypoleuca
Pied Flycatcher
Gobe-mouche noir
Balia nera
Papamoscas cerrojillo

Kleiner als Sperling. ♂ im Brutkleid kontrastreich schwarz und weiß, Ruhekleid = ♀, oberseits graubraun. Jugendkleid: wie ♀, aber oberseits gefleckt. Dunenkleid: dunkelgrau. Stimme: Lockruf „bitbit, teck, zr" u. ä.; der Gesang klingt stammelnd „di writze writze diple diple" usw. Brutvogel in lichten alten Waldbeständen und in Parkanlagen. Brutzeit: V.—VI.; 1 Jahresbrut. Nest: in Baumhöhlen und Nistkästen, aus Halmen, Würzelchen, Laub, Tierhaaren. Gelege: 5—8 einfarbig bläulichgrüne Eier. Nur das ♀ brütet, meist 14—16 Tage, beide Eltern füttern die Nestjungen 14—17 Tage. Nahrung: fliegende Insekten, im Spätsommer außerdem Beeren. Zugvogel: IV.—V. und VIII.—IX.

Halsbandschnäpper 3
Ficedula albicollis
Collared Flycatcher
Gobe-mouche à collier
Balia dal collare
Papamoscas collarino

Dem Trauerschnäpper sehr ähnlich; das ♂ im Brutkleid mit reinweißem Nackenband und Bürzel, im Ruhekleid wie das ♀, graubraun mit höchstens angedeutetem Halsband, aber deutlich größerem weißen Flügelfeld. Jugend- und Dunenkleid: wie Trauerschnäpper. Stimme: anders als Trauerschnäpper, der Lockruf „sieb" oder „jib", Gesang aus einer Reihe von hohen Pfeiftönen, etwa wie „zidijedidjedioh". Seltener Brutvogel in lichten Laubwäldern. Brutzeit: V.—VI.; 1 Jahresbrut. Nest, Gelege und Brutpflege: wie Trauerschnäpper. Nahrung: fliegende Insekten. Zugvogel: IV.—V. und VIII.—IX.

1 juv
2 ♂
1
2 ♀
2 ♂
2 ♂
3 ♂
3 juv
3 ♂
3 ♀

Ordnung: Sperlingsvögel - *Passeriformes* **Familie: Fliegenschnäpper** - *Muscicapidae*

Zwergschnäpper 1
Ficedula parva
Red-breasted Flycatcher
Gobe-mouche nain
Pigliamosche pettirosso
Papamoscas papirrojo

Klein; kann bei flüchtiger Beobachtung mit einem Rotkehlchen verwechselt werden. ♂ im Brutkleid mit rostroter Kehle und Brust und mit zweifarbigem, schwarzweißem Schwanz. Ruhe- und Jugendkleid ohne rote Kehle, ebenso ausgefärbt wie das ♀. Verhalten: wie die anderen Fliegenschnäpper, zuckt mit Flügeln und Schwanz, sitzt aufrecht, macht kurze Jagdflüge auf Insekten. Stimme: der Lockruf ist ein hohes, zweisilbiges „wije“, der Gesang eine absinkende Tonreihe, etwas an das Fitis-Lied erinnernd, klingt langsam wie „tink tink tink eida eida eida wida wida“. Seltener Brutvogel in hochstämmigen Buchenwäldern. Brutzeit: V.—VI.; 1 Jahresbrut. Nest: in Halbhöhlen, ähnlich wie andere Schnäpperarten. Gelege: 5—7 weißliche Eier mit rostbraunen, zarten und dichten Punktflecken. Brutdauer: ♀ brütet etwa 15 Tage und beide Eltern füttern etwa 14 Tage. Nahrung: Insekten. Zugvogel: V. und VIII.—IX.

Ordnung: Sperlingsvögel - *Passeriformes* **Familie: Drosseln** - *Turdidae*

Schwarzkehlchen 2
Saxicola torquata
Stonechat
Traquet pâtre
Saltimpalo
Tarabilla común

Kleiner als Sperling. ♂: schwarzer Kopf und Rücken, weißer Schulterfleck, rostbraune Brust. ♀: braune Oberseite, an Kopf und Kehle schwarz gestreift. Jugendkleid: Rücken gefleckt. Dunenkleid: braungrau. Sitzt meist in aufrechter Haltung auf Baum- oder Buschspitzen und Telefonleitungen, hält sich auch oft am Boden auf. Stimme: Warnruf „fit tack tack“; Gesang aus schnell wiederholten kratzenden Tönen, dem Lied des Hausrotschwanzes ähnlich. Brutvogel im sonnigen Hügelgelände mit viel Buschwerk. Brutzeit: IV.—VII.; 2 Jahresbruten. Nest: auf dem Boden in einer Erdmulde durch Pflanzen verdeckt, aus Halmen, Würzelchen, Moos und dürren Blättern. Gelege: 5—6 grünliche Eier mit feinen, rostroten Flecken. Das ♀ brütet allein 14—15 Tage, die Nestjungen werden von beiden Eltern 12—14 Tage gefüttert. Nahrung: Insekten. Teilzieher; Zug: II.—III. und X.

Braunkehlchen 3
Saxicola rubetra
Whinchat
Tarier des prés
Stiaccino
Tarabilla norteña

Von dem sonst ähnlichen Schwarzkehlchen durch braunen Kopf mit breiten weißen Augenstreifen und durch die gänzlich helle, rostfarbene Unterseite unterschieden. Schwanzwurzel an den Außenseiten weiß. ♀: matter gefärbt, ohne weiße Flügelflecke. Jugendkleid: auf der Oberseite und der Brust gefleckt. Dunenkleid: dunkelgrau. Stimme: Lockruf schnalzend „teck teck“; Gesang: ein kurzes Lied aus wenigen pfeifenden und kratzenden Tönen, oft kommen Nachahmungen der Motive anderer Singvögel vor. Brutvogel der Wiesenlandschaften mit einigem Gebüsch, auch auf Bergwiesen. Sitzt gern auf hervorragenden Stauden. Brutzeit: V.—VI., 1 Jahresbrut. Nest: wie Schwarzkehlchen. Gelege: 5—6 dunkel blaugrüne Eier. Bebrütung durch das ♀ 14 Tage. Beide Eltern füttern die Nestjungen 11—15 Tage. Nahrung: Insekten. Zugvogel: IV.—V. und VIII.—IX.

1 ♂
1 ♀
2 juv
2 ♀
2 ♀
3 ♀
3 ♂
3 juv

Gartenrotschwanz 1
Phoenicurus phoenicurus
Redstart
Rouge-queue à front blanc
Codirosso
Colirrojo real

Sperlingsgroß; fällt durch häufige Knickse und zitternde Schwanzbewegungen auf. ♂: weiße Stirn, schwarze Kehle und Wangen, rostrote Brust. ♀: graubraun. Jugendkleid: gefleckt. Dunenkleid: dunkelgrau. Stimme: ein schnalzender Lockruf „fuid teck teck teck"; der ziemlich kurze Gesang enthält einige wohlklingende und daneben rauhe Töne, beginnt regelmäßig mit einem hochgezogenen Ton und zwei tiefer liegenden Lauten, etwa „ü träträ". Brutvogel in Laub- und Mischwäldern, Gärten, Parks, auch in Ortschaften. Brutzeit: V.—VII.; 2 Jahresbruten. Nest: in Baumhöhlen, Nistkästen, Mauerspalten u. ä., aus dürren Halmen, Blättern, Wurzeln, mit Haaren und Federn ausgepolstert. Gelege: 5—7 einfarbig grünblaue Eier, die vom ♀ 13—14 Tage bebrütet werden. Beide Eltern füttern die Nestjungen 12—14 Tage. Nahrung: Insekten, Beeren. Zugvogel: IV. und IX.—X.

Hausrotschwanz 2
Phoenicurus ochruros
Black Redstart
Rouge-queue noir
Codirosso spazzacamino
Colirrojo tizón

Figur und Bewegungen wie Gartenrotschwanz. ♂: rußschwarz und aschgrau mit weißem Flügelfeld, rostroter Zitterschwanz. ♀: düster grau ohne Flügelfeld, insgesamt dunkler als das ähnliche Gartenrotschwanz-Weibchen. Jugendkleid: dunkelbraun, fast ungefleckt. Dunenkleid: dunkelgrau. Stimme: der Gesang besteht aus 4—5 gleichhohen, stotternden Tönen, einem Zischlaut und weiteren 2—3 Schlägen; das Lied ist wenig melodisch, wird aber auch während der Dämmerung andauernd von Dachfirsten vorgetragen. Häufiger Brutvogel in menschlichen Siedlungen, in Steinbrüchen und anderem Felsgelände; auch hoch im Gebirge. Brutzeit: IV.—VII.; 2 Jahresbruten. Nest: in Felsspalten, Mauerlöchern, auf Balken unter Dachgiebeln, manchmal auch in Hausräumen; aus Halmen und Wurzeln. Gelege: 5—6 weiße Eier. Bebrütung nur vom ♀ 13 Tage; beide Eltern füttern 12—17 Tage. Nahrung: Insekten, Beeren. Teilzieher; Zug: III. und X.

Rotkehlchen 3
Erithacus rubecula
Robin
Rouge-gorge familier
Pettirosso
Petirrojo

Fast sperlingsgroß; eindeutig an der gelblich roten Brust, den ebenso gefärbten Wangen und dem einfarbig dunkelbraunen Schwanz zu erkennen. Hüpft oft auf den dünnen und ziemlich hohen Beinen auf dem Boden umher, knickst und läßt die Flügel etwas hängen. ♂ = ♀. Jugendkleid: am Rücken hell gefleckt. Dunenkleid: braunschwarz. Stimme: der Lockruf ist ein oft wiederholtes, metallisch klingendes Schnickern „schnickerick"; der Gesang ist eine perlende kurze Tonreihe mit klangschönen Trillern. Singt meist von erhöhten Baumspitzen. Häufiger Waldvogel. Brutzeit: IV.—VI.; 2 Jahresbruten. Nest: am Boden in Erdhöhlen, hohlen Stubben, an Grabenböschungen, aus Moos und dürren Blättern gebaut. Gelege: 5—6 gelbliche Eier mit feinen, gelbbraunen Flecken. Brutdauer: 14 Tage; Nestlingsdauer 12—15 Tage; nur das ♀ brütet, beide Eltern füttern. Nahrung: Insekten, Spinnen, Würmer und Beeren. Teilzieher; Zug: III. und IX.—X.

1 ♂
1 ♀
1 juv
2 ♀
2 ♂
3 ♂
3 juv
3

Nachtigall 1
Luscinia megarhynchos
Nightingale
Rossignol philomèle
Rusignolo
Ruiseñor común

Reichlich sperlingsgroß; einfarbig braun mit rostbraunem Schwanz. ♂ = ♀. Jugendkleid: gefleckt. Dunenkleid: grauschwarz. Hält sich viel in Bodennähe und auf dem Boden auf, bewegt sich auf den langen Beinen drosselartig hüpfend, mit hängenden Flügeln und gestelztem Schwanz. Stimme: lockt „hüit", warnt knarrend „karrr"; das berühmte Lied ist laut und wohltönend, aus sehr verschiedenen schmetternden, schluchzenden und anschwellenden Flötenstrophen, streng gegliedert. Singt regelmäßig auch nachts. Bewohnt unterholzreiche Auwälder, Parks, Gärten, auch recht trockene Laubwälder. Brutzeit: V.—VI.; 1 Jahresbrut. Nest: auf dem Boden; aus trokkenem Laub, Halmen Wurzeln und Moos. Gelege: 4—6 einfarbig oliv- bis kaffeebraune Eier. Brutdauer: 13 Tage; Nestlingsdauer: 11—12 Tage. Nur das ♀ brütet und beide Eltern füttern. Nahrung: Insekten, Beeren. Zugvogel: IV.—V. und VIII.—IX.

Sprosser 2
Luscinia luscinia
Thrush Nightingale
Rossignol progné
Rusignolo maggiore
Ruiseñor ruso

Wie Nachtigall, nur durch die braun gewölkte Brust und die allgemein düstere Färbung etwas unterschieden. Auch die Stimme ist der Nachtigall ähnlich, der Gesang tönt jedoch mehr singdrosselartig und entbehrt der anschwellenden und ziehenden Strophen. Bewohnt ein ähnliches Gelände, sucht aber mehr recht feuchte Standorte aus, z. B. Bruchwälder, sumpfige Niederungen mit dichtem Weidengebüsch, Senken mit Wassertümpeln, Flußtäler u. ä. Beide Arten schließen sich größtenteils auch in der Verbreitung gegenseitig aus. In Brutpflege und Nahrung weitgehende Übereinstimmung mit der Nachtigall. Zugvogel: IV.—V. und VIII.

Blaukehlchen 3
Luscinia svecica
Bluethroat
Gorge-bleue à miroir
Pettazzurro
Pechiazul

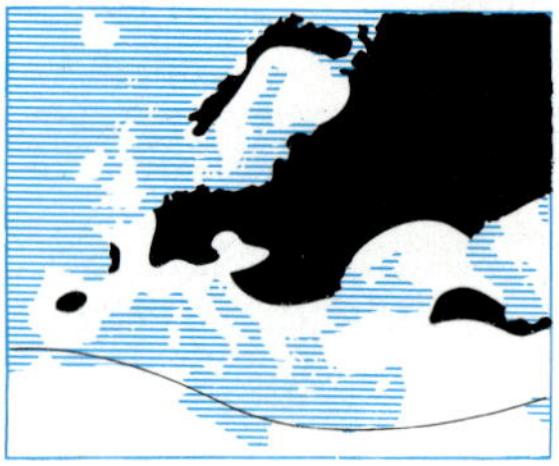

In Größe, Figur und Bewegungsweise dem Rotkehlchen ähnlich, aber das ♂ im Brutkleid an der azurblauen Kehle, das ♀ an der unregelmäßigen schwarzen Zeichnung der Brust kenntlich. Rostbraune Schwanzwurzel. In Mittel- und Osteuropa besitzen die ♂♂ einen weißen Fleck in der Mitte des blauen Kehlfeldes, in Skandinavien einen rostroten (Weiß- und Rotsterniges Blaukehlchen). Jugendkleid: längsgefleckt. Dunenkleid: schiefergrau. Stimme: warnt mit einem kurzen „tack"; der Gesang wird mit einem „dip dip dip" eingeleitet und mit schlagenden, schnurrenden und pfeifenden Tonreihen fortgesetzt. Brütet in nassen Überschwemmungsgebieten mit ausgedehnten Weidendickichten. Brutzeit: IV.—VI.; 1 Jahresbrut. Nest: am Boden, aus Blättern, Halmen, Wurzeln. Gelege: 5—6 fein und dicht rostgelb punktierte Eier. Brutdauer: 13 Tage; Nestlingsdauer: 13—14 Tage. Nahrung: Insekten, Beeren. Zugvogel: III.—IV. und VIII.—IX.

1
1 juv
2
3 ♂ weißsternig
3 ♂
3 ♀
3 ♂ rotsternig
3 juv

Steinschmätzer 1
Oenanthe oenanthe
Wheatear
Traquet-motteux
Culbianco
Collalba gris

Sperlingsgroß; ♂ im Brutkleid grau, Ohrdecken, Flügel und Schwanzende schwarz. ♀ (und ♂ im Winterkleid) nicht so kontrastreich gefärbt, unterseits ockergelb. Jugendkleid: gefleckt. In allen Kleidern weißer Bürzel und weiße Schwanzwurzel, die besonders im Fluge auffällig leuchten. Dunenkleid: dunkelgrau. Hält sich viel am Boden auf, sitzt gerne auf großen Steinblöcken, hüpft drosselartig und knickst oft. Stimme: Lockruf ein wiederholtes, kurzes „jiw", oder „jiw-töck"; Gesang: eine kurze, gepreßt zwitschernde Strophe. Brutvogel in felsigem Gelände: Steinbrüche, Weidegelände mit Felsblöcken, Haustrümmer, auch im felsigen Gebirge oberhalb des Waldgürtels. Brutzeit: V.—VI.; 1 Jahresbrut. Nest: locker aus Halmen und Wurzeln gebaut. Gelege: 5—6 helle, bläuliche, meist ungefleckte Eier. Brutdauer 14 Tage; Nestlingsdauer etwa 15 Tage. Nahrung: Insekten, Spinnen, kleine Schnekken. Zugvogel: III.—IV. und IX.—X.

Mittelmeer-steinschmätzer 2
Oenanthe hispanica
Black-eared Wheatear
Traquet oreillard
Monachella
Collalba rubia

Dem Steinschmätzer in Körpergröße und Zeichnung ähnlich, aber auf der Ober- und Unterseite hell ockerfarben. Kommt in 2 Farbvarianten vor, in einer schwarzkehligen Form und einer weißkehligen, bei der nur die Ohrdecken und der Zügel schwarz sind. ♀ und Jugendkleid: ähnlich Steinschmätzer. Stimme: wie Steinschmätzer. Brütet in trockenen Felslandschaften und in Weinbergen. Brutzeit: V.—VI.; wahrscheinlich 2 Jahresbruten. Brutpflege und Nahrung: wie Steinschmätzer. Zugvogel: III.—IV. und IX.—X.

Steinrötel 3
Monticola saxatilis
Rock Thrush
Merle de roche
Codirossone
Roquero rojo

Starengroß. ♂ im Brutkleid ein bunter Vogel, im Fluge mit leuchtendem, weißem Unterrücken und rostrotem Schwanz. Im Winterkleid ist die bunte Gefiederfärbung durch helle Federsäume verdeckt. ♀ und Jugendkleid: sehen geschuppt aus, auf der Unterseite mehr gelb, oberseits graubraun. Dunenkleid: blaugrau, lange Dunenfedern. Stimme: Lockruf schnalzend „tack tack"; Gesang aus abwechselnden flötenden, wohltönenden Strophen, wird manchmal in einem kurzen Balzflug vorgetragen. Seltener und scheuer Brutvogel in kahlem, felsigem Gelände, an sonnigen Felshängen, manchmal in Weinbergen. Brutzeit: V.—VI.; 1 Jahresbrut. Nest: locker angehäufte Stengel, Wurzeln, Moos, in Felsspalten und zwischen Felsblöcken. Gelege: 4—5 einfarbig grünlichblaue Eier. Das ♀ brütet 13—15 Tage, beide Eltern füttern die Nestjungen 13—16 Tage. Nahrung: Insekten, Spinnen, Schnecken, Beeren. Zugvogel: IV.—V. und VIII.—IX.

1 ♀
1 juv
1 ♂ So
2 ♂ So
schwarzkehlige
Form
2 ♂ So
2 ♀
2 ♂
3 ♂
3 ♂
3 ♀

Blaumerle 1
Monticola solitarius
Blue Rock Thrush
Merle bleu
Passera solitaria
Roquero solitario

Drosselgroß. ♂: schiefer- bis kobaltblau, Schnabel und Füße schwarz. ♀ und Jugendkleid: braungrau. Kehle bräunlich, geschuppte Unterseite. Stimme: Gesang ähnlich dem des Steinrötels, kürzer und nicht so abwechslungsreich. Seltener Brutvogel des Mittelmeergebietes, in trockenen, felsigen Landschaften ähnlich wie Steinrötel. Brutzeit: IV.—V.; 1 Jahresbrut. Nest: wie Steinrötel. Gelege: 5 einfarbige, hell bläuliche Eier. Brutpflege: fast unbekannt. Nahrung: Insekten, Spinnen, Eidechsen, Beeren. Teilzieher; Zug: IV. und IX.

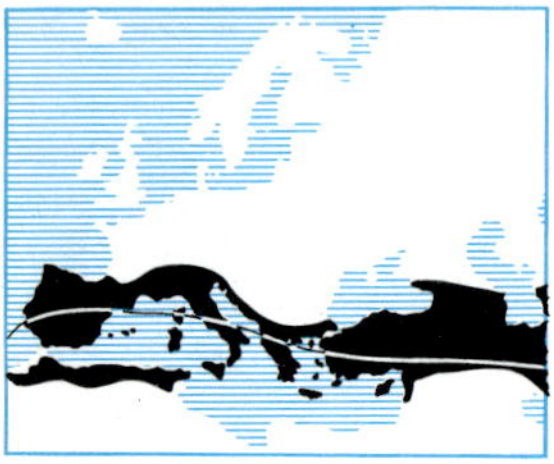

Misteldrossel 2
Turdus viscivorus
Mistle Thrush
Grive draine
Tordela
Zorzal charlo

Wenig größer als Amsel; könnte mit einer großen Singdrossel verwechselt werden, ist aber oberseits grauer, die großen Tropfenflecke reichen bis auf den Bauch und die Flügelunterseite ist weißlich (also weder gelb, wie Singdrossel, noch rotbraun, wie Rotdrossel). ♂ = ♀. Jugendkleid: oberseits hell gefleckt. Dunenkleid: bräunlichweiß. Stimme: der flötende Gesang ist im Klang dem Amsellied ähnlich, besteht aber aus viel einfacheren Motiven. Der Warnruf ist ein ganz charakteristischer schnarrender Laut. Häufiger Brutvogel in größeren Waldgebieten, in Westeuropa mancherorts auch in Dorfgärten und Parks, ähnlich wie die Amsel. Brutzeit: IV.—VI.; 2 Jahresbruten. Nest: aus Stengeln, Reisern und Wurzeln, meist hoch auf Bäumen. Gelege: 4—5 hellblaue Eier mit rotbraunen Flecken. Nur das ♀ brütet 14 Tage; beide Eltern füttern die Jungen im Nest 14—16 Tage. Nahrung: Insekten, Schnecken, Würmer, Beeren. Teilzieher; Zug: II.—III. und X.—XI.

Singdrossel 3
Turdus philomelos
Song Thrush
Grive musicienne
Tordo
Zorzal común

Kleiner als Amsel; Oberseite braun, Brust rahmgelb, dicht mit Flecken bedeckt, Flügelunterseite gelb. ♂ = ♀. Jugendkleid: auf der Rückenseite gefleckt. Dunenkleid: gelbbraun. Stimme: Lockruf „zipp"; Gesang volltönend und laut, aus verschiedenen Motiven, von denen jedes etwa dreimal wiederholt wird. Häufiger Waldvogel, auch in Parkanlagen und Gärten. Brutzeit: IV.—VII.; 2 Jahresbruten. Nest: ein fester Bau aus dürren Stengeln, Halmen und Moos, mit tiefem Napf, dessen Wände mit einer feinen Holzmasse glatt beschmiert sind. Neststand: in dichten Sträuchern und Nadelbäumen, meist niedrig. Gelege: 4—6 grünblaue Eier mit wenigen schwarzen Punktflecken. Bebrütung: das ♀ brütet 12—13 Tage. Nestlingsdauer: ungefähr 14 Tage, beide Eltern füttern. Nahrung: wie Misteldrossel. Teilzieher; Zug: III. und IX.—X.

1 ♀
1 ♂
2 juv
2 ♂
2 ♂
3

Wacholderdrossel 1
Turdus pilaris
Fieldfare
Grive litorne
Cesena
Zorzal real

Amselgroß; Oberseite dreifarbig: Kopf und Bürzel aschgrau, Rücken braun und Schwanz schwarz. Brust: rostbraun und gefleckt. ♂ = ♀. Jugendkleid: Kopf und Bürzel braun. Dunenkleid: hellbraun. Stimme: ein oft zu hörender Flugruf klingt laut „schack schack schak"; der Gesang ist ein gepreßt klingendes Gezwitscher, das oft auch im Fluge vorgetragen wird. Brutvogel in gegliederten Wäldern, Feldgehölzen, auf Teichdämmen mit alten Bäumen, in Birkenbeständen u. ä. Brütet öfters in kleinen Kolonien. Brutzeit: IV.—VI.; 1—2 Jahresbruten. Nest: ähnlich dem der Amsel, meist in den Kronen von Laubbäumen und Kiefern. Gelege und Brutpflege: wie Amsel. Nahrung: Insekten, Würmer, Beeren. Teilzieher und Wintergast; Zug: III.—V. und X.—XI.

Rotdrossel 2
Turdus iliacus
Redwing
Grive mauvis
Tordo sassello
Zorzal malvís

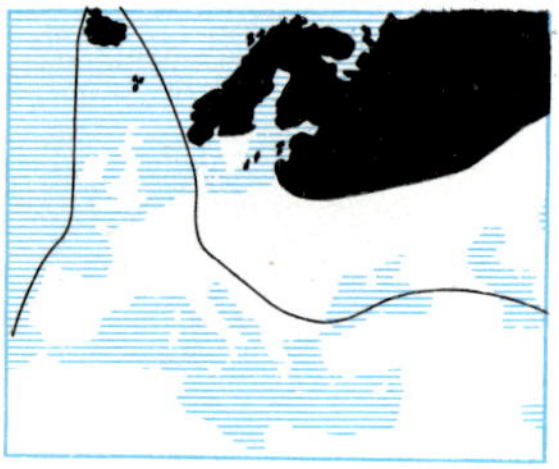

Etwas kleiner als die Singdrossel, dieser bis auf einen hellen Augenstreif und die rostroten Achselfedern und Körperseiten recht ähnlich. Auch im Fluge an den rostfarbenen Flügelunterseiten gut kenntlich. ♂ = ♀. Jugendkleid: ohne rostrote Körperseiten, Rücken fleckig. Dunenkleid: braungrau. Stimme: der Lockruf klingt gedehnt „zjieh" und kennzeichnet vorüberfliegende Vögel sofort; auf dem Zuge befindliche Schwärme lärmen meist mit einem lauten, starenähnlichen Geschwätz. Der Gesang ist ein halblautes Schwätzen mit einigen Singdrosselmotiven. Brutvogel lichter Wälder, oft in versumpftem Gelände; im Winter in offenen Landschaften mit zerstreuten Wäldern und Baumgruppen. Brutzeit: V.—VII.; 2 Jahresbruten. Nest und Gelege ähnlich wie Amsel. Brutdauer: 14—15 Tage; Nestlingsdauer: 11—14 Tage. Beide Eltern brüten und füttern. Nahrung: wie Singdrossel. Teilzieher; Zug: III.—IV. und X.—XI.

Ringdrossel 3
Turdus torquatus
Ring Ouzel
Merle à plastron
Merlo dal collare
Capiblanco

Amselgroß; ♂ schwarz mit weißen Federrändern und hellem Flügelschild, breites, weißes Kropfschild in Form eines Halbmondes. ♀: dunkelbraun mit hellerem Kropfschild. Jugendkleid: braun, unterseits kräftig gefleckt. Dunenkleid: braun. Stimme: Warnruf amselartig „dakdakdak"; der Gesang enthält singdrosselartig wiederholte Motive, ist aber weniger melodisch, mit quarrenden Lauten, meist mit „drüdrüdrü"-Motiven. Brutvogel in Gebirgswäldern und im Knieholz der subalpinen Zone, hält sich viel am Boden auf und sucht die Wiesen ab. Im Norden brütet eine dunklere Rasse, die Nordische Ringdrossel, die in Westeuropa als Zugvogel regelmäßig vorkommt. Brutzeit: IV.—VI.; 1—2 Jahresbruten. Nest: amselartig. Gelege: 4—5 blaugrüne, dicht mit rostbraunen Flecken bedeckte Eier. Brutdauer: 12—14 Tage; Nestlingsdauer: 14—16 Tage. Beide Eltern brüten und füttern. Nahrung: wie Amsel. Teilzieher; Zug: III.—IV. und IX.—XI.

1 juv
1 ♂
2
2
2 juv
3
3 ♀
3 ♂
nordeuropäische Form
3 ♂
mitteleuropäische Form

Ordnung: Sperlingsvögel - *Passeriformes* **Familie: Drosseln** - *Turdidae*

Amsel 1
Turdus merula
Blackbird
Merle noir
Merlo
Mirlo común

♂: schwarz mit orangegelbem Schnabel und ebensolchem Augenring; ♀ braun mit weißlicher Kehle und gefleckter Brust. Jugendkleid: helle Längsstriche am Rücken. Dunenkleid: braungrau. Stimme: Lockruf „duckduckduck“ und „srieh“; warnt mit lärmendem „tixtixtixtix“. Gesang: eine volltönende flötende Strophe. Häufiger Brutvogel in Wäldern, Parks, Gärten, in menschlichen Siedlungen, sogar in Großstädten. Brutzeit: IV.—VII.; 2—3 Jahresbruten. Nest: ein ziemlich großer Bau aus dürren Stengeln, Halmen und Würzelchen, die mit feuchter Erde verkittet sind, in Gebüsch, auf Bäumen und an Gebäuden. Gelege: 4—6 bläulichgrüne Eier mit dichten und feinen, rostroten Flecken. Bebrütung: das ♀ brütet 13—14 Tage. Beide Eltern füttern die Nestjungen 13—15 Tage und noch weitere 2 Wochen nach dem Ausflug. Nahrung: Insekten, Regenwürmer, Schnecken, Beeren und Früchte. Teilzieher; Zug: III.—IV. und X.—XI.

Ordnung: Sperlingsvögel-*Passeriformes* **Familie: Dickschnabelmeisen**-*Paradoxornithidae*

Bartmeise 2
Panurus biarmicus
Bearded Titmouse
Mésange à moustaches
Basettino
Bigotudo

Kleiner als Sperling, langschwänzig. ♂: aschgrauer Kopf mit kräftigem Bartstreif. ♀: Kopf braun. Jugendkleid: am Rücken und Schwanz überwiegend schwarz. Dunenkleid: nicht entwickelt; in der Schnabelhöhle mehrere Reihen perlweißer, lichtreflektierender Papillen. Stimme: Lockruf „pöng pöng“, erregt schnurrend „tschirr“; Gesang: ein leises Zwitschern. Klettert sehr gewandt im Schilf, fliegt ruckweise, niedrig über den Schilfflächen. Seltener und sehr zerstreut vorkommender Brutvogel in ausgedehnten Schilfbeständen einiger Teich- und Seegebiete. Brutzeit: IV.—VII.; 2 Jahresbruten. Nest: ein tiefer, napfförmiger Bau aus Schilfblättern, über Wasser auf umgeknicktem Schilf. Gelege: 5—7 weiße Eier mit wenigen schwarzen Punkten und Strichen. Beide Eltern brüten etwa 12 Tage und füttern die Nestlinge 10—13 Tage. Nahrung: Insekten, im Winter auch Sämereien. Stand- und Strichvogel.

Ordnung: Sperlingsvögel - *Passeriformes* **Familie: Schwanzmeisen** - *Aegithalidae*

Schwanzmeise 3
Aegithalos caudatus
Long-tailed Tit
Mésange à longue queue
Codibugnolo
Mito

Klein; kugelförmiger Körper und übermäßig langer, stufenförmiger Schwanz. Kopf weiß (Nordeuropa) oder mit breitem, bogenförmigem Streif über dem Auge (Westeuropa), in Mitteleuropa Mischpopulationen. ♂ = ♀. Jugendkleid: mit schwarzbraunen Wangen und Nacken, ohne weinrote Schultern. Dunenkleid: mausgrau. Stimme: dünne „si-si“- Rufe, rollend „zerr“ oder „tschrrr“. Hält sich meist in Trupps auf, sucht durch geschicktes Aufhängen und Klettern die Zweigenden ab. Häufiger Brutvogel in Parks, Gärten, lichten Laub- und Mischwäldern. Brutzeit: IV.—VI.; 2 Jahresbruten. Nest: eiförmig und geschlossen, mit seitlichem Einschlupf; aus Moos, Pflanzenwolle und Flechten filzartig verwoben. Gelege: meist 7—10 weiße, schwach gefleckte Eier. Brutdauer: 12 Tage; Nestlingsdauer 15 Tage, beide Eltern füttern. Nahrung: kleine Insekten (Blattläuse). Teilzieher; Zug: II.—IV. und IX.—XI.

1 juv
1 ♂
1 ♀
2 ♂
2 ♀
2 juv
3 streifenköpfige Form
3 juv
3 weißköpfige Form

Beutelmeise 1
Remiz pendulinus
Penduline Tit
Rémiz penduline
Pendolino
Pájaro moscón

Viel kleiner als Sperling. Schwarze Augenmaske am grauweißen Kopf, rotbrauner Rücken. ♂ = ♀. Winter- und Jugendkleid: ohne Augenmaske, Kopf braun. Stimme: die sehr dünnen und gedehnten „síih"-Lockrufe verraten die Art meist sofort; Gesang: leise zwitschernd. Zerstreut vorkommender Brutvogel in wasserreichen Landschaften, Flußauen, Moor- und Teichgebieten. Klettert geschickt in Rohrbeständen und Baumkronen umher. Brutzeit: IV.—VI.; 1—2 Jahresbruten. Nest: beutelförmig, geschlossen, mit seitlicher Einschlupfröhre, aus weicher Pflanzen- oder Tierwolle, gründlich mit Fasern verfilzt und verflochten, meist niedrig an dünnen Zweigenden über dem Wasser aufgehängt. Gelege: 6—8 weiße Eier. Bebrütung: rund 14 Tage; Nestlingsdauer: 15—20 Tage; die Brutpflege obliegt — außer dem Nestbau — nur dem ♀. Nahrung: Insekten, im Winter Sämereien. Strichvogel.

Ordnung: Sperlingsvögel - *Passeriformes* **Familie: Meisen** - *Paridae*

Haubenmeise 2
Parus cristatus
Crested Tit
Mésange huppée
Cincia dal ciuffo
Herrerillo capuchino

Klein, mit spitzer Federhaube und schwarz eingerahmtem Gesicht. Braungrauer Rücken. ♂ = ♀. Jugendkleid: Kopfzeichnung matt und Federhaube kurz. Dunenkleid: dunkelgrau. Stimme: ein rollender Lockruf „zizi gürrrr"; Gesang: unauffällig, mit kennzeichnenden Lockrufen untermischt. Brutvogel in Nadelholzwäldern, in Südeuropa auch in Eichenbeständen. Brutzeit: IV.—VI.; 2 Jahresbruten. Nest: in Baumhöhlen und Nistkästen, aus Moos, Flechten und Halmen, mit Tierhaaren ausgepolstert. Gelege: 7—10 weiße, am breiten Pol kräftig rotgefleckte Eier. Nur das ♀ brütet 15—18 Tage. Beide Eltern füttern die Nestjungen rund 20 Tage lang und nach dem Ausfliegen noch etwa 14 Tage. Nahrung: Insekten und deren Eier, im Winter auch Sämereien. Stand- und Strichvogel.

Tannenmeise 3
Parus ater
Coal Tit
Mésange noire
Cincia mora
Carbonero garrapinos

Klein, schwarzer Kopf mit scharf begrenzten weißen Wangen und großem, weißem Nackenfleck. Unterseite weißlich, Körperseiten weißbraun. ♂ = ♀. Jugendkleid: matter gefärbt, anstatt schwarz dunkelbraun. Dunenkleid: rauchgrau. Stimme: leise, dünne „si-si", manchmal zu einem schwirrendem „sirrrr" gereiht; Gesang: hohe „witze witze witze" u. ä. Häufiger Brutvogel der Nadelholzwälder, in Gebirgen bis zur Baumgrenze. Brutzeit: IV.—VI.; meist 2 Jahresbruten. Nest: napfförmig aus Moos, Wurzeln, Halmen, Flechten und Wolle; in Baumhöhlen, Nistkästen; auch in Erdhöhlen und Erdspalten eingebaut. Gelege: 8—10 weißliche Eier mit feinen, rötlichen Punkten. Bebrütung: nur vom ♀ 14—16 Tage. Nestlingsdauer: 16—17 Tage; beide Eltern füttern die Jungen im Nest und nachher noch einige Zeit freifliegend. Nahrung: Insekten, im Winter Samen verschiedener Nadelhölzer. Teilzieher; Zug: IX.—X.

1 juv
1
2
3
3 juv

Sumpfmeise 1
Parus palustris
Marsh Tit
Mésange nonnette
Cincia bigia
Carbonero palustre

Kleiner als Sperling; graubraun, glänzende, schwarze Kopfkappe, weiße Wangen und kleiner, schwarzer Kinnfleck. Kein helles Flügelfeld (s. Weidenmeise). ♂ = ♀ = Jugendkleid. Dunenkleid: braungrau. Stimme: Lockruf: „pistjä"; Gesang: meist klappernd „djep djep djep", oder pfeifend „tsiät tsiät tsiät" usw. Verbreiteter Brutvogel in lichten Laubwäldern, in buschreichem Sumpfgelände, Gärten und Parkanlagen. Brutzeit: IV.—V.; 1 Jahresbrut. Nest: napfförmig, aus Flechten, Halmen und Tierhaaren, meist in niedrig liegenden Baumhöhlen. Gelege: 7—10 weiße, spärlich rotgefleckte Eier. Brutdauer: 13 Tage, nur das ♀ brütet. Nestlingsdauer: 16—18 Tage, beide Eltern füttern. Nahrung: Insekten und deren Eier, im Winter Sämereien. Standvogel.

Weidenmeise 2
Parus montanus
Willow Tit
Mésange boréale
Cincia bigia alpestre
Carbonero sibilino

Der Sumpfmeise sehr ähnlich, läßt sich aber durch eines der folgenden Merkmale unterscheiden: Kopfplatte mattschwarz (gilt aber auch für junge Sumpfmeisen), großer Kinnfleck, helle Handschwingensäume bilden ein oft merkbares helles Flügelfeld. Das beste Unterscheidungsmerkmal bildet die Stimme: der Lockruf ist ein recht auffallendes, geräuschvolles und breites „dääh dääh" oder „zizi dähdähdäh". Der Gesang besteht aus etwa 5—6 gleichhohen Pfeiflauten „djü djü djü djü djü". Stellenweise häufiger Brutvogel in jüngeren Mischwäldern, Erlenbrüchen, Sumpfgeländen mit Dickichten, im Gebirge bis zur Waldgrenze. Brutzeit: IV.—VI.; 1—2 Jahresbruten. Nest: wie Sumpfmeise, oft in morschen Baumstubben. Gelege: 7—8 weiße, rotgefleckte Eier. Brutdauer: 13—14 Tage, nur das ♀ brütet. Die Nestjungen werden 17—19 Tage von beiden Eltern gefüttert. Nahrung: wie Sumpfmeise. Standvogel.

Blaumeise 3
Parus caeruleus
Blue Tit
Mésange bleue
Cinciarella
Herrerillo común

Kleiner als Sperling. Scheitel und Flügel azurblau, Unterseite hellgelb. ♂ = ♀. Jugendkleid: blasser gefärbt. Dunenkleid: grauweiß. Stimme: meist ein zeterndes „zerretetetet"; Gesang: hell klingelndes „zizi zirrrr". Gewandter Kletterer. Häufiger Brutvogel in parkartigem Gelände, in Gärten und lichten Mischwäldern. Brutzeit: IV.—VI.; 2 Jahresbruten. Nest und Gelege: wie Kohlmeise. Brutpflege: nur das ♀ brütet 13—15 Tage; beide Eltern füttern die Nestjungen 17—18 Tage. Nahrung: Insekten, im Herbst auch Beeren und im Winter besonders ölhaltige Samen. Teilzieher; Zug: III.—IV. und IX.—XI.

1
1
2
3
3 juv

Ordnung: Sperlingsvögel - *Passeriformes* **Familie: Meisen** - *Paridae*

Kohlmeise 1
Parus major
Great Tit
Mésange charbonnière
Cinciallegra
Carbonero común

Etwa sperlingsgroßer, bunter und sehr beweglicher Vogel. Kopf glänzend schwarz mit reinweißen Wangen. Gelbe Unterseite mit breitem, schwarzen Mittelstreif. ♀: mit schwächerem Bauchstreif. Jugendkleid: matter gefärbt, fast ohne Bauchstreif. Dunenkleid: rauchgrau. Fliegt ruckweise, klettert gewandt im Geäst, sucht oft auch den Boden ab. Stimme: Lockruf hell „pink“ und ein fragendes „si tuit“. Gesang: rhythmisch wetzend, metallisch klingendes „zizibä zizibä“ usw. Häufiger Brutvogel in Wäldern, Gärten, Baumreihen und Parks, in Gebirgen bis zur Baumgrenze. Brutzeit: IV.—VI.; 2 Jahresbruten. Nest: aus Moos, Flechten, Halmen, Wurzeln; in Baumhöhlen, Nistkästen u. ä. Halbhöhlen aller Art. Gelege: 8—10 weiße Eier mit roten Flecken. Brutdauer: 13—14 Tage, nur das ♀ brütet. Nestlingsdauer: 15—20 Tage, beide Eltern füttern. Nahrung: Insekten, ölhaltige Samen und Früchte. Teilzieher; Zug: III.—IV. und IX.—X.

Ordnung: Sperlingsvögel - *Passeriformes* **Familie: Spechtmeisen** - *Sittidae*

Kleiber 2
Sitta europaea
Nuthatch
Sittelle torchepot
Picchio muratore
Trepador azul

Sperlingsgroß. Großer Kopf mit geradem, pfriemförmigem Schnabel, kurzer Schwanz. Oberseite graublau, Unterseite ockergelb. ♂ = ♀ = Jugendkleid. Dunenkleid: dunkelgrau. Stimme: lockt mit kurzen, energischen „sit“-Rufen; erregt „twät twät“; Gesang: laut und klangrein pfeifend „tüit tüit tüit“, öfters zu einem schnellen „tütütütütü“ verdichtet. Klettert meist rutschend an Baumstämmen, auch kopfabwärts. Häufiger Brutvogel in Wäldern, Parks, Gärten und Baumalleen mit alten Laubbäumen. Brutzeit: IV.—VI.; 1 Jahresbrut. Nest: ein lockerer Haufen aus Rindenborke, dürren Blättern und Fasern, in Baumhöhlen und Nistkästen, Mauerspalten; das Einflugloch wird regelmäßig mit tonhaltiger Erde auf Körperumfang verkleinert. Gelege: 6—8 weiße Eier mit rostroten Flecken. Bebrütung: 13—17 Tage, nur das ♀ brütet. Nestlingsdauer: etwa 24 Tage, beide Eltern füttern. Nahrung: Insekten und ölhaltige Samen, manchmal Beeren. Standvogel.

Mauerläufer 3
Tichodroma muraria
Wall Creeper
Tichodrome échelette
Picchio muraiolo
Treparriscos

Reichlich sperlingsgroß. Langer, dünner Bogenschnabel, kurzer Schwanz, Flügeloberseite karminrot mit weißen Tropfenflecken auf den Handschwingen. Kehle und Kropf schwarz. Jugend- und Winterkleid: Kehle und Kropf weiß. Dunenkleid: grau. Stimme: dünne, pfeifende Lockrufe „tiü, tíh“ u. ä.; Gesang: pfeifend „zizizitüi“. Hält sich an senkrechten, kahlen Felsen auf, seltener auf Mauerwerk; klettert mit halbgeöffneten Flügeln und mit schmetterlingsartigem Flatterflug. Seltener Brutvogel in den höheren Lagen großer Gebirgszüge, erscheint im Winter selten auch in den Ebenen. Brutzeit: V.—VI.; 1 Jahresbrut. Nest: in Felsspalten, aus Moos, Flechten, Würzelchen und Tierhaaren. Gelege: 4—5 weiße Eier mit wenigen rotbraunen Punkten. Bebrütung: 18—19 Tage; Nestlingsdauer: 21—23 Tage. Nahrung: Insekten und Spinnen. Teilzieher; Zug: III. und IX.—X.

1 juv
1 ♂
2 So
3 W

Ordnung: Sperlingsvögel - *Passeriformes* **Familie: Baumläufer** - *Certhiidae*

Waldbaumläufer 1
Certhia familiaris
Tree Creeper
Grimpereau familier
Rampichino alpestre
Agateador norteño

Klein und zierlich; dünner Bogenschnabel, langer Stützschwanz. Oberseite tabakbraun, Unterseite glänzend weiß. (s. Gartenbaumläufer). ♂ = ♀ = Jugendkleid. Dunenkleid: schwarzgrau. Stimme: leise „srih srih"; der Gesang ist kräftiger und länger als der des Gartenbaumläufers, etwa „sirr srieh uísiri uit tierrrr uit", durch den rollenden Triller dem Schlag des Zaunkönigs etwas ähnlich. Klettert ruckartig an Baumstämmen empor und fliegt aus der Baumkrone wieder zur Wurzel eines der nächsten Bäume. Häufiger Brutvogel in Fichtenwäldern und Mischwaldbeständen. Brutzeit: IV.—VII.; 1—2 Jahresbruten. Nest: aus Reiserchen, Blättern und Halmen, in Baumspalten, Holzhaufen, unter Dächern u.ä. Gelege: 5—7 weißliche Eier mit feinen roten Flecken. Brutdauer: 14—15 Tage, nur das ♀ brütet. Beide Eltern füttern. Nahrung: Insekten und deren Eier, zusätzlich Sämereien. Standvogel.

Gartenbaumläufer 2
Certhia brachydactyla
Short-toed Tree Creeper
Grimpereau des jardins
Rampichino
Agateador común

Von dem sehr ähnlichen Waldbaumläufer manchmal nach folgenden Merkmalen zu unterscheiden: Bauch schmutziggrau, besonders die Körperseiten sind bräunlicher; Oberseite mehr mausgrau; der Augenstreif ist weniger deutlich und der Schnabel etwas länger und stärker gebogen. Das beste Bestimmungsmerkmal bietet die Stimme: der Lockruf ist ein energisch wiederholtes „tit". Die Gesangstrophe ist kürzer, ohne Triller, dünn pfeifend: etwa „tü ti tirroiti". Häufiger Brutvogel in Mischwäldern, Baumalleen, Gärten und Parkanlagen mit alten Laubbäumen. Brutzeit: V.—VII.; 1 Jahresbrut. Nest: in Baumspalten, Holzstößen, unter Dächern; ein Häufchen aus Reisig, Halmen und Blättern mit weich gepolsterter Nestmulde. Gelege, Brutpflege und Nahrung: wie Waldbaumläufer; die Eier meist mit grober Fleckung. Standvogel.

Ordnung: Sperlingsvögel - *Passeriformes* **Familie: Ammern** - *Emberizidae*

Schneeammer 3
Plectrophenax nivalis
Snow Bunting
Bruant des neiges
Zigolo della neve
Escribano nival

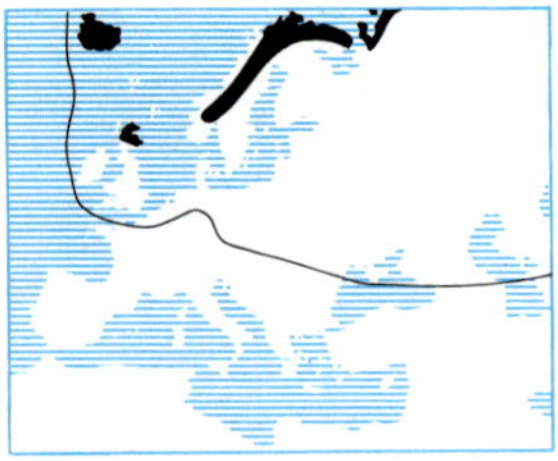

Reichlich sperlingsgroß. Gefieder hell: große schneeweiße Flügelfelder, ♂ im Brutkleid: weiß und schwarz — weißer Kopf. ♀: weiß und braun. Winterkleid: weiß und hellbraun, ♂ = ♀. Im Fluge sind die reinweißen Flügel mit den schwarzen Spitzen kennzeichnend — eine ähnliche Flügelzeichnung hat der Schneefink. Jugendkleid: rostbraune Flügel. Dunenkleid: dunkelgrau. Stimme: lockt mit trillernden „brrrü"; der kurze, melodische Gesang ertönt oft im Balzflug: „tjurí tjurí tjurí tjuriwie". Brutvogel der felsigen Tundra; häufiger Wintergast, öfters in großen Schwärmen in Küstennähe, weniger im Binnenland auf Feldern. Bodenvogel, trippelnder Lauf. Brutzeit: VI. bis VII.; 1 Brut. Nest: auf dem Boden, aus Halmen, Moos und Flechten. Gelege: 5—6 weißliche Eier mit dunkler Zeichnung. Bebrütung: nur ♀, 12—14 Tage. Nahrung: Insekten, Sämereien. Zugvogel: III.—IV. und IX.—X.

1
2
3 ♀
3 ♂
3 ♂ W

Grauammer 1
Emberiza calandra
Corn Bunting
Bruant proyer
Strillozzo
Triguero

Größer als Sperling, mit kurzem, kräftigem Schnabel. Graubraun, dunkle Längsstriche. ♂ = ♀. Jugendkleid: brauner, am Kropf rostgelb, stärker gefleckt. Dunenkleid: gelbbraun. Stimme: Lockruf einsilbig „zicks", oder gereiht „zickzickzick". Gesang klirrend: „zick zick zick schnirlrlrl", von einem erhöhten Singplatz aus, oft von Telefonleitungen, vorgetragen. Brutvogel der Kultursteppe, bes. Kornfelder und Wiesen mit Baumalleen und Hecken; im Winter in Schwärmen herumstreichend. Brutzeit: V.—VI.; 1—2 Jahresbruten. Nest: am Boden im Gras, aus Halmen und Wurzeln, mit Haaren ausgepolstert. Gelege: 4—5 rötlichgelbe oder weißliche Eier mit dunkelbraunen Flecken und Schnörkeln. Brutpflege: 12—13 Tage, nur das ♀ brütet. Nestlingsdauer: 9—12 Tage, die Jungen verlassen das Nest, bevor sie flügge sind; es füttern beide Eltern. Nahrung: Sämereien, Insekten. Teilzieher; Zug: III. und X.

Goldammer 2
Emberiza citrinella
Yellowhammer
Bruant jaune
Zigolo giallo
Escribano cerillo

Reichlich sperlingsgroß. Goldgelber Kopf und ebensolche Unterseite, rotbrauner Bürzel. Brust und Körperseiten rotbraun gestreift. ♀ und Jugendkleid: matter gefärbt und stärker gestreift. Dunenkleid: rauchgrau. Stimme: Lockruf „zick" und „zickzürrr"; Gesang: eine taktfeste Reihe von 5—6 gleichhohen Tönen mit gestrecktem und meist erhöhtem Schlußton, etwa „zi zi zi zi zi zieh". Hüpft auf dem Boden, zuckt mit dem Schwanz. Häufiger Brutvogel in Gehölzen, an Waldrändern, in Schonungen; im Winter scharenweise in der Nähe menschlicher Siedlungen. Brutzeit: IV.—VII.; 2 Jahresbruten. Nest: meist auf dem Boden oder niedrig darüber im Gras und Gebüsch, aus Halmen, Wurzeln und Blattstücken. Gelege: 4—5 weißliche Eier mit braunen Flecken und Schnörkeln. Bebrütung und Nestlingsdauer: je 12—14 Tage; beide Eltern brüten und füttern. Nahrung: Sämereien, Beeren, Insekten. Teilzieher; Zug: III.—IV. und IX.—XI.

Zaunammer 3
Emberiza cirlus
Cirl Bunting
Bruant zizi
Zigolo nero
Escribano soteño

In Größe und Gestalt der Goldammer ähnlich. ♂: Oberkopf und Kehle schwarz, graues Brustband. ♀ und Jugendkleid: von der Goldammer durch den dunkleren Kopf und den olivbraunen Bürzel unterschieden. Dunenkleid: graubraun. Stimme: lockt dünn „zit" oder „sip"; Gesang: metallisch klirrend „zirlrl" — dem Klappern der Zaungrasmücke ähnlich. Brütet in sonnigerem, sonst aber ähnlichem Gelände wie die Goldammer, im Winter in Trupps bei Bauernhöfen. Brutzeit: IV.—VII.; 2 Jahresbruten. Nest und Gelege: wie Goldammer. Brutdauer: 11—12 Tage, nur das ♀ brütet. Nestlingsdauer: 11—13 Tage, es füttert fast nur das ♀. Nahrung: wie Goldammer. Standvogel.

1
2 ♂
2
2 ♀
2 juv
3 ♂
3 ♀

Ortolan 1
Emberiza hortulana
Ortolan Bunting
Bruant ortolan
Ortolano
Escribano hortelano

Sperlingsgroß. Schnabel rötlich. ♂: grauer Kopf mit gelbem Augenring, gelbe Kehle und zimtbraune, ungefleckte Unterseite. ♀ und Jugendkleid: blasser gefärbt, Kropf mit Längsstrichen, dunkle Bartstreifen, heller Augenring. Dunenkleid: hellgrau. Stimme: Lockruf kurz „djü“ und „zia“, Gesang ähnlich dem Lied der Goldammer, klingt jedoch weich und schwermütig „jif jif jif tjör“. Singt von erhöhten Singplätzen. Örtlich verbreiteter Brutvogel in warmen, fruchtbaren Ebenen und im Hügelland mit viel Getreidefeldern, Obstbaumalleen, baumbegrenzten Feldwegen und in Weinbergen. Brutzeit: V.—VII.; 1—2 Jahresbruten. Nest: meist in einer Bodenvertiefung, aus Halmen, Wurzeln und dürren Blattstücken, weich mit Tierhaaren ausgepolstert. Gelege: 4—5 weißliche Eier mit wenigen braunschwarzen Flecken. Bebrütung: durch das ♀ 11—13 Tage; beide Eltern füttern die Nestjungen 10—13 Tage. Nahrung: Sämereien und Insekten. Zugvogel: V. und VIII.

Zippammer 2
Emberiza cia
Rock Bunting
Bruant fou
Zigolo muciatto
Escribano montesino

Sperlingsgroß. Hellgrauer Kopf mit schwarzen Streifen, zimtbraune Unterseite und Bürzel. ♀: matter gefärbt, mit leicht gefleckten Körperseiten. Dunenkleid: grau. Stimme: Lockruf scharf „zit“, oder gedehnt „zieh“; Gesang erinnert etwas an die Lieder von Girlitz und Rohrammer: „zi zi zi zirrr“. Brutvogel auf warmen, felsigen Berghängen mit Gebüsch und in Weinbaugebieten, auch in Gebirgen. Brutzeit: V.—VII.; 1—2 Jahresbruten. Nest: auf dem Boden unter Grasbüscheln, zwischen Steinen, in Mauern; im Bau wie Goldammer. Gelege: 4—5 grauweiße Eier mit schwarzen Punkten und Linien. Das ♀ brütet 12—13 Tage und beide Eltern füttern die Nestjungen 10—13 Tage. Nahrung: Sämereien, Insekten. Stand- und Strichvogel.

Rohrammer 3
Emberiza schoeniclus
Reed Bunting
Bruant des roseaux
Migliarino di palude
Escribano palustre

Sperlingsgroß, ohne Gelb im Gefieder. ♂ im Brutkleid mit scharf begrenztem schwarzem Kopf und Kehle, weißem Halsband und weißem Bartstreif; weiße äußere Schwanzfedern. ♂ im Winterkleid, ♀ und Jugendkleid: Kehle grauweiß, schwarzer Bartstreif, weißlicher Zügel- und Augenstreif, gestreifte Unterseite. Stimme: Lockruf scharf „zieh“; Gesang: eine abgehackte, stammelnde Strophe, etwa „zja-tit-tai-zississ“. Brutvogel an versumpften Teich- und Flußufern, in Moorgebieten, nassen Wiesen; ist an Schilf- und Rohrbestände gebunden. Brutzeit: V.—VII.; 1—2 Bruten im Jahr. Nest: am Boden in Grasbüscheln, in Weidengebüsch; aus Halmen, Moos und Blattstücken, mit Tierhaaren ausgepolstert. Gelege: 5—6 braune Eier mit schwärzlichen Flecken und Strichen. Bebrütung meist nur durch das ♀: 12—14 Tage. Nestlingsdauer: 11—13 Tage, beide Eltern füttern. Nahrung: Insekten, Weich- und Krebstiere, Sämereien. Teilzieher; Zug: III. und X.

1 ♀
1 ♂
2 ♀
2 ♂
3 ♀
3 ♂
3 ♂ W

Kappenammer 1
Emberiza melanocephala
Black-headed Bunting
Bruant à tête noire
Zigolo capinero
Escribano cabecinegro

Reichlich sperlingsgroß. ♂: schwarze Kappe (im Herbst braun), gelbe Unterseite, Rücken braun ohne Längsstreifung. ♀ und Jugendkleid: grau, unterseits hell und ungestreift, untere Schwanzdecken gelb. Stimme: Lockruf scharf „zitt"; Gesang ziemlich melodisch, mit einem schnellen Triller am Ende, etwa „dzi der üh-zizizi". Brutvogel in offenem, buschreichem, meist hügeligem Gelände, in Oliven- und Weingärten. Brutzeit: V.—VI.; 1 Jahresbrut. Nest: in dichter Vegetation am Boden oder niedrig darüber im Gestrüpp versteckt; aus Halmen, Würzelchen, dürren Blättern, weich gepolstert mit Tierhaaren. Gelege: 4—5 weißliche Eier mit feinen dunklen Strichen. Bebrütung: 14 Tage; Nestlingsdauer: unbekannt. Die Brutpflege obliegt fast nur dem ♀. Nahrung: Sämereien, Insekten. Zugvogel: IV.—V. und VIII.

Spornammer 2
Calcarius lapponicus
Lapland Bunting
Bruant lapon
Zigolo della Lapponia
Escribano lapón

Sperlingsgroß. ♂ im Brutkleid: Kopf und Kehle schwarz, rotbrauner Nacken. Im Winterkleid ist die schwarze Kopfzeichnung teilweise durch braunes Gefieder verdeckt. ♀: weißliche Kehle, gestreifter Scheitel, der Nacken oft rostbraun. Die Art ist im Winter meist dem Rohrammer-♀ sehr ähnlich, kann aber an der Stimme sowie am lerchenartig rennenden Lauf und auch am kürzeren Schwanz unterschieden werden. Meidet Bäume als Sitzplätze. Stimme: lockt mit spatzen- oder hänflingsartigen „tschrrr" und „gegegegeg"; am Brutplatz pfeifende „tiehe"-Rufe; der Gesang klingt feldlerchenartig. Brutvogel der baumlosen Tundra, im Wintergebiet auf Stoppelfeldern, selten im Binnenland. Brutzeit: V.—VII.; 1 Brut. Nest: bodenständig, aus Gras und Moos. Gelege: 4—5 dicht braungefleckte Eier. Brutdauer: 14 Tage. Nahrung: Insekten, Sämereien. Zugvogel; Wintergast: IX.—III.

Ordnung: Sperlingsvögel - *Passeriformes* **Familie: Finken** - *Fringillidae*

Kernbeißer 3
Coccothraustes coccothraustes
Hawfinch
Gros-bec casse-noyaux
Frosone
Picogordo

Starengroß; dicker Kopf mit mächtigem Kegelschnabel, kurzer Schwanz. Schwarzer Kinnfleck, Schnabel blau (im Winter hornbraun). ♀: blasser. Jugendkleid: Kinn weiß, Unterseite schuppig gefleckt. Dunenkleid: weiß. Im Flug am großen Kopf und Schnabel, den großen weißen Flügelfeldern und am weißen Schwanzende kenntlich. Stimme: lockt kräftig „zicks" oder „tzitt"; Gesang: unauffällig stammelnd mit eingeflochtenen Lockrufen. Brutvogel in lichten Laubwäldern und Obstgärten. Brutzeit: V.—VI.; 1 Jahresbrut. Nest: in den Kronen von Laubbäumen; aus Reisern, Wurzeln und Moos, die Nestmulde mit Tierhaaren ausgepolstert. Gelege: 5 hellblaue Eier mit spärlichen schwarzen Flecken. Brutpflege: beide Eltern brüten und füttern die Nestlinge je 14 Tage. Nahrung: Kerne von Kirschen, Schlehen, Pflaumen, Äpfeln, harte Samen verschiedener Laubbäume, Insekten. Stand- und Strichvogel.

1 ♂ W
1 ♂
1 ♀
2 ♂
2 ♀
2 ♂ W
3
3 ♂
3 juv

Buchfink 1
Fringilla coelebs
Chaffinch
Pinson des arbres
Fringuello
Pinzón vulgar

Sperlingsgroß. Im Fluge sind zwei weiße Flügelbinden und die weißen äußeren Schwanzfedern besonders auffallend. ♂: bunt, Kopf blaugrau, Unterseite weinrot, Bürzel grün. ♀ und Jugendkleid: graubraun. Dunenkleid: hellgrau. Fliegt wellenförmig, hüpft trippelnd auf dem Boden. Stimme: Lockrufe hell „pink", im Fluge halblaut „jüb", oft ein vibrierendes „trief" (Regenruf). Der Gesang ist eine laut schmetternde, abfallende Tonreihe mit kennzeichnendem 2—3silbigem Endmotiv (Finkenschlag). Häufiger Brutvogel in Wäldern und Gärten, auch Stadtvogel. Brutzeit: IV.—VI.; 2 Jahresbruten. Nest: in Baumkronen oder im Gebüsch, aus Fasern, Halmen, Moos und Flechten verwobener, napfförmiger Bau. Gelege: 4—6 meist bräunliche Eier mit charakteristischen dunklen „Brandflecken". Brutdauer: 12—13 Tage, ♀ brütet allein. Nestlingsdauer: 13—14 Tage, beide Eltern füttern. Nahrung: Sämereien, Insekten. Teilzieher; Zug: III.—IV. und IX.—X.

Bergfink 2
Fringilla montifringilla
Brambling
Pinson d'Ardennes
Peppola
Pinzón real

Sperlingsgroß. ♂ im Brutkleid: tiefschwarzer Kopf und Oberrücken, Bürzel und Bauch weiß, Brust und Schultern orangefarben. Im Flug mit kontrastierendem, weißlichem Feld am Flügelvorderrand und weißer Flügelbinde im schwarzen Flügel, leuchtend weißer Bürzel und schwarzer Schwanz. Im Winter ist die schwarze Kopffärbung durch graue und braune Federsäume weitgehend verdeckt. ♀: Kopf überwiegend braun, Halsseiten grau. Jugendkleid: Bürzel und Bauch gelbbraun anstatt weiß. Dunenkleid: weiß. Stimme: quäkend „äk" oder „quäk", im Fluge „gegege"; Gesang: unmelodisch ratschend, mit vielen Locktönen. Häufiger Brutvogel der nordischen Birken- und Fichtenwälder; auf dem Zuge oft in riesigen Schwärmen auf Feldern und in Buchenwäldern. Brutzeit: V. bis VII.; 1 Brut. Nest, Gelege und Brutpflege: ähnlich wie Buchfink. Nahrung: Insekten, Sämereien, Beeren. Zugvogel: III.—IV. und X.—XII.

Grünling 3
Carduelis chloris
Greenfinch
Verdier d'Europe
Verdone
Verderón común

Sperlingsgroß. Olivgrüngelber Vogel mit dickem Kopf und kräftigem Schnabel. Goldgelbe Flügelfelder und Schwanzränder. ♀: matter gefärbt, mehr grau und braun. Jugendkleid: Längsstriche auf dem Rücken und der Unterseite. Dunenkleid: grauweiß. Stimme: lockt mit eigenartigem Kreischlaut „schwiehr" und klingelndem „gügügü"; der Gesang wird oft in fledermausartigem Balzflug vorgetragen und hat etwa folgendes Schema: „kling kling kling girrrr tjotjotjo gigigig djul djul djul" usw. Häufiger Brutvogel in Feldgehölzen, an Waldrändern, in Dorfgärten und Parkanlagen. Brutzeit: IV.—VI.; 2 Bruten. Nest: napfförmig, aus Halmen und Reisern, mit weicher Nestmulde, in Hecken, dichtem Gebüsch, jungen Nadelbäumen. Gelege: 5—6 weißliche Eier mit dunkelbraunen Flecken und Punkten. Nur das ♀ brütet 13—14 Tage; beide Eltern füttern die Nestjungen 12—14 Tage. Nahrung: Sämereien, Beeren, Knospen. Teilzieher; Zug: III.—IV. und X. bis XII.

1 ♂ W
1 ♀
1 ♂
2 ♂
2 ♂ W
2 ♀
3 ♂
3 ♀

Stieglitz (Distelfink) 1
Carduelis carduelis
Goldfinch
Chardonneret élégant
Cardellino
Jilguero

Kleiner als Sperling. An der Kopfzeichnung (rot, weiß und schwarz) unverkennbar. Im Fluge breite, goldgelbe Flügelbinde und weißer Bürzel. ♂ = ♀. Jugendkleid: Kopf einfarbig braun. Rücken- und Unterseite gefleckt, gelbe Flügelbinde entwickelt. Dunenkleid: grau. Stimme: Lockruf, besonders im Fluge, „tiglitt"; der Gesang ist ein hastiges Lied, stets mit Lockrufen untermischt. Häufiger Brutvogel in offenen, baumreichen Landschaften, Dorfgärten, Obstplantagen; im Winter scharenweise auf Brachland und Wegrändern mit Disteln und Kletten. Brutzeit: V.—VII.; 2 Bruten. Nest: dickwandiger Napf aus feinen Stengeln, Halmen, Wurzeln, Moos und Flechten, hoch in den Baumkronen auf den Astenden gebaut. Gelege: 5—6 weißliche Eier mit feinen roten Flecken. Das ♀ brütet 12—13 Tage und beide Eltern füttern etwa 14 Tage. Nahrung: Sämereien, besonders Distelsamen, Insekten. Teilzieher; Zug: III.—IV. und X. —XI.

Zeisig 2
Carduelis spinus
Siskin
Tarin des aulnes
Lucarino
Lúgano

Kleiner, gelbgrüner Vogel mit zwei gelben Flügelbinden. ♂: Scheitel und Kinnfleck schwarz. ♀ und Jugendkleid: graugrün, ohne schwarze Kopfzeichnung. (Über Verwechslungsmöglichkeit mit Birkenzeisig, Girlitz oder Zitronengirlitz s. dort.) Stimme: der häufigste Flugruf ist ein gedehntes, dünnes „diäh"; der Gesang ein schnelles Zwitschern mit charakteristischem Kreischlaut, etwa „dididlililiddei däääh" — wird oft im Balzflug vorgetragen. Häufiger Brutvogel der nordischen Nadelholzwälder und Gebirgswälder, außerhalb der Brutzeit in Trupps besonders in Erlen- und Birkenbeständen. Brutzeit: IV. bis VII.; 2 Bruten. Nest: klein, dickwandig, tief ausgehöhlt; hoch auf Nadelbäumen, versteckt in den Zweigspitzen eingebaut. Gelege: 5 weißliche Eier mit rotbraunen Fleckchen. Das ♀ brütet 13 Tage und beide Eltern füttern 2 Wochen. Nahrung: hauptsächlich Samen von Fichten, Erlen, Birken, zur Brutzeit auch Insekten. Teilzieher; Zug: VIII.—V.

Birkenzeisig 3
Carduelis flammea
Redpoll
Sizerin flammé
Organetto
Pardillo sizerín

Kleiner, graubrauner, auf der Oberseite dunkel längsgestreifter Vogel mit roter Stirn, schwarzem Kinnfleck und zwei hellen Flügelbinden. ♂: mit rötlicher Brust. Jugendkleid: Stirn graubraun. Ähnliche Arten, wie Zeisig, Girlitz und Zitronengirlitz, sind gelbgrün; Hänflinge s. dort. Stimme: ruft im Fluge ein metallisch klingendes, hastiges „dschädschädschädschä"; den Gesang bilden kurze Triller mit „schrrr"- und „dschädschä"-Rufen. Brutvogel nordischer Birken- und Erlenwälder. Im Weidengestrüpp, im Gebirge an der oberen Waldgrenze, im Winter scharenweise auf Birken. Brutzeit: V.—VII.; 1 Brut. Nest: aus Reisern, Halmen, Flechten und Moos, tief ausgehöhlt und mit Haaren gepolstert. Meist nicht hoch im Gebüsch. Gelege: 5 bläuliche Eier mit rotbraunen Flecken. Nur das ♀ brütet 14 Tage, beide Eltern füttern etwa 12 Tage. Nahrung: wie Zeisig. Teilzieher; Zug: X.—IV.

1 ♀
1 ♂
2 ♀
2 ♂
3 ♂
3 ♀

Berghänfling 1
Carduelis flavirostris
Twite
Linotte à bec jaune
Fanello nordico
Pardillo piquigualdo

Kleiner als Sperling; dunkelbraun, Kehle zimtbraun, dunkle Längsstreifung. Schnabel im Winter wachsgelb. ♂ mit rötlichem Bürzel. Jugendkleid stärker gestreift. Vom Birkenzeisig durch das Fehlen des Kinnflecks und der roten Stirn unterschieden. Stimme: Lockruf weich „gjägjägjä“ und kräftig „tschui“; Gesang zwitschernd. Brutvogel in der Gras- und Moostundra; im Winter schwarmweise auf Brach- und Stoppelfeldern und auf Ruderalflächen. Brutzeit: V.—VII.; meist 1 Jahresbrut. Nest: niedrig über oder auf dem Boden, napfförmig, aus Halmen, Stengeln, Moos, mit Haaren gepolstert. Gelege: 5 bläuliche Eier mit braunroten Flecken und Punkten. Nur das ♀ brütet etwa 13 Tage und beide Eltern füttern die Nestjungen 2 Wochen. Nahrung: verschiedene Sämereien, im Sommer auch Insekten. Zugvogel; Zug: X.—III.

Hänfling 2
Carduelis cannabina
Linnet
Linotte mélodieuse
Fanello
Pardillo común

Kleiner als Sperling. ♂: ungestreift, Rücken kastanienbraun, Brust karminrot. ♀ und Jugendkleid: braun mit dunklen Längsstrichen. Dunenkleid: rauchgrau. Bildet, besonders im Winter, größere Schwärme. Wellenförmiger Flug. Stimme: der Lockruf im Fluge ist ein metallisch klingendes, hartes „gegege“; der Gesang ist ein hastig vorgetragenes pfeifendes Lied mit vielen Locktönen. Häufiger Brutvogel in offenen Landschaften mit Gebüsch, Hecken und Gärten, im Winter scharenweise auf Brach- und Stoppelfeldern. Brutzeit: IV.—VI.; 2 Jahresbruten. Nest: napfförmig aus Halmen, Würzelchen, Fasern, mit Haaren und Pflanzenwolle weich ausgepolstert; in dichtem Gebüsch, jungen Nadelbäumen, Hecken u. ä., meist nicht hoch über dem Boden. Gelege: 5 weißliche Eier mit braunroter Fleckung. Das ♀ brütet 12—14 Tage und beide Eltern füttern die Nestjungen etwa 2 Wochen. Nahrung: allerlei Sämereien. Teilzieher.

Zitronengirlitz 3
Serinus citrinella
Citril Finch
Venturon alpin
Venturone
Verderón serrano

Klein; zeisiggroß. Grüngelb, ungestreift, Oberkopf, Nacken und Halsseiten grau, zwei grünliche Flügelbinden. Flügel und Schwanz schwarz. ♂ = ♀. Jugendkleid: braungrau mit schwarzen Längsstrichen. Stimme: Lockruf klingt metallisch „dit dit“; Gesang klirrend und zwitschernd, wird öfters im Balzflug vorgetragen. Brütet in Gebirgen in offenem, felsigem Gelände mit locker stehenden Nadelbäumen und an Waldrändern. Brutzeit: IV.—VI.; 2 Jahresbruten. Nest: napfförmig aus Halmen, Reiserchen, Flechten und Moos; meist ziemlich hoch auf Nadelbäumen. Gelege: 4—5 blaugrüne, rotgefleckte Eier. Brutdauer unbekannt; nur das ♀ brütet, und beide Eltern füttern die Nestjungen 17—18 Tage. Nahrung: vorwiegend Sämereien, wenig Insekten. Stand- und Strichvogel.

1 ♂ W
1 ♀
2 ♂
2 ♂
2 ♀
3 ♂
3 ♂
3 juv

Girlitz 1
Serinus serinus
Serin
Serin cini
Verzellino
Serín

Kleiner, graugelber Vogel mit kurzem Schnabel. ♂: leuchtend gelbe Brust und Bürzel. ♀: stärker gestreift und brauner. Jugendkleid: braun, kräftig gestreift, ohne gelben Bürzel. Dunenkleid: hellgrau. Stimme: Lockruf zweisilbig klirrend „girrlitt"; Gesang unmelodisch sirrend, von dürren Astspitzen und Telefondrähten oder in fledermausähnlichem Balzflug vorgetragen. Häufiger Brutvogel in offenen, baumreichen Landschaften, Parkanlagen, Gärten und an Waldrändern. Brutzeit: V.—VII.; 2 Bruten. Nest: napfförmig und dickwandig, aus Stengeln, Würzelchen und Flechten dicht verfilzt und mit Federchen ausgepolstert; in dichten Kronen kleiner Laubbäume, in Nadelbäumen oder Strauchwerk. Der Nestrand ist regelmäßig mit einem Kranz von Kot belegt. Gelege: 4 weißliche Eier mit rotbraunen Flecken. Bebrütung durch ♀ 13 Tage, beide Eltern füttern die Nestjungen 14—16 Tage. Nahrung: Sämereien. Teilzieher; Zug: IV. und IX.—X.

Karmingimpel 2
Carpodacus erythrinus
Scarlet Grosbeak
Roselin cramoisi
Ciuffolotto scarlatto
Carmachuelo carminosso

Sperlingsgroß, gedrungen, mit dickem Kegelschnabel. ♂: Kopf, Brust und Bürzel karminrot. ♀ und Jugendkleid: olivbraun, mit braun gestreifter Brust und zwei hellen Flügelbinden. Stimme: Lockruf „zlit zlit"; Gesang melodisch pfeifend „hit hüt jehütjah". Seltener Brutvogel in dichtem Strauchwerk, meist in Wassernähe, auch in Gebirgen oberhalb der Waldgrenze. Brutzeit: VI.—VII.; 1 Brut. Nest: niedrig im Gebüsch, aus dünnen Reisern, Stengeln und Halmen, die glatt gerundete Nestmulde mit Haaren und Pflanzenwolle gepolstert. Gelege: 5 blaue Eier mit wenigen, fast schwarzen Flecken. Das ♀ brütet 13—14 Tage, beide Eltern füttern die Nestjungen 14—17 Tage. Nahrung: Sämereien, Knospen. Sommervogel: V.—IX.

Hakengimpel 3
Pinicola enucleator
Pine Grosbeak
Dur-bec des sapins
Ciuffolotto delle pinete
Camachuelo picogrueso

Drosselgroß, mit kurzem und starkem, etwas hakigem Schnabel; zwei weiße Flügelbinden. ♂: an Kopf, Brust und Bürzel rosarot. ♀ und Jugendkleid: olivgrün und grüngelb bis rötlich gelb. Stimme: der Lockruf ist ein flötendes „tui-tih-tiu"; der Gesang ein leises Flöten, etwa „pil-pil-pilü". Brutvogel in den nördlichen Nadelwäldern und Mischwaldungen; außerhalb der Brutzeit in kleinen Trupps. Brutzeit: V.—VII.; 1 Brut. Nest: aus dünnen Reisern und Zweigstücken von Nadelbäumen, Würzelchen, Halmen und Moos, nicht allzu hoch auf den Zweigen von Nadelbäumen. Gelege: 4 hellblaue, braunschwarz gefleckte Eier. Brut- und Nestlingsdauer unbekannt. Nahrung: hauptsächlich Samen und Knospen der Nadelbäume, außerdem Beeren. Teilzieher; in Mittel- und Westeuropa Irrgast.

1 ♀
1 ♂
2 ♂
2 ♀
3 ♀
3 ♂

Fichtenkreuzschnabel 1
Loxia curvirostra
Crossbill
Bec-croisé des sapins
Crociere
Piquituerto común

Reichlich sperlingsgroß, großköpfig, mit gekreuztem Schnabel. ♂: ziegelrot. ♀: olivbraun mit gelblichem Bürzel. Jugendkleid: kräftig gestreifte Unterseite. Dunenkleid: schwarzgrau. Klettert oft papageiartig in den Gipfeln der Fichten herum und sucht die Zapfen ab. Hält sich meist in Trupps auf, fliegt schnell und wellenförmig. Stimme: ein wiederholtes, lautes „kipp" und „gipp"; den Gesang bilden zwitschernde, flötende und knarrende Laute, die mit Lockrufen vermischt sind. Verbreiteter Brutvogel in den Fichtenwäldern der Gebirge, in den Invasionsjahren werden auch die Ebenen überflutet. Brutzeit: das ganze Jahr, vorwiegend I.—IV. Nest: aus Reisern, Moos und Flechten; dickwandig mit tiefer Mulde, in den Gipfeln hoher Fichten. Gelege: 4 weißliche Eier mit rotbraunen Flecken. Nur das ♀ brütet 12—14 Tage, beide Eltern füttern die Nestjungen etwa 14 Tage. Nahrung: Samen der Fichten und Tannen. Teilzieher mit invasionsartigem Vorkommen.

Kiefernkreuzschnabel 2
Loxia pytyopsittacus
Parrot Crossbill
Bec-croisé perroquet
Crociere delle pinete
Piquituerto lorito

Vom sehr ähnlichen Fichtenkreuzschnabel durch kräftigeren und höheren Schnabel und größeren Kopf unterschieden. Stimme: der Lockruf ist im Vergleich mit Fichtenkreuzschnabel tiefer und klingt etwa „köpp kopp". Bewohnt besonders Kiefernwälder, ist viel mehr an das Bearbeiten von Kiefernzapfen angepaßt und ernährt sich vorwiegend von den Samen der Kiefer. Brutpflege: stimmt wahrscheinlich weitgehend mit der des Fichtenkreuzschnabels überein, die Nester werden öfters auch auf Kiefern gebaut. Unregelmäßiger Teilzieher.

Bindenkreuzschnabel 3
Loxia leucoptera
Two-barred Crossbill
Bec-croisé bifascié
Crociere fasciato
Piquituerto franjeado

Dem Fichtenkreuzschnabel ähnlich, unterscheidet sich jedoch in allen Kleidern eindeutig durch zwei breite, weiße Binden auf den schwarzen Flügeln. Erinnert dadurch im Auffliegen etwas an den Buchfink. Brutvogel in lichten Nadelwäldern des Nordens, sucht besonders auch Lärchenbestände auf, denn die Samen der Lärche bilden außer den Fichtensamen einen bedeutenden Teil der Nahrung. Stimme: der Lockruf ist weicher und nicht so betont wie beim Fichtenkreuzschnabel, etwa „giff giff", und der Gesang etwas reicher. Brutpflege: wie Fichtenkreuzschnabel. Teilzieher; in Mittel- und Westeuropa unregelmäßiger Invasionsvogel.

1 ♂
1 ♀
1 juv
1 ♂
2
3 ♂
3 juv

Ordnung: Sperlingsvögel - *Passeriformes* **Familie: Finken** - *Fringillidae*

Gimpel (Dompfaff) 1
Pyrrhula pyrrhula
Bullfinch
Bouvreuil pivoine
Ciuffolotto
Camachuelo común

Reichlich sperlingsgroßer, bunter Vogel mit kurzem, kräftigem Schnabel und schwarzer Kopfkappe. Weiße Flügelbinde, im Fluge auffallender, leuchtend weißer Bürzel. ♂: leuchtend rosarote Brust. ♀: überwiegend rötlichgrau. Jugendkleid: ähnlich dem ♀, ohne schwarzen Kopf. Dunenkleid: schwarzgrau. Stimme: Lockruf ein leicht nachahmbares weiches „diü"; der Gesang ist unauffällig. Verbreiteter Brutvogel in Fichtenwäldern, Parkanlagen, seltener auch in Gärten; im Winter in kleinen Trupps an Wegrändern und in Gärten. Brutzeit: IV.—VII.; 2 Bruten. Nest: nicht allzu hoch auf Nadelbäumen, in Dickungen u. ä.; ein flacher Bau aus Reiserchen, Wurzeln und Flechten. Gelege: 4—5 bläuliche Eier mit spärlichen, schwarzbraunen Flecken. Brutdauer: 13 Tage, nur das ♀ brütet, beide Eltern füttern. Nahrung: Samen und Knospen verschiedener Holzpflanzen. Teilzieher und Standvogel.

Ordnung: Sperlingsvögel - *Passeriformes* **Familie: Webervögel** - *Ploceidae*

Schneefink 2
Montifringilla nivalis
Snow Finch
Pinson des neiges
Fringuello alpino
Gorrión alpino

Reichlich sperlingsgroß; grauer Kopf, brauner Rücken, schwarzer Kehlfleck (fehlt im Winter- und Jugendkleid). Flügel zum großen Teil weiß, mit schwarzen Spitzen. Schwanz weiß, in der Mitte schwarz. Die weißen Flügelfelder und Schwanzseiten geben die Möglichkeit einer Verwechslung mit Schneeammer, vgl. aber graue Kopffärbung und schwarzen Kehlfleck. Hält sich nur am Boden auf. Stimme: Lockruf „zuihk, zjeb" u. ä., Gesang: halblaut zwitschernd. Sporadischer Hochgebirgsvogel; brütet in der alpinen Höhenstufe, selten in den niederen Lagen umherstreifend. Brutzeit: V.—VII.; 1—2 Jahresbruten. Nest: ein Haufen von Halmen, Wurzeln, Moos, Flechten und Federn, ähnlich einem Spatzennest, meist in Felsspalten. Gelege: 5—6 reinweiße Eier. Bebrütung: 18 Tage, beide Eltern brüten und füttern die Jungen. Nahrung: Sämereien und Insekten. Standvogel.

Steinsperling 3
Petronia petronia
Rock Sparrow
Moineau soulcie
Passera lagia
Gorrión chillón

Knapp sperlingsgroß, ist in beiden Geschlechtern einem Haussperlingsweibchen ähnlich, aber mit weißen Tropfenflecken am Schwanzende und einem zitronengelben, runden Kehlfleck (fehlt im Jugendkleid). Stimme: ruft etwas quäkend zweisilbige „wälid" oder „tülip", ferner allerlei rauhe, sperlingsartige Rufe. Sporadischer Brutvogel in warmen, steinigen Berglandschaften. Brutzeit: V.—VI.; 2 Jahresbruten. Nest und Gelege: wie Haussperling, Neststand in Felsspalten und Mauerhöhlen, in Burgruinen. Brutdauer: unbekannt. Nestlingsdauer: etwa 20 Tage, beide Altvögel füttern. Nahrung: Sämereien, Beeren, zeitweise Insekten. Standvogel.

1 ♂
1 juv
1 ♂
1 ♀
2 juv
2 ♂
2 ♂
3 ♂
3 juv

Haussperling 1
Passer domesticus
House Sparrow
Moineau domestique
Passera europea
Gorrión común

Allgemein bekannter Vogel mit ausgeprägtem Geschlechtsunterschied. ♂: am Scheitel aschgrau und Nacken braun; schwarzer Kehllatz. ♀ und Jugendkleid: Oberkopf mattbraun, Kehle hell. Dunenkleid: nicht entwickelt. Stimme: laut schilpende Rufe, erregt „tetetetet“. Sehr häufiger Brutvogel in der Kulturlandschaft und ständiger Begleiter des Menschen. Brutzeit: IV.—VIII.; 3 Jahresbruten. Auffällige Gesellschaftsbalz mehrerer ♂♂ um 1 ♀. Bewegt sich auf dem Boden hüpfend. Nest: ein großer Haufen aus Stroh, Halmen, Papier, mit tiefer, öfters überdeckter und reich mit Federn ausgepolsterter Mulde, in Höhlen von Gebäuden, manchmal auch freistehend auf Bäumen. Gelege: 5—6 weißliche Eier mit spärlicher bis dichter, schwarzbrauner Fleckung. Brutdauer: 14 Tage; Nestlingsdauer 17 Tage; beide Eltern brüten und füttern. Nahrung: Sämereien und Getreide, Knospen, Obst, zeitweise Insekten. Standvogel.

Weidensperling 2
Passer hispaniolensis
Spanish Sparrow
Moineau espagnol
Passera sarda
Gorrión moruno

Von dem sehr ähnlichen Haussperling durch kastanienbraunen Kopfscheitel, größere Ausdehnung des schwarzen Brustlatzes und kräftige schwarze Streifung der Körperseiten unterschieden. ♀ und Jugendkleid: dem Haussperling ähnlich. Brütet kolonienweise im Gebüsch der Flußtäler, in offenen Wäldern und auf Bäumen entlang der Landstraßen. Verhalten, Brutpflege und Nahrung wie beim Haussperling. Stand- und Strichvogel.

Feldsperling 3
Passer montanus
Tree Sparrow
Moineau friquet
Passera mattugia
Gorrión molinero

Sperlingsgroß. Brauner Kopfscheitel, schmaler weißer Halsring, kleiner Kehllatz und schwarzer Ohrfleck unterscheiden beide Geschlechter vom Haussperling und Weidensperling. Jugendkleid: etwas matter gefärbt. Dunenkleid: nicht entwickelt. Stimme: mannigfaltige Rufe, wie „uik, djep, gä, teck teck“ u. ä., unterscheiden die beiden häufigsten Sperlingsarten voneinander. Häufiger Brutvogel in der Kulturlandschaft mit losen Baumbeständen, Gärten und Baumreihen. Brutzeit: IV.—VIII.; 2—3 Jahresbruten. Nest: in Baumhöhlen, Nistkästen oder Mauerlöchern; ein Klumpen aus Stroh, Halmen, Wurzeln und Federn. Gelege: 5—6 weißliche, meist stark braun gefleckte Eier. Brutdauer: 13—14 Tage. Nestlingsdauer: 14—16 Tage. Beide Eltern brüten und füttern. Nahrung: wie Haussperling. Teilzieher.

1 ♂ Italiensperling
1 ♀
1 ♂
2 ♀
2 ♂
3

Rosenstar 1
Sturnus roseus
Rose-coloured Starling
Martin roselin
Storno roseo
Estornino rosado

Starengroß. Rosenrötlicher Körper, schwarzer Kopf mit Federhaube, schwarze Flügel und schwarzer Schwanz kennzeichnen die Art eindeutig. ♂ = ♀. Jugendkleid: sandfarben, gelber Schnabel. Stimme und Verhalten: wie Star; lebt auch zur Brutzeit in Schwärmen. Brütet in trockenen Grassteppen. Brutzeit: V.—VII.; 1 Jahresbrut. Nest: aus Zweigen, Halmen, Wurzeln und Federn, in Mauer- oder Erdhöhlen, Steinhaufen u. ä. Gelege: 5—6 bläuliche, ungefleckte Eier. Brutdauer: 11—13 Tage, nur das ♀ brütet. Nestlingsdauer: 14—19 Tage, beide Eltern füttern. Nahrung: Insekten, besonders Heuschrecken, außerdem Früchte. Zugvogel und Invasionsvogel.

Star 2
Sturnus vulgaris
Starling
Étourneau sansonnet
Storno
Estornino pinto

Etwas kleiner als Amsel, kurzschwänzig. Überwiegend schwarz, metallisch glänzend. ♂ = ♀. Jugendkleid: erdbraun, weißliche Kehle. Dunenkleid: grauweiß. Fliegt geradlinig, schnell und mit schnurrendem Flügelschlag. Stimme: ruft „spett", „sprien" und „squär"; Gesang pfeifend und schmatzend, wird meist durch ein Flügelschlagen begleitet. Häufiger Brutvogel in offenen Landschaften mit Gärten, Wiesengelände, Feldern und Teichen. Brutzeit: IV.—VII.; 1—2 Bruten. Nest: aus Gras, Stroh, Reisern und Federn; in Baum- und Mauerhöhlen, Nistkästen; nistet oft gesellig. Gelege: 5—6 grünlich blaue, ungefleckte Eier. Brutdauer 14 Tage; Nestlingsdauer: etwa 20 Tage. Beide Eltern brüten und füttern. Bildet nach der Brutzeit große Scharen, die sich zu vielen Tausenden an gemeinsamen Übernachtungsplätzen sammeln (in Rohr, in Baumkronen, manchmal auch an Gebäuden). Nahrung: Insekten, Würmer, Schnecken, Obst. Teilzieher; Zug: II.—III. und X.

Einfarbstar 3
Sturnus unicolor
Spotless Starling
Étourneau unicolor
Storno nero
Estornino negro

Dem Star ganz ähnlich, einfarbig schwarz ohne Tüpfelfleckung. ♂ = ♀. Jugendkleid: dunkler als junger Star. Verhalten und Stimme: wie Star. Brüten meist gemeinsam in Ortschaften, Ruinen, Felsen und alten hohlen Bäumen. Lebt außerhalb der Brutzeit in Schwärmen, oft mit dem Star zusammen. Brutzeit: IV.—VI.; 2 Jahresbruten. Brutverhalten: wie Star. Stand- und Strichvogel.

1 juv
1
2
2 ♂ So
2 juv
3
2 ♂ W

Ordnung: Sperlingsvögel - *Passeriformes* **Familie: Pirole** - *Oriolidae*

Pirol 1
Oriolus oriolus
Golden Oriole
Loriot d'Europe
Rigogolo
Oropéndola

Amselgroß. ♂: kontrastfarben, leuchtend goldgelb und schwarz. ♀: Oberseite olivgrün, Unterseite hellgrau mit dunklen Längsstrichen. Jugendkleid: Unterseite weiß mit schwachen Längsstrichen, helle Federsäume auf den Flügeln. Dunenkleid: braunweiß. Lebt heimlich in den dichtesten Baumkronen, fliegt in flachem Wellenflug. Stimme: rein und laut flötend „didlioh" oder „liukiu", außerdem ein rauher Kreischlaut „quäwei". Brutvogel in den Hainen und Auwäldern warmer Niederungen und im Hügelland, seltener in Kiefernwäldern. Brutzeit: V.—VII.; 1 Jahresbrut. Nest: aus Grashalmen, Bastfasern, Moos, Wolle und Federn, kunstvoll verflochten, in einer Astgabel meist hoch im Außenrand von Baumkronen aufgehängt. Gelege: 4 weiße Eier mit wenigen braunschwarzen Flecken. Brutdauer: 14 Tage, Nestlingsdauer: etwa 2 Wochen. Beide Eltern brüten und füttern. Nahrung: Insekten und Früchte. Zugvogel; Zug: V. und VIII.

Ordnung: Sperlingsvögel - *Passeriformes* **Familie: Rabenvögel** - *Corvidae*

Unglückshäher 2
Perisoreus infaustus
Siberian Jay
Mésangeai imitateur
Ghiandaia siberiana
Arrendajo funesto

Größer als Amsel, überwiegend graubraun gefärbt. Braune Kopfkappe, Flügelrand, Bürzel und äußere Schwanzfedern braunrot. ♂ = ♀. Jugendkleid: Kopfgefieder kürzer und heller braun. Stimme: laute Rufe „kuk kuk" und „kej". Beweglicher und zutraulicher Vogel. Brütet in den Nadel- und Birkenwäldern des Nordens. Brutzeit: IV.—V.; 1 Jahresbrut. Nest: aus Reisern, mit Flechten und Federn gepolstert, auf Nadelbäumen, meist nahe am Stamm. Gelege: 3—4 grünlich weiße Eier mit graubraunen Flecken. Brutdauer: 16—17 Tage; Nestlingsdauer: bis 5 Wochen. Beide Eltern füttern. Nahrung: Insekten, Vogeleier, Samen der Nadelbäume, Beeren. Stand- und Strichvogel.

Eichelhäher 3
Garrulus glandarius
Jay
Geai des chênes
Ghiandaia
Arrendajo

Etwa taubengroß. Bunt, rötlich braun, schwarzer Schwanz und leuchtend weißer Bürzel, schwarzer Bartstreif und schillernd blaue Flügelzeichen. ♂ = ♀. Jugendkleid: dunkler und weniger lebhaft gefärbt. Dunenkleid: nicht entwickelt. Sträubt oft die Scheitelfedern. Fliegt unbeholfen. Stimme: ein lauter und heiserer Alarmruf „rähtsch", oft miauende Rufe „hiäh". Häufiger Waldvogel, außerhalb der Brutzeit öfters in Trupps, sucht dann vorwiegend Eichenbestände auf. Brutzeit: IV.—V.; 1 Brut. Nest: tellerartig flach, aus Reisern, Stengeln, Wurzeln und Halmen; versteckt in den Baumkronen. Gelege: 5—6 grünliche Eier mit kleinen, bräunlichen Flecken bedeckt. Brutdauer: 16—17 Tage, beide Gatten brüten. Nestlingsdauer: 19—20 Tage. Nahrung: vorwiegend Eicheln, Bucheckern, Haselnüsse, Beeren und Früchte, Insekten, Würmer, Vogeleier, Mäuse. Teilzieher.

1 ♂
1 ♀
2
3

Tannenhäher 1
Nucifraga caryocatactes
Nutcracker
Casse-noix moucheté
Nocciolaia
Cascanueces

Kaum taubengroß. Dunkelbraun mit weißen Tropfenflecken. Untere Schwanzdecken und Schwanzende weiß. ♂ = ♀. Jugendkleid: heller braun, Kehle weißlich. Flug schwerfällig flatternd, wie Eichelhäher. Stimme: ein kennzeichnender lauter und schnarrender Ruf „gärrr". Brütet in ausgedehnten Nadelwaldgebieten, vor allem in Hochgebirgen; manche Jahre häufiger Invasionsvogel in den Niederungen. Brutzeit: III.—IV.; 1 Jahresbrut. Nest: aus Reisern, Flechten, Moos und Halmen, hoch auf Nadelbäumen, meist nahe am Stamm. Gelege: 3—4 weißliche, spärlich braungefleckte Eier. Brutdauer: etwa 18 Tage, nur das ♀ brütet. Nestlingsdauer: 23—25 Tage, beide Eltern füttern. Nahrung: Hasel- und Zirbelnüsse, Bucheckern, Koniferensamen, Beeren, Obst, Insekten, Schnecken u. a. Stand- und Strichvogel, auch Invasionsvogel. Hauptzugzeit: X.—XI.

Blauelster 2
Cyanopica cyanus
Azure-winged Magpie
Pie bleue
Gazza dalle ali azzurre
Rabilargo

Etwa taubengroß mit langem, stufigem Schwanz. Kopf rein schwarz, Flügel und Schwanz azurblau, Schnabel und Füße schwarz. ♂ = ♀. Jugendkleid: matter gefärbt, Kopf mehr grauschwarz. Hält sich in auffälligen, lärmenden Trupps auf. Stimme: ein klagender Ruf „prrrih" und ein schwatzendes „klikkiklikkiklikki". Brutzeit: V.—VI.; 1 Brut. Nest: aus dürren Reisern, weich mit Grashalmen, Wolle und Tierhaaren ausgepolstert; in Baumkronen. Gelege: 5—9 olivbraune Eier mit großen, braunschwarzen Flecken. Brutdauer und Nestlingszeit sind unbekannt. Nahrung: wie Elster. Standvogel.

Elster 3
Pica pica
Magpie
Pie bavarde
Gazza
Urraca

Taubengroß, mit langem, stufenförmigem Schwanz und metallisch schillerndem schwarzen und weißen Gefieder. Im Fluge unverkennbar an der kontrastreichen Zeichnung, den paddelnden Flügelschlägen und dem langen Schwanz. ♂ = ♀. Jugendkleid: Schwanz kürzer, schwarze Gefiederteile glanzlos. Dunenkleid: fehlt. Kommt meist in kleinen Trupps vor. Stimme: laut schackernd, seltener ein halblautes Geschwätz. Verbreiteter Brutvogel in baumreichem, offenem Kulturland. Brutzeit: IV.—V.; 1 Jahresbrut. Nest: groß, meist mit haubenförmiger Überdachung, aus Reisern, mit Halmen und Haaren ausgelegt, meist niedrig in den Baumkronen und im Gestrüpp. Gelege: 6—7 grünliche Eier mit dichten, dunkelbraunen Flecken und Punkten. Brutdauer: 17—18 Tage; das ♀ brütet allein. Nestlingsdauer: 22—27 Tage, beide Eltern füttern. Nahrung: Insekten, Kleinsäuger, Vögel, Vogeleier, Schnecken, Obst, Beeren und Feldfrüchte. Standvogel.

1
2
3

Alpenkrähe 1
Pyrrhocorax pyrrhocorax
Chough
Crave à bec rouge
Gracchio corallino
Chova piquirroja

Taubengroß, glänzend blauschwarz, roter, gekrümmter Schnabel und rote Füße. ♂ = ♀. Jugendkleid: mattschwarz, Schnabel und Füße braungelb. Lebt meist in größeren Gesellschaften. Fliegt gewandt, oft im Segelflug; meidet Bäume, setzt sich vorzugsweise auf Felsen oder baumlosen Boden. Stimme: dohlenähnliche Rufe „tscha" und „kjá". Felsenbewohner; im Gebirge und auf steilen Klippen der Meeresküsten. Brutzeit: IV.—V.; 1 Jahresbrut. Nest: ein Haufen aus Reisern mit Halmen und Tierhaaren ausgepolstert, in Felshöhlen und Spalten, auch in Burgruinen. Gelege: 3—5 gelbe oder grünliche Eier mit feiner, brauner Fleckung. Brutdauer: 21 Tage, nur das ♀ brütet. Beide Eltern füttern die Nestjungen bis 40 Tage. Nahrung: Würmer, Schnecken, Insekten, Beeren, Früchte. Standvogel.

Alpendohle 2
Pyrrhocorax graculus
Alpine Chough
Chocard des Alpes
Gracchio alpino
Chova piquigualda

Taubengroß; eintönig glänzend schwarz, gelber Schnabel, rote Füße. ♂ = ♀. Jugendkleid: mattschwarz, Füße und Schnabel bräunlich. Stimme: der Lockruf klingt hell klirrend „bürrrb," außerdem ein kurzer Ruf „tschüp". Brutzeit: IV.—VI.; 1 Brut. Brütet gesellig in der Hochgebirgszone auf kahlen Felsen; lebt im Winter in der Nähe menschlicher Siedlungen. Nest: aus Reisern und Halmen, mit Tierhaaren und Federn ausgepolstert; in Felsspalten, Löchern und Höhlen. Gelege: 4—5 weißliche, stark braungefleckte Eier. Brutdauer: 18—21 Tage, ♀ brütet. Nestlingsdauer: 31—38 Tage, die Jungen werden von beiden Eltern gefüttert. Nahrung: Insekten, Würmer, Schnecken, kleine Wirbeltiere, Beeren und Obst. Standvogel.

Dohle 3
Corvus monedula
Jackdaw
Choucas des tours
Taccola
Grajilla

Taubengroß. Schwarz, mit schiefergrauem Nacken und ebensolchen Halsseiten. Augen weiß. ♂ = ♀. Jugendkleid: insgesamt matter. Dunenkleid: aus spärlichen grauen Dunenfedern. Stimme: der regelmäßig hörbare Lockruf klingt hell „kjack" oder „kjá", der Warnruf plärrend „ärrr". Häufiger, gesellig brütender Vogel der Kulturlandschaft mit alten Bäumen, einsamen Steinbrüchen, in Burgruinen und auf Kirchtürmen. Brutzeit: IV.—VI.; 1 Brut. Nest: in Baumhöhlen, Felsspalten, Mauerlöchern und auf Dachböden; aus Reisern und Stroh, Nestmulde mit Papier, Haaren und Federn ausgepolstert. Brutdauer: 17—18 Tage, ♀ brütet. Nestlingsdauer: etwa 4 Wochen, beide Eltern füttern. Nahrung: Insekten, Würmer, Schnecken, kleine Wirbeltiere, Beeren, Saat. Teilzieher.

1
1 juv
2
3

Saatkrähe 1
Corvus frugilegus
Rook
Corbeau freux
Corvo
Graja

Krähengroß. Schwarz, violettblau glänzend. Unbefiederte, helle Gesichtshaut an der Schnabelwurzel. ♂ = ♀. Jugendkleid: Schnabelgrund voll befiedert. Von der sehr ähnlichen Rabenkrähe am schlankeren Schnabel und dem herabhängenden Schenkelgefieder („Hosen") zu unterscheiden. Dunenkleid: spärlich dunkelgrau befiedert. Stimme: tief und kurz „gag", oder gedehnter „kroh", manchmal hohe „kirrr". Häufiger Vogel der Kulturebene mit Äckern und Baumgruppen; nistet in Kolonien. Brutzeit: III.—IV.; 1 Brut. Nest: ein ziemlich großer Bau aus Zweigstücken, hoch in den Kronen von Laubbäumen, meist zu mehreren auf einem Baum. Gelege: 3—5 grünliche Eier mit braunen Flecken. Brutdauer: 16—18 Tage; ♀ brütet. Nestlingszeit: etwa 30 Tage. Nahrung: Insekten, Würmer, Schnecken, kleine Wirbeltiere, Saat, Beeren, Obst u. a. Teilzieher; Zug: X. u. III.

Rabenkrähe 2
Corvus corone
Carrion-Crow
Corneille noire
Cornacchia nera
Corneja negra

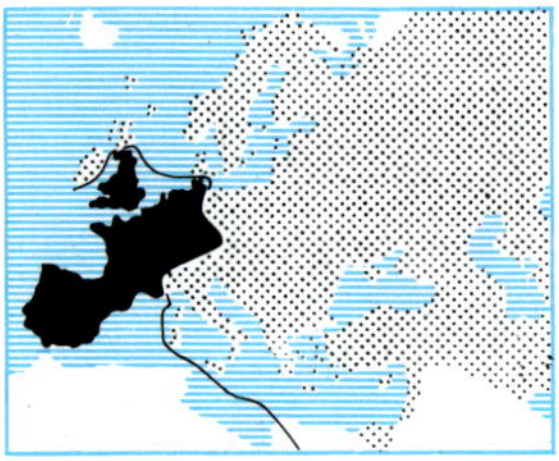

Krähengroß; glänzend schwarz, kräftiger Schnabel. ♂ = ♀ = Jugendkleid. Wird in Mittel- und Osteuropa durch die schwarz und hellgrau gefärbte **Nebelkrähe** — *Corvus corone cornix* (Hooded Crow, Corneille mantelée, Cornacchia bigia, Corneja cenicienta) vertreten. Beide Unterarten bilden in der Kontaktzone Mischlinge. Stimme: krächzend „kráh-kráh-kráh". Häufiger Brutvogel in der baumreichen Kulturlandschaft. Brutzeit: IV.—V.; 1 Jahresbrut. Nest: aus Zweigen und Reisern, mit Grasbüscheln, Moos und Tierhaaren ausgelegt; meist hoch in den Baumkronen. Einzelbrüter. Gelege: 5 blaugrüne Eier mit braunschwarzen Flecken. Brutdauer: 17—18 Tage; nur das ♀ brütet. Nestlingsdauer: etwa 1 Monat. Nahrung: kleine Wirbeltiere, Vogeleier, Insekten, Würmer, Aas, Saat, Obst, Beeren. Standvogel und Teilzieher.

Kolkrabe 3
Corvus corax
Raven
Grand Corbeau
Corvo imperiale
Cuervo

Etwa bussardgroß. Ganz schwarz, klobiger Schnabel, gesträubte Kehlfedern. Im Fluge am keilförmigen Schwanzende kenntlich. ♂ = ♀ = Jugendkleid. Stimme: klangvolle Rufe „korrk, klong" u. ä. Zerstreut lebender Brutvogel, besonders in felsigen Gebirgen, an steilen Meeresküsten und in einigen Waldgebieten der Niederungen; im Winter öfters in größeren Trupps. Brutzeit: III.—V.; 1 Jahresbrut. Nest: ein großer Bau aus Zweigstücken und Reisern, mit kleiner, feingepolsterter Nestmulde; hoch in den Baumkronen oder in Felsnischen. Gelege: 4—6 grünblaue Eier mit braunschwarzen Flecken und Punkten. Brutdauer: 20—21 Tage; das ♀ brütet allein. Nestlingsdauer: etwa 40 Tage, beide Eltern füttern die Jungen. Nahrung: Insekten, Wirbeltiere, Aas, Obst, Abfälle. Stand- und Strichvogel.

1 ad
1
2
1 juv
2 Rabenkrähe
2 Nebelkrähe
2 Bastard
3

Flugbilder

Flugbilder der Enten **Schwimmenten (1—5)**

Halten sich schwimmend auf den Wasserflächen und tauchen nur bei starker Beunruhigung ganz kurz. Sitzen hoch, mit vom Wasser abgehobenem Schwanz. Suchen Nahrung im seichten Wasser und zwischen Wasserpflanzen durch Kopfeintauchen und Gründeln. Erheben sich leicht und ohne Anlauf von der Wasserfläche. Im Fluge zeigen sie den auffällig gefärbten Spiegel am Flügelhinterrand. ♂ und ♀ sind im Brutkleid recht verschieden gefärbt, aber im Ruhekleid einander ähnlich. Verpaart fliegen sie fast immer gemeinsam, was die Bestimmung nach den Erpeln erleichtert. Das volle Ruhekleid bietet oft wenig Merkmale zum Unterscheiden der Arten, man achte dann genau auf die Farbverteilung, beachte Schnabelform und Körperbau und wenn möglich die Stimmäußerungen. In den aus verschiedenen Arten bestehenden Scharen bieten oft die Größenunterschiede brauchbare Bestimmungsmerkmale.

1 **Stockente** *Anas platyrhynchos* Beide Geschlechter mit metallisch glänzendem, blauem, vorn und hinten weiß begrenztem Spiegel. ♂: Dunkelgrüner Kopf mit weißem Halsring, braunes Brustschild. ♀: Braun, längsgefleckt, helle Schwanzseiten; Spiegel maßgebend.

2 **Schnatterente** *Anas strepera* Beide Geschlechter haben einen weithin sichtbaren weißen Spiegel, nach vorne braun und nach außen schwarz begrenzt. ♂: Graubraun mit weißem Bauch. ♀: Etwas schlanker als Stockente, mit spitzeren Flügeln und kürzerem Schnabel.

3 **Spießente** *Anas acuta* Beide Geschlechter an der schlanken Figur mit ziemlich langem und dünnem Hals und spitz auslaufendem Schwanz gekennzeichnet. Metallisch brauner Spiegel mit weißem Hinterrand. ♂: Dunkler Kopf, weiße Brust und Bauch, verlängerte spitze Schwanzfedern. ♀: Braun, längsgefleckt, ohne hellen Schwanzsaum.

4 **Krickente** *Anas crecca* Klein, etwa halb so groß wie Stockente. Dunkelgrüner Spiegel mit gelbweißer Binde am Vorderrand. ♂: Dunkler Kopf, gelber Unterschwanz mit schwarzem Vorderrand, silberweiße Bauchseite. ♀: Dunkelbraun mit weißer Bauchseite. Geringe Größe maßgebend.

5 **Knäkente** *Anas querquedula* Klein, hellbraun, Spiegel hellgrün mit weißlichem Vorder- und Hinterrand. ♂: Weißer Augenstreif, blaugrauer Vorderflügel, weißer Bauch gegen die hellbraune Brust scharf abgesetzt. ♀: Hellbraun, hellgrauer Vorderflügel.

1 ♂ So
1 ♀
3 ♂ So
2 ♀
2 ♂ So
3 ♀
5 ♀
4 ♂ So
4 ♀
5 ♂ So

Schwimmenten (1—2)

1 **Löffelente** *Anas clypeata* Kleiner als Stockente, am auffallend großen und besonders vorne breiten Schnabel unverkennbar. Grüner Flügelspiegel. ♂: Flaschengrüner Kopf, weiße Brust, scharf begrenzte rotbraune Bauchseite und blaugraue Vorderflügel. ♀: Braun, längsgefleckt; maßgebend die hellgrauen Vorderflügel und die Schnabelform.

2 **Pfeifente** *Anas penelope* Gedrungen und mit ziemlich kurzem Hals, zierlichem kurzen Schnabel und wenig sichtbarem grünen Spiegel. ♂: Rostroter Kopf, weinrötliche Brust und große, weiße Felder am Oberflügel. ♀: Zimtbraun, grauer Vorderflügel, weißer Bauch.

Tauchenten (3—5)

Kräftig gebaut, mit ziemlich kurzem und breitem Körper. Tragen den kurzen Schwanz meistens auf der Wasserfläche. Tauchen viel, um sich Nahrung vom tieferen Boden der Gewässer zu holen; gründeln nicht. Haben keine metallisch glänzenden Flügelspiegel, obwohl sie öfters weiße Flügelbinden und -felder besitzen. Beim Auffliegen von der Wasserfläche nehmen sie mit schlagenden Flügeln und Beinen Anlauf.

3 **Kolbenente** *Netta rufina* Stockentengroß, breite weiße Flächen auf der Flügeloberseite; ♂: Bunt mit korallenrotem Schnabel; rostroter Kopf, grauer Rücken, schwarze Brust und breiter schwarzer Bauchstreif. ♀: Hell graubraun mit großenteils weißen Flügeln.

4 **Tafelente** *Aythya ferina* Beide Geschlechter mit grauem Rücken und hellgrauer Flügelbinde. ♂: Rostbrauner Kopf, schwarzes Brustschild und grauweißer Bauch. ♀: Graubraun ohne Zeichenmuster, unterseits hell.

5 **Moorente** *Aythya nyroca* Beide Geschlechter wenig unterschieden, ziemlich einheitlich kastanienbraun mit kontrastierender reinweißer Flügelbinde. ♂: Kopf und Brust rötlich kastanienbraun. ♀: Matter (mahagonibraun) gefärbt als Erpel.

1 ♂ So
♀ 1
2 ♂ So
2 ♀
3 ♂ So
3 ♀
4 ♂ So
4 ♀
5

1 **Reiherente** *Aythya fuligula* Beide Geschlechter mit schwarzer Oberseite und weißem Bauch. Kontrastierende weiße Flügelbinde. ♂: Schwarze Rückenseite und ebensolche Brust, blendend weiße Körperseiten und weißer Bauch. ♀: Braunschwarz mit weißer Unterseite.

2 **Bergente** *Aythya marila* Insgesamt ähnlich der Reiherente, aber ♂: Rücken grau. ♀: Dunkelbraun mit breitem weißen Ring um die Schnabelwurzel.

3 **Schellente** *Bucephala clangula* Beide Geschlechter durch die massive Körperform und die großen, weißen Felder am Flügel gekennzeichnet. ♂: Kontrastreich schwarz und weiß, am schwarzen Kopf ein scharf begrenzter ovaler Wangenfleck, schwarzer Rückenstreif. ♀: Brauner Kopf mit weißem Halsband, grauer Rücken.

4 **Eiderente** *Somateria mollissima* Groß, mit kurzem, dickem Hals und keilförmigem Kopf ♂: Rücken weiß und Bauch schwarz. Flügel weiß mit schwarzen Schwingenfedern. Übergangskleid sehr scheckig. ♀: Insgesamt dunkelbraun.

5 **Eisente** *Clangula hyemalis* Klein, mit kurzem Schnabel; beide Geschlechter mit einheitlich dunklen Flügeln und oft weißem Kopf. ♂: Dunkelbraune Flügel und fast schwarzer, schmaler und vorne gegabelter Rückenstreif; Körper sonst weiß. Spießförmig verlängerte Schwanzfedern. ♀: Dunkle Rückenseite und Flügel, größtenteils weißer Kopf mit dunklem Wangenfleck.

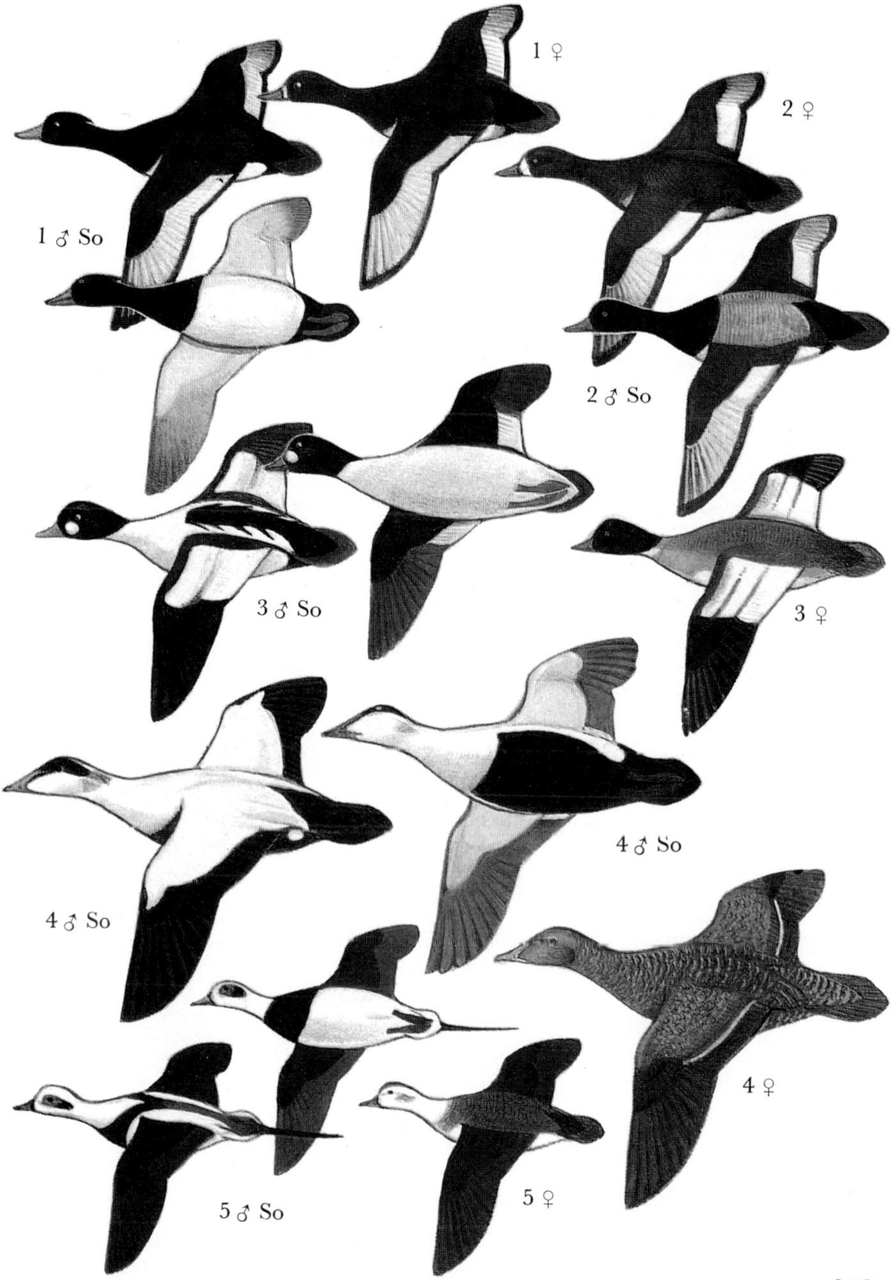
1 ♀
2 ♀
1 ♂ So
2 ♂ So
3 ♂ So
3 ♀
4 ♂ So
4 ♂ So
4 ♀
5 ♂ So
5 ♀

1 **Samtente** *Melanitta fusca* Groß und gedrungen. Beide Geschlechter sind bis auf die auffälligen weißen Flügelspiegel schwarz. ♂: Schwarz mit scharf begrenztem weißen Feld auf den Armschwingen. ♀: Schwarzbraun mit 1—2 unscharf begrenzten hellen Flecken an den Kopfseiten; leuchtend weißer Flügelspiegel.

2 **Trauerente** *Melanitta nigra* Vollkommen dunkel (meist schwarz) gefärbt, ohne Flügelabzeichen. ♂: Ganz schwarz ohne weiße Flügelspiegel. ♀: Schwarzbraun mit grauen Kopfseiten und Bauch, ohne weiße Flügelspiegel.

Säger (3—5)

Schlanke Entenvögel mit ziemlich dünnem Hals und ± entwickelten Kopfhauben. Haben einen dünnen, an der Spitze hakig herabgebogenen Schnabel. Sitzen tief auf dem Wasser, tauchen oft und verbleiben längere Zeit unter Wasser, fangen Fische. Fliegen recht schnell in einer steif gestreckten, horizontalen Haltung.

3 **Gänsesäger** *Mergus merganser* Größer und besonders auch länger als Stockente, mit dünnem, rot gefärbtem Schnabel. ♂: Grünschwarzer Kopf und breites schwarzes Rückenband, übriger Körper größtenteils weiß, Unterseite öfters lachsrot. ♀: Grau, mit rostroter Federhaube und weißem Spiegel auf der Flügeloberseite.

4 **Mittelsäger** *Mergus serrator* Fast stockentengroß. Ähnlich gefärbt wie Gänsesäger, hat aber im Flügelspiegel zwei deutliche dunkle Streifen. Schnabel rot, dünn und lang. ♂: Grünlichschwarzer Kopf und breites rostbraunes Brustband; Körperseiten grau. ♀: Rostbrauner Kopf am Hals nicht scharf begrenzt, sondern allmählich in den bräunlichgrauen Rücken übergehend.

5 **Zwergsäger** *Mergus albellus* Größe zwischen Stock- und Krickente. Kurzer dunkler Schnabel. Überwiegend weiß, ♀ mit braunroter Kappe. ♂: Größtenteils blendend weiß, schwarzer Zügelfleck und schwarzer Rücken. ♀: Oberseite grau, unten weiß; rostrote Kappe.

1 ♂ So
1 ♀
2 ♂ So
2 ♀
3 ♂ So
3 ♀
4 ♂ So
4 ♀
5 ♂ So
5 ♀

Meist große Schwimmvögel mit langem Hals und kurzen Beinen. Sitzen hoch auf dem Wasser, mit gehobenem Schwanzende. Bauchfedern und Unterschwanzdecken reinweiß. Geschlechter nicht verschieden gefärbt. Leben gesellig, suchen pflanzliche Nahrung regelmäßig an Land, gründeln aber ebenfalls. An der Aufzucht der Jungen nehmen beide Eltern teil. Größere Scharen ziehen meist in keilförmig geordneten Formationen.

1 **Brandente** *Tadorna tadorna* Kontrastreiches und buntes Gefieder. Kopf und Hals grünschwarz, Körper weiß und schwarz, breites rostrotes Brust- und Schulterband. Schnabel rot. Großes weißes Flügelfeld und weißer Rücken beiderseits durch schwarze Längsbinde getrennt. Schwarzer Längsstreifen am Bauch. ♂: Schnabelhöcker, breiterer Bauchstreif, Kopf metallisch glänzend. ♀: Ohne Schnabelhöcker, matter gefärbt, schmaler Bauchstreif.

2 **Graugans** *Anser anser* Groß, überwiegend grau, silbergraue Felder am Flügelvorderrand; Schnabel orangegelb bis rosarot ohne dunkle Zeichnung. Charakteristische Stimmäußerungen wie Hausgans. ♂ und ♀ sind nur in der Größe etwas verschieden.

3 **Bleßgans** *Anser albifrons* Etwas kleiner und insgesamt dunkler als Graugans. Altvögel sind an der reinweißen Stirn und der schwarzen Querstreifung des Bauches erkennbar. Dunkelgrauer Vorderflügel. Schnabel wie Graugans. ♂ = ♀. Jungvögel sind am dunkleren Hals und der dunklen Flügeloberseite von der Graugans zu unterscheiden. Charakteristische hohe, zweisilbige Rufe.

4 **Zwerggans** *Anser erythropus* Etwas kleiner als Bleßgans, mit kurzem Schnabel und verlängerter weißer Stirnblesse. Die ziemlich spitze Flügelform und ein schneller Flügelschlag erinnern etwas an Enten. ♂ = ♀. Jungvögel ohne weiße Stirn.

5 **Saatgans** *Anser fabalis* Etwa so groß wie Graugans, aber insgesamt brauner und dunkler, besonders ist auch die ganze Oberseite der Flügel dunkel. Bauchseiten ungefleckt. Schnabel schwarz mit gelbroter, ringförmiger Binde. ♂ = ♀ = Jungvögel. In den Stimmäußerungen von der Graugans unterschiedlich.

1
2
3
4
5

Gänse (1—2)

1 **Ringelgans** *Branta bernicla* Klein, größtenteils schwarz, weißer Schwanz und schmaler weißer Halsstrich. Kurzer schwarzer Schnabel. ♂ = ♀. Jungvögel ohne Halsstrich. Stimme ein tiefer Kehllaut „rock“.

2 **Weißwangengans** *Branta leucopsis* Etwas größer als Ringelgans, weißer Kopf, Längsstreifung der Oberflügelseite und weiße Bauchseite. Schnabel klein und schwarz. Spitze Flügel. ♂ = ♀. Jungvögel haben einen braunschwarzen (statt schwarzen) Rücken und aschbraune Körperseiten.

Schwäne (3—5)

Große, ganz weiße Schwimmvögel mit langem Hals. Beide Geschlechter gleich, Jungvögel mit graubraunem Gefieder. Sitzen hoch auf dem Wasser und suchen Nahrung durch Eintauchen des Kopfes und des langen Halses, gründeln auch, seltener weiden sie an Land. Fliegen mit ausgestrecktem Hals und langsamem Flügelschlag, meist in geformten Reihen oder V-förmigen Formationen.

3 **Singschwan** *Cygnus cygnus* Auffallend langer Hals, Schnabel zweifarbig: schwarz und an der Wurzel schwefelgelb, ohne Höcker. Gefieder der alten Vögel schneeweiß. ♂ = ♀. Jungvögel: grauweiß, mit schmutzigrotem Schnabel. Kein Fluggeräusch.

4 **Höckerschwan** *Cygnus olor* Alte Vögel sind schneeweiß, haben einen orangeroten Schnabel mit einem schwarzen Höcker vor der Stirn. ♂ = ♀. Jungvögel: graubraun, mit höckerlosem, bleigrauem Schnabel. Im Fluge wird durch den langsamen Flügelschlag ein rhythmisches Fluggeräusch verursacht, das wie „krau krau krau“ klingt.

5 **Zwergschwan** *Cygnus bewickii* Etwas kleiner und robuster als Singschwan; Hals kürzer und dicker. Schnabel überwiegend schwarz, nur an der Wurzel gelb, ohne Höcker. Beide Geschlechter schneeweiß. Jungvögel silbergrau mit schmutzig fleischfarbenem Schnabel. Fliegt ohne bemerkbares Fluggeräusch.

1
2
2
3
4
5

Geier (1—2)

Große, den Adlern ähnliche Greifvögel mit langen und breiten Flügeln, meist kurzem, abgestutztem Schwanz und unbefiedertem Kopf und Hals. Mächtiger Schnabel. Federkrause am Hals. Vorzügliche Segelflieger. Der Kopf ist im Flug eingezogen und wenig sichtbar. Geschlechter sind einander gleich. Aasfresser.

1 **Gänsegeier** *Gyps fulvus* Lange, breite Flügel mit stark gespreizten Handschwingen. Flügeldecken sandfarben hell, Schwingen dunkelbraun, dadurch wirkt der Flügel zweifarbig. Schwanz auffällig kurz und gerade abgestutzt. Weißer Kopf und weißer Hals in die ebenfalls weiße Halskrause zurückgezogen, die über dem Flügelansatz sichtbar ist. Fliegt lange in großen Kreisen ohne Flügelschlag im Segelflug.

2 **Mönchsgeier** *Aegypius monachus* In Größe und Flugbild dem Gänsegeier ähnlich, aber einfarbig schwarzbraun. Kopf stärker und etwas heller gefärbt. Die dunkle Halskrause ist vor dem Flügelansatz zu erkennen. Kurzer, wenig keilförmiger Schwanz.

Adler (3—5)

Große, kraftvolle Greifvögel mit langen und meist ziemlich breiten Flügeln. Handschwingen im Fluge weit gespreizt. Gewandte Segelflieger. Haben meist ein braunes Gefieder, oft mit weißen Flächen oder Flecken. Geschlechter öfter verschieden groß, aber gewöhnlich gleich gefärbt; das Jugendkleid unterscheidet sich in der Regel vom Alterskleid. Die großen Horste werden mehrere Jahre besetzt. Als Beute werden Wirbeltiere aller Gruppen geschlagen.

3 **Seeadler** *Haliaeëtus albicilla* Alterskleid: Dunkelbraun mit gelbbraunem Kopf und Hals. Breite und lange Flügel, gespreizte Handschwingen. Schwefelgelber, kräftiger Schnabel. Unbefiederter Fußlauf. Leuchtend weißer Keilschwanz. Jugendkleid: Mehr rostbraun, Kopf und Hals düsterbraun. Erscheint oft ziemlich fleckig. Schnabel und Schwanz braunschwarz. Das volle Alterskleid wird erst nach mehreren Jahren erreicht, so daß die meisten halberwachsenen Jungvögel einen halbweißen Schwanz und einen gelbbraunen Schnabel besitzen.

4 **Steinadler** *Aquila chrysaëtos* Alterskleid: Einfarbig dunkelbraun mit weißlicher Schwanzwurzel. Kopf und Nackengefieder goldgelb. Vom Seeadler durch etwas schlankeren Bau, längeren, dunklen und abgerundeten Schwanz und schwarzen Schnabel unterschieden. Die gefingerten Flügelenden zeigen 5 gespreizte Handschwingen. Jugendkleid: Schwarzbraun mit großen weißen Feldern an den Schwingenwurzeln der Flügelunterseiten. Schwanz in der Wurzelhälfte weiß, mit breiter schwarzer Endbinde.

5 **Kaiseradler** *Aquila heliaca* Alterskleid: Mittelgroßer, kräftiger Adler. Dunkelbraun mit hellgelbem Scheitel und ebensolchem Nacken. Einige leuchtend weiße Schulterfedern. Schwanz etwas kürzer als beim Steinadler und ohne Weiß. In der ausgespannten Flügelspitze 7 sichtbare, gespreizte Handschwingen. Jugendkleid: Semmelgelb bis dunkelbraun gefleckt. Rostbrauner Scheitel und schwarzbraune Schwingen. Ohne weiße Schulterfedern.

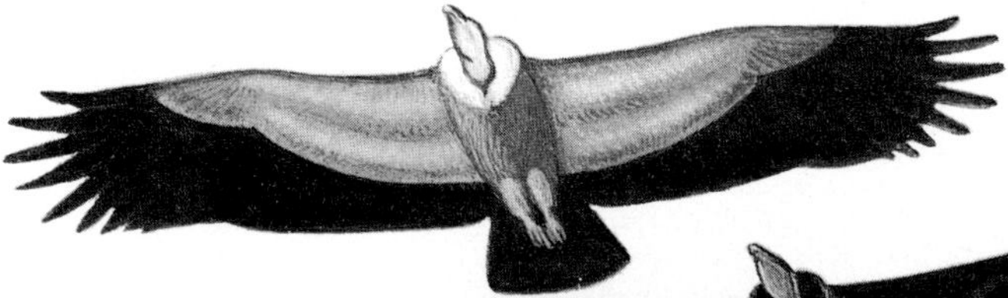

1

2

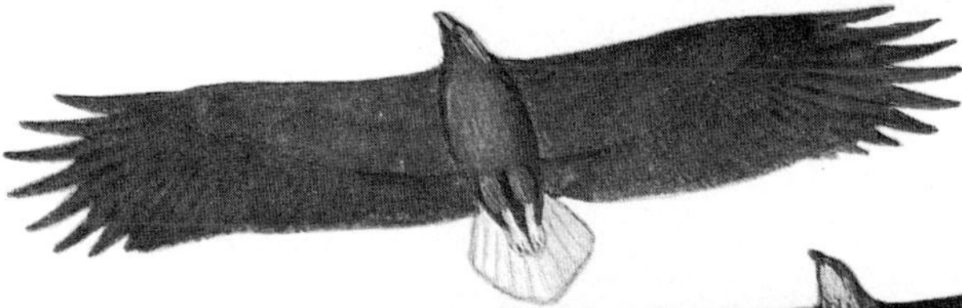

3

3 juv

4

4 juv

5

1 **Schelladler** *Aquila clanga* Alterskleid: Mittelgroßer schwarzbrauner Adler mit breiten Flügeln. 7 sichtbare, gespreizte Handschwingen. Oberschwanzdecken mehr oder weniger weiß. Kurzer, abgerundeter Schwanz; vorgeschobener und relativ kleiner Kopf. Jugendkleid: Die Deckfedern bilden große, weiße Flecken auf der Flügeloberseite und fließen am ausgebreiteten Flügel in 2—3 weißliche Flügelbinden zusammen. Weiße Schwanzwurzel besonders entwickelt.

2 **Schreiadler** *Aquila pomarina* Alterskleid: Kleinere Adlerart, die dem Schelladler ähnlich ist. Als Unterschiede können hervorgehoben werden: Flügel und Schwanz wirken im Flugbild etwas schmaler. Im Fluge sind an der Flügelspitze 6 gespreizte Handschwingen zu sehen. Schwanzwurzel dunkel, selten mit undeutlicher weißer Fleckung. Im Nacken oft ein hellbrauner Fleck. Jugendkleid: Die gelblichweißen Flecken auf der Flügeloberseite bilden auf dem ausgestreckten Flügel einige helle Längsbinden, die aber nicht so kontrastreich erscheinen wie beim Schelladler. Auf dem Hinterhals rostgelb.

3 **Zwergadler** *Hieraaëtus pennatus* Alterskleid: Bussardgroß, ziemlich langschwänzig, Schwanzende rechteckig. Schnellere Flügelschläge als Bussard, mehr wendiger Flug, hält sich besonders zwischen den Baumkronen auf. Zwei Farbvarianten: Helle Abart: Oberseits rahmgelb mit dunklen Flügeln und weißen Schulterfedern, unterseits (einschließlich Schwanz) gelblichweiß mit dunklen Flügeln. Dunkle Abart: Insgesamt dunkelbraun, nur der Schwanz etwas heller. Jugendkleid: An den schmalen Schaftstreifen auf der weißen bis rostfarbenen Unterseite kenntlich.

4 **Schlangenadler** *Circaëtus gallicus* Größer als Bussard. Runder, etwas eulenartiger Kopf mit gelben Augen. Adlerartiger Flug; rüttelt oft. Alterskleid: Auf der Unterseite fast weiß mit spärlichen, rostbraunen Querflecken. Hals dunkler, Handschwingen mit schwarzen Spitzen. Ziemlich langer Schwanz mit 3—4 dunklen Querbinden. Oberseite graubraun. Jugendkleid: Auf der Unterseite bräunlich mit dunklen Flecken.

5 **Fischadler** *Pandion haliaëtus* Größer als Bussard; lange, gewinkelte Flügel, weiße Unterseite und breiter dunkler Augenstreif. Schwarze Gelenkflecke auf der überwiegend weißen Flügelunterseite. Schwanz eng gebändert. Häufig gesträubte Federn am Hinterkopf. Rüttelt oft über dem Wasser und stößt mit den Fängen voran auf Fische. Jugendkleid durch helle Federsäume an der Oberseite unterschieden.

1
1 juv
2
3 dunkle Phase
3 helle Phase
4
5
5 juv

Mittelgroße, etwas plumpe Greifvögel mit breiteren Flügeln und breitem, abgerundetem Schwanz. Der abgerundete Kopf mit schwachem Schnabel ist meist wenig vorgestreckt. Kreisen und segeln oft hoch in der Luft.

1 **Mäusebussard** *Buteo buteo* Größer als Krähe. Breite Flügel, wenig gefingerte Flügelspitzen mit 5 sichtbaren Handschwingen. Meist breit gefächerter Schwanz mit mindestens 6 schmalen Binden. Kreist oft im Segelflug, auf der Unterseite der ausgestreckten Flügel sind die dunklen Flecken am Handgelenk wenig auffallend. Es gibt verschiedene Farbvarianten, am häufigsten die dunkelbraune, außerdem alle Übergänge bis zu rostroten und solchen mit fast ganz weißer Unterseite. Jungvögel sind einigermaßen an der mehr längsgestreiften anstatt quergebänderten Zeichnung der Unterseite zu erkennen.

2 **Rauhfußbussard** *Buteo lagopus* Von dem sonst sehr ähnlichen Mäusebussard im Flugbild durch folgende Kennzeichen unterschieden: Meist heller Kopf und dunkles Bauchschild auf der sonst fast weißen Unterseite. Die unterseits weißen Flügel haben scharf begrenzte, dunkle Handgelenkflecke und kontrastierende schwarze Handschwingen. Auch der Schwanz ist sehr hell und hat eine einzige breite Endbinde, aber keine weiteren Querbinden. Rüttelt häufig niedrig über dem Boden, wobei der bis zu den Zehen befiederte Lauf sichtbar wird. Junge Vögel sind im Freien kaum von den Alten zu unterscheiden.

3 **Adlerbussard** *Buteo rufinus* Größer als Mäusebussard und oft ziemlich hell, rostrot bis rostbraun, mit hellem Kopf. Zimtfarbener bis weißer Schwanz ohne deutliche Querbänderung und auch ohne Endsaum (Unterschied gegenüber allen anderen Bussarden). Jungvögel sind als solche nicht zu erkennen.

4 **Wespenbussard** *Pernis apivorus* Flüchtig gesehen ist er dem Mäusebussard ähnlich. Das Flugbild zeigt jedoch folgende Unterschiede: Flügel etwas schmäler und länger und auf der Unterseite mit mehreren dunklen Bändern. Der ziemlich kleine Kopf ist nicht breit abgerundet, sondern schmal taubenartig vorgestreckt. Längerer Schwanz mit dunklem Endsaum und 2 Querbinden nahe der Schwanzwurzel. In der Gefiederfärbung sehr variabel, besonders an der Unterseite, von einfarbig kaffeebraunen bis zu breit quergebänderten oder fast ganz weißen Exemplaren mit dunklen Längsstrichen. Jugendkleid an der gefleckten Oberseite und dem oft ganz weißen Kopf von den einheitlich grauköpfigen Altvögeln unterschieden.

1 DV

1 HV

2 DV

2 HV

3 DV

3 HV

4 DV

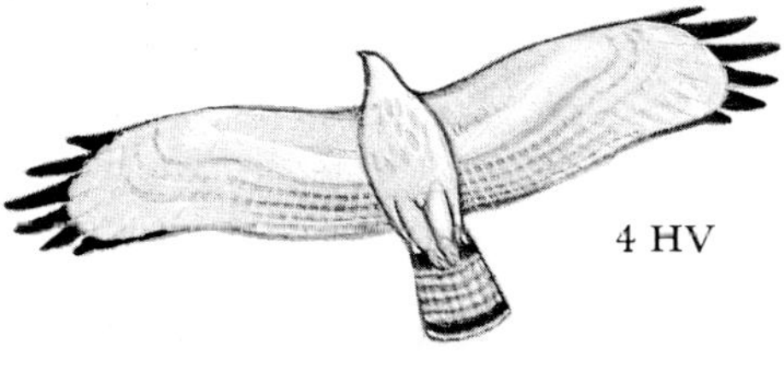

4 HV

Einerseits mit kurzen, abgerundeten Flügeln und langem Schwanz, im Alterskleid mit dichter Querzeichnung der Unterseite (Habichte), andererseits mit langen, gewinkelten Schwingen und gegabeltem Schwanz (Milane). Alle sind gewandte Flieger; Habichte verfolgen ihre Beute besonders in den Baumkronen, Milane in baumlosem Gelände. Baumbrüter.

1 **Sperber** *Accipiter nisus* Klein, höchstens taubengroß. Schneller Flügelschlag der breiten und kurzen Flügel. Gleitet nach einigen raschen Flügelschlägen mit ausgestreckten Schwingen. Der lange Schwanz ist gerade abgeschnitten und hat 4 dunkle Binden. Jagt oft im Überraschungsflug niedrig über dem Boden auf Singvögel. Die Füße sind langzehig, dünn, gelb gefärbt. ♂ oberseits blaugrau, auf der Unterseite weiß mit rostbraunen, dichten Querstrichen. ♀ etwa um ein Drittel größer, oberseits graubraun und unterseits dicht graubraun „gesperbert". Jugendkleid: Auf der Bauchseite gröber gebändert, Rückenseite braun.

2 **Habicht** *Accipiter gentilis* Bussardgroß; ♂ etwa ein Drittel kleiner als das ♀. Gleicht im Flugbild dem Sperber, auch seine Jagdweise ist ähnlich, obwohl er meist auch größere Vögel erbeutet. Oft fallen neben einem weißen Überaugenstreif die langen, ganz weißen Unterschwanzdecken auf. Gelbe Augen. ♂: auf der Oberseite graubraun bis schiefergrau, Bauchseite dicht gesperbert. ♀: nur Größenunterschied. Jugendkleid: Oberseite mehr bräunlich, auf der Unterseite kräftige, dunkelbraune Längsfleckung.

3 **Schwarzmilan** *Milvus migrans* Bussardgroß; dunkelbraun mit hellerem Kopf und hellem Hals, unterseits rötlichbraun. Im Flugbild ohne deutliche Flügelzeichnung und mit schwach gegabeltem Schwanz, dessen Einkerbung bei gefächerter Haltung kaum zu bemerken ist. Leichter und wendiger Flug. ♂ = ♀. Jugendkleid an dem etwas dunkleren Kopf zu unterscheiden.

4 **Rotmilan** *Milvus milvus* Reichlich bussardgroß, mit schlanken, gewinkelten Flügeln. 5 sichtbare Handschwingen im ausgestreckten Flügel. Kennzeichnender, tief gegabelter und ziemlich langer Schwanz. Rotbraun, sehr heller Kopf und Schwanz, große, weißliche Felder im Endteil der Flügelunterseite. Kreist viel im Segelflug. ♂ = ♀.

Seite 267 oben: Flugsilhouetten verschiedener Greifvogeltypen. Es sind die verschiedene Flügelform und Schwanzlänge zu beachten.

Steinadler
Mäusebussard
Rohrweihe
Habicht
Wanderfalk
1
2
2 juv
3
4

Schlanke Greifvögel mit langen, ziemlich schmalen Flügeln und langem, leicht abgerundetem Schwanz. Gaukelnder Flug, meist nicht hoch über dem Boden. Nach einigen Flügelschlägen wird gewöhnlich ein kurzer Gleitflug eingeschaltet, wobei die Schwingen in einer für die Gruppe charakteristischen Weise schräg aufwärts gehalten werden.

1 **Rohrweihe** *Circus aeruginosus* Bussardgroß, überwiegend dunkelbraun, leicht abgerundete Flügel; lebt in Wassernähe. ♂: bunt wirkend, blaugraues Flügelschild und hellgrauer Schwanz. Kopf und Hals rostgelb. ♀: einfarbig dunkelbraun, ohne Flügelschilder. Kopf, bis auf die Kopfseiten und den Flügelbug gelblichweiß. Jugendkleid: ähnlich dem ♀, aber Kopf und Hals nicht so hell, mehr rostbraun.

2 **Kornweihe** *Circus cyaneus* Etwas kleiner als Bussard; weißer Bürzel. Ausgeprägter Gesichtsschleier. ♂: Hellgrau mit schwarzen Flügelspitzen, schmaler, schwarzer Flügelhinterrand. ♀: Rücken einfarbig braun, hellbrauner, gestreifter Kopf und hell rostgelbe Unterseite mit Längsstrichen. 4 dunkle Querbinden am Schwanz. Jugendkleid: Dem ♀ ähnlich, aber Unterseite kräftiger gefleckt.

3 **Wiesenweihe** *Circus pygargus* Kleinste Weihenart, von schlankem Bau. ♂: Aschgrau mit schwarzen Flügelspitzen und schmaler schwarzer Binde über den Armschwingen. Bauch mit rostroten Längsstrichen. ♀: Oberseite braun, schmaler weißer Bürzelfleck. Unterseite weißlich mit rostroten Längsstrichen. Gebänderter Schwanz. Jugendkleid: Dem ♀ ähnlich, aber auf der Unterseite einfarbig rostbraun.

4 **Steppenweihe** *Circus macrourus* Den zwei vorangehenden Weihen-Arten äußerst ähnlich. ♂: Oberseite hellgrau, Unterseite weiß. Schwarze Flügelenden. Gegenüber Kornweihe kein weißer Bürzel; im Vergleich mit Wiesenweihe ohne schwarze Flügelbinden. ♀: Oberseite dunkelbraun, schmaler weißer Bürzel. Unterseite hell braungrau mit dunklen Längsflecken. Breite Querbänder auf dem Schwanz. Jugendkleid: Dem ♀ ähnlich, aber mit ungefleckter, rostgelblicher Unterseite.

1 ♂
1 ♀
2 ♂
2 ♀
3 ♂
3 ♀
4 ♂

Kleine bis mittelgroße Greifvögel von kräftigem Körperbau, mit ziemlich langen, spitz endenden und meist schmalen Flügeln und oft keilförmig auslaufendem Schwanz. Die meisten sind zur Jagd auf fliegende Beute spezialisiert, die in schnellem Verfolgungsflug gegriffen wird, nur einige Arten erspähen ihre Beute im Rüttelflug. Beim Stoßflug auf die Beutetiere werden die Flügel in verschiedenem Grade dem Körper angelegt, so daß ihre Form sichelartig scheint oder der ganze Körper eine torpedoähnliche Gestalt erhält, was die Geschwindigkeit des Angriffs bedeutend erhöht.

1 **Wanderfalk** *Falco peregrinus* Etwa krähengroßer, dunkel gefärbter Falke. Schneller, taubenartiger Flug, flache, aber kraftvolle Flügelschläge. ♂: Oberseite schiefergrau, kräftiger schwarzer Bartstreif. Unterseite mit eng gereihten, schwarzen Querbändern, Kehle und Brust weiß. ♀: Bedeutend größer und meist dunkler als das ♂. Unterseite mit rostfarbenem Anflug. Jugendkleid: Stirn rostgelb, Backenstreif meist schmal. Oberseite dunkelbraun, Unterseite kräftig längsgestreift.

2 **Würgfalk** *Falco cherrug* Im Flugbild etwas schlanker und langschwänziger als der fast gleich große Wanderfalk. Hat breitere Flügel. Weißlicher Kopf ohne deutlichen Bartstreif. Rostbraune Flügel. Unterseite einschließlich der Brust kräftig braungefleckt. ♂ = ♀; das Weibchen kann auf der Unterseite kräftiger gefleckt sein. Jugendkleid: Oberseite insgesamt dunkler, mit schmalen, lichten Federsäumen. Der Oberkopf ist breiter braungestreift.

3 **Baumfalk** *Falco subbuteo* Etwa turmfalkengroß, schwarzgraue Oberseite, kräftiger Bartstreif, kräftig längsgefleckte Unterseite mit rostroten Unterschwanzdecken und ebensolchem Beingefieder. Lange, sichelförmige Flügel, kurzer, nach hinten verjüngter Schwanz; das Flugbild wirkt oft seglerartig. ♂ = ♀. Jugendkleid: Die Oberseite erscheint durch die rostgelben Federsäume brauner, der Oberkopf heller. Untere Schwanzdecken matter gefärbt.

4 **Merlin** *Falco columbarius* Unser kleinster Falke, etwas größer als die Amsel. Schneller Flug, meist dicht über dem Boden. Fliegt mit kurz eingeschalteten Gleitstrecken, flattert auch manchmal schwalbenähnlich. ♂: Rücken blaugrau, stark gestreifte rostgelbe Unterseite. Schwanz blaugrau mit breiter, schwarzer Endbinde. Ohne deutlichen Bartstreif. ♀: Oberseite graubraun, Bauchseite weißlich, braun längsgestreift. Quergebänderter Schwanz. Jugendkleid = ♀.

5 **Turmfalk** *Falco tinnunculus* Türkentaubengroß, überwiegend rotbraun gefärbt. Rüttelt häufig im Flug mit gefächertem Schwanz. ♂: Rücken rotbraun, gefleckt; Kopf und Schwanz aschgrau, breite schwarze Schwanzbinde. ♀: Oberseite, Kopf und Schwanz rotbraun und quergebändert. Jugendkleid: Dem ♀ ähnlich, aber insgesamt trüber gefärbt.

6 **Rotfußfalk** *Falco erythropus* Kleiner Falke, im Flugbild dem Baumfalken ähnlich. Kommt meist gesellig vor und jagt oft noch in der Abenddämmerung auf fliegende Insekten. Häufiger Rüttelflug. ♂: Einfarbig schiefergrau — fast schwarz wirkend. Beingefieder und Unterschwanzdecken ziegelrot. Füße, Wachshaut und Augenring rot. ♀: Kopf und Unterseite zimtbraun; Oberseite grau mit schwarzen Querbändern. Jugendkleid: Bräunliche Rückenseite, unterseits längsgestreift.

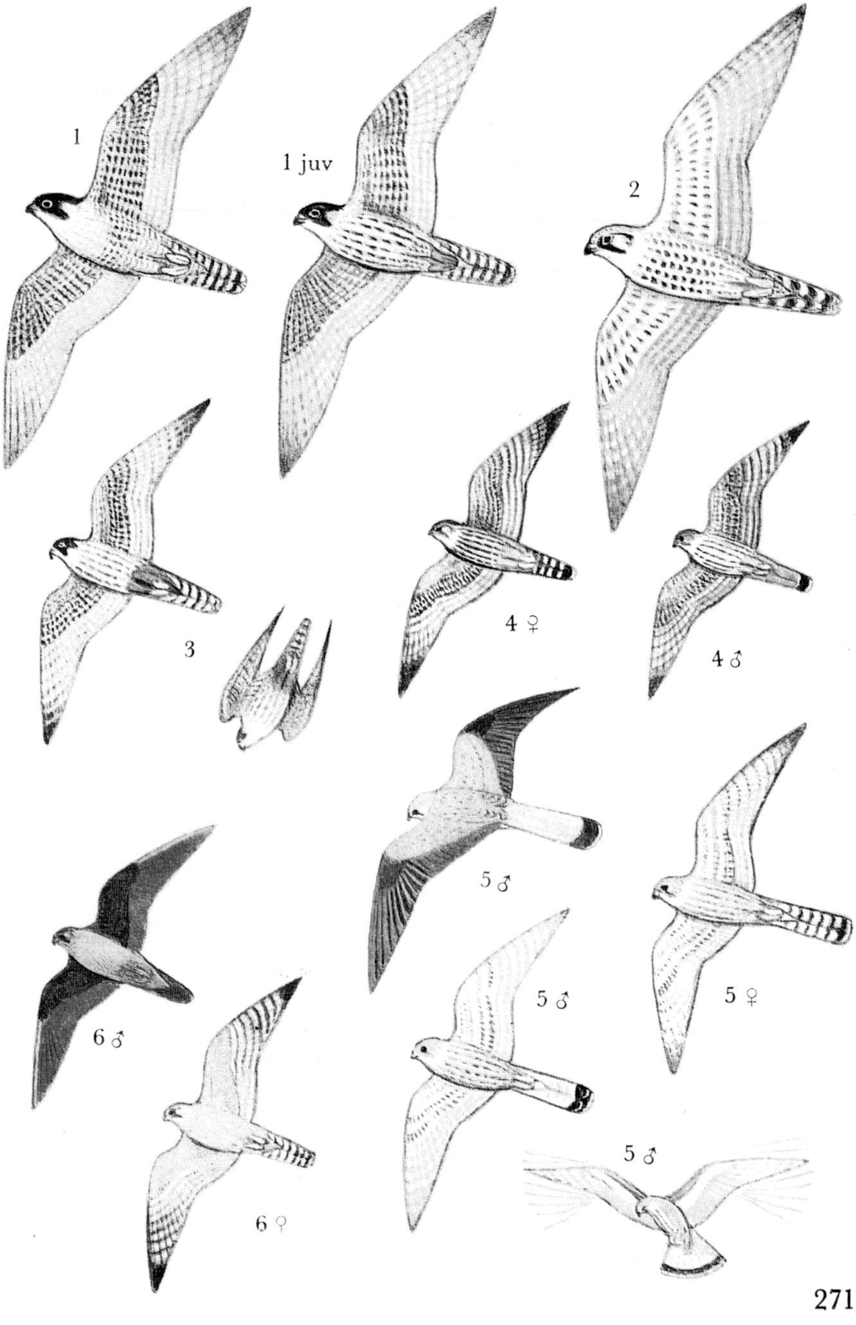
1
1 juv
2
3
4 ♀
4 ♂
5 ♂
5 ♂
5 ♀
6 ♂
6 ♀
5 ♂

Austernfischer (1)

Größere, schwarz und weiß gefärbte Strandvögel mit langem, abgestumpftem und seitlich abgeflachtem, leuchtend rotem Schnabel und roten Füßen. Wühlen am Ufer in Sand und Schlamm. Ruhen mit dem Schnabel im Rückengefieder. Fliegen mit flachen Flügelschlägen.

1 **Austernfischer** *Haematopus ostralegus* Haustaubengroß. Kopf und Vorderrücken schwarz, weiße Flügelschilder. Unterrücken und Schwanz weiß mit scharf abgesetztem, schwarzem Endsaum. Unterseite reinweiß. Zinnoberrote Beine und ebensolcher Schnabel. ♂ = ♀.

Regenpfeifer (2—3)

Mittelgroße und kleine Watvögel von gedrungener Gestalt, mit kurzem Hals, großem Kopf und großen Augen. Der kurze Schnabel hat die Form eines Taubenschnabels. Meistens sehr gesellige Strandvögel mit eigenartiger Bewegungsweise, sie rennen eine kurze Strecke in steifer Haltung und bleiben plötzlich bewegungslos stehen. Die meisten sind durch ihre sandfarbene Oberseite und die Kopfzeichnung vortrefflich an die Sandflächen und Kiesbänke angepaßt.

2 **Kiebitz** *Vanellus vanellus* Haustaubengroß; abgerundete breite Flügel, langsame wuchtende Flügelschläge, metallisch grün glänzendes Rückengefieder, schmaler Federschopf, breite weiße Schwanzwurzel und schwarzer Endsaum. Schwarze Kehlbinde, die beim ♀ mehr grau ist.

3 **Steinwälzer** *Arenaria interpres* Drosselgroß; kurzer Schnabel, scheckiges Gefieder mit viel Weiß. Flügelvorderrand und Längsbinde rostbraun. Auf dem weißen Bürzel ein nach vorne offener, U-förmiger schwarzer Streifen. Am Schwanz ein schwarzer Endsaum. ♀ durch weniger lebhafte Zeichnung unterschieden. Ruhekleid auf der Rückenseite grau.

Säbelschnäbler (4—5)

Größere, langbeinige und langhalsige Arten mit schwarzweißem Gefieder und dünnem, langem Schnabel.

4 **Säbelschnäbler** *Recurvirostra avosetta* Haustaubengroß, überwiegend weiß, Oberkopf und Flügelenden sowie 4 breite Streifen auf den Oberflügeln und dem Rücken tiefschwarz. Dünner, aufwärts gebogener Schnabel. Die langen Beine ragen weit über das Ende des reinweißen Schwanzes. ♂ = ♀.

5 **Stelzenläufer** *Himantopus himantopus* Taubengroß, weiß, mit gänzlich schwarzen Flügeln und schwarzem Rücken. Dünner, gerader Schnabel. Die auffällig langen, stelzenartigen, roten Beine ragen fast körperlang über das Schwanzende hinaus.

1
2
3 So
3 W
4
5

1 **Sandregenpfeifer** *Charadrius hiaticula* Drosselgroß. Sandbraune Oberseite, schwarz-weiß-graue Kopfzeichnung. Geschlossenes schwarzes Brustband. Weißer Flügelstreif (Unterscheidungsmerkmal gegenüber Flußregenpfeifer). Schwanz in der Mitte dunkel, weiß gesäumt. Orangegelbe Füße. ♂= ♀. Schneller Flug. Klangvoller nach aufwärts gezogener Lockruf püi.

2 **Flußregenpfeifer** *Charadrius dubius* Lerchengroß. Sehr ähnlich dem Sandregenpfeifer, aber Oberseite der Flügel einfarbig sandbraun. Weiße Schwanzseiten. ♂ = ♀. Jungvögel ohne kontrastreiche Kopfzeichnung.

3 **Seeregenpfeifer** *Charadrius alexandrinus* Lerchengroß. Oberseite fahlbraun, weißer Flügelstreif, weiße Schwanzseiten. Kein geschlossenes schwarzes Brustband, sondern nur je ein schwarzer Fleck an jeder Brustseite. Schwarze Beine. Das beim ♂ schwarze Kopfmuster ist beim ♀ graubraun.

4 **Kiebitzregenpfeifer** *Pluvialis squatarola* Etwa kiebitzgroß; spitze Flügel. Steingraue Oberseite mit weißem Bürzel und weißlicher Flügelbinde. Brutkleid auf der Unterseite schwarz mit schwarzen Achselfedern. Im Ruhekleid helle Bauchseite, aber schwarze Achselfedern. ♂ = ♀. Gleichmäßiger Flügelschlag und schneller Flug.

5 **Goldregenpfeifer** *Pluvialis apricaria* Etwa lachtaubengroß. Goldbraune Oberseite, schwarze Unterseite (Brutkleid), oder an der Brust bräunlich und am Bauch weiß (Ruhekleid). Bürzel dunkel, Achselfedern weiß, Flügelbinde fehlt oder sehr undeutlich (Unterschiede gegenüber dem ähnlichen Kiebitzregenpfeifer). ♂ = ♀.

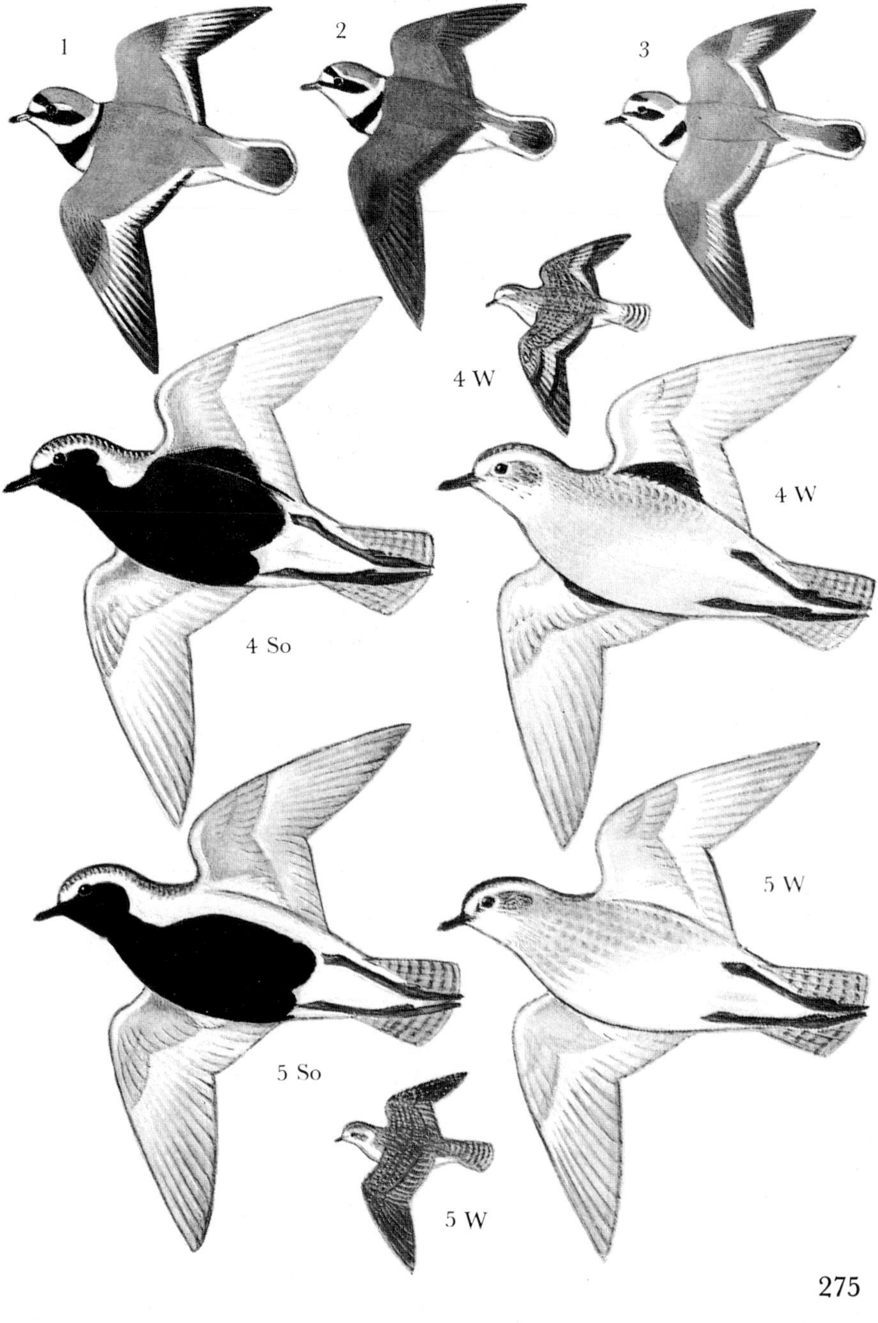
1
2
3
4 W
4 So
4 W
5 W
5 So
5 W

Regenpfeifer (1)

1 **Mornellregenpfeifer** *Eudromias morinellus* Etwa drosselgroß, mit dunkler, braungrauer Rückenseite und hellem Überaugenstreif. Auf der dunklen Brust eine schmale weiße Querbinde. Unterseite schwarzbraun; im Ruhe- und Jugendkleid hell. Bauch weiß. Schmaler weißer Schwanzsaum. Flug schnell, mit wuchtigen Flügelschlägen.

Wasserläufer (2—4)

Schlanke, meist mittelgroße Watvögel mit kleinem Kopf, geradem, dünnem, mehr als kopflangem Schnabel und hohen Beinen, die im Fluge das Schwanzende überragen. Fliegen schnell mit sichelförmig schlagenden, spitzen Flügeln. Halten sich in Trupps am Wasserrande der Binnengewässer auf, suchen Nahrung watend im seichten Wasser. Manche Arten nicken mit dem Kopf oder wippen mit dem Körper. Geschlechter ohne Farbunterschiede. Zur Bestimmung sind die charakteristischen Stimmenunterschiede sehr nützlich (siehe Text auf S. 100—104).

2 **Dunkler Wasserläufer** *Tringa erythropus* Mehr als amselgroß. Brutkleid schieferschwarz, helle Flügelunterseite, Füße und Schnabelwurzel karminrot. Ohne Flügelbinde (Unterschied gegenüber Rotschenkel). Beine ragen ziemlich weit über das Schwanzende hinaus. Ruhe- und Jugendkleid: „gegitterte“, graubraune Flügeloberseite, Bürzel weiß, Schwanz mit dichter grauer Querbänderung.

3 **Rotschenkel** *Tringa totanus* Amselgroß, braungrau, auf dem Rücken dunkelgefleckt, breiter weißer Flügelhinterrand und helle Querzeichnung des Schwanzes. Lebhaft rote Füße ragen im Fluge merklich über das Schwanzende hinaus. Ruhe- und Jugendkleid heller, ohne besondere Fleckenzeichnung.

4 **Teichwasserläufer** *Tringa stagnatilis* Starengroß; oberseits graubraun mit feinen dunklen Flecken, unterseits größtenteils weiß. Bürzel weiß, Schwanz weiß, nur in der Mitte mit schwacher grauer Zeichnung. Schnabel sehr dünn, schwärzlich gefärbt. Beine olivgrau, weit über das Schwanzende hinausragend. Ruhe- und Jugendkleid oberseits grau, Unterseite, Bürzel und Schwanz weiß.

1 So
1 W
2 So
2 W
2 So
3 So
4 So
4 W

1 **Grünschenkel** *Tringa nebularia* Mehr als amselgroß. Brutkleid oberseits braun, feingefleckt. Flügel dunkler, ohne weiße Zeichnung. Hinterrücken und Bürzel reinweiß, Schwanz weiß mit spärlicher Querbänderung. Schnabel lang, schwarz gefärbt. Beine grünlich gefärbt, ragen im Fluge weit über das Schwanzende hinaus. Ruhe- und Jugendkleid sehr hell, oberseits graubraun und unterseits weiß.

2 **Waldwasserläufer** *Tringa ochropus* Drosselgroß, sehr dunkel, fast schwarz erscheinend, mit leuchtend weißem Bürzel und weißer Schwanzwurzel. Flügeloberseite ohne helle Abzeichen, Flügelunterseite dunkel (Unterschied gegenüber Bruchwasserläufer). Beine ragen wenig über das Schwanzende hinaus. Ruhe- und Jugendkleid sehr wenig vom Brutkleid unterschieden.

3 **Bruchwasserläufer** *Tringa glareola* Drosselgroß; Oberseite braun, Bürzel weiß ohne scharfe Begrenzung. Schwanz quergebändert. Flügelunterseite hell (Hauptunterschied gegenüber Waldwasserläufer). Beine ziemlich kurz, ragen im Fluge wenig über das Schwanzende hinaus. Ruhe- und Jugendkleid wenig verschieden.

4 **Flußuferläufer** *Tringa hypoleucos* Lerchengroß; ziemlich kurzer Schnabel und kurze Beine, die das Schwanzende im Fluge kaum überragen. Oberseite olivbraun, deutliche weiße Flügelbinde, weiß eingefaßter Schwanz. Brust besonders bei Altvögeln im Brutkleid grau, Bauch weiß. Eigenartige Flugweise mit zuckenden flachen Flügelschlägen niedrig über der Wasserfläche. ♂ = ♀.

1 So
1 W
2
2
3
3
4
4

Kleine bis mittelgroße Watvögel, meist mit kleinem Kopf, etwa kopflangem, dünnem Schnabel und nicht allzu langen Beinen. Leben meist sehr gesellig und erscheinen am Zuge vorzugsweise an den Seeküsten, öfters in riesigen dichten Schwärmen, die durch ihren genau koordinierten Flug auffallen. Laufen mit trippelnden Schritten nahe am Wasser umher. Geschlechter einander ähnlich; Brut- und Ruhekleider meistens verschieden. Stimmäußerungen gewöhnlich wenig auffällig.

1 **Knutt** *Calidris canutus* Amselgroß; im Fluge an der plumpen Gestalt kenntlich. Brutkleid unterseits rostrot, helle Flügelunterseite. Oberseits rostbraun, Bürzel und Schwanzdecken hell gefleckt. Ruhekleid auf dem Rücken aschgrau, Brust dunkelbraun gefleckt, übrige Unterseite weiß, Jugendkleid am Rücken mehr braun.

2 **Zwergstrandläufer** *Calidris minuta* Kaum spatzengroß, mit kurzem Schnabel. Auf der Rückenseite kontrastreich gefärbt, größtenteils rostbraun, mit schwarzen Flecken und hellen Rückenstreifen. Äußere Schwanzfedern hellgrau. Unterseite, bis auf die graubraunen Kropfseiten, weiß. Ruhe- und Jugendkleid grau mit reinweißer Unterseite. V-förmige, helle Rückenstreifen.

3 **Temminckstrandläufer** *Calidris temminckii* Kaum sperlingsgroß. Rückenseite mausgrau, kontrastlos. Kropfseiten verschwommen graufarbig, scharf gegen die weiße Unterseite abgesetzt, äußere Schwanzfedern weiß (Unterschiede gegenüber dem ähnlichen Zwergstrandläufer). Ruhekleid mehr eintönig grau. Jugendkleid oberseits mehr olivbraun mit hellen Federrändern.

4 **Alpenstrandläufer** *Calidris alpina* Starengroß, am Rücken rostbraun, dunkelgraue Flügel. Kropf gefleckt. Schwarzes Bauchschild und helle Flügelunterseite. Bürzel- und Schwanzmitte dunkel, Schwanzrand braungrau. Ruhekleid auf der Unterseite völlig hell. Jugendkleid oberseits schwarzbraun mit rostfarbenen Federsäumen.

5 **Sichelstrandläufer** *Calidris ferruginea* Starengroß; gekrümmter Schnabel. Brutkleid rostbraun mit rostroter Unterseite. Weißer Bürzel. Helle Flügelunterseite. Ruhekleid: Oberseite graubraun, Unterseite weiß. Jugendkleid oberseits graubraun, Brust rostgelblich angeflogen, übrige Unterseite weiß.

1 So
1 W
2 So
2 W
3 So
3 W
4 So
4 W
5 So
5 W

Strandläufer (1—2)

1 Sanderling *Crocethia alba* Starengroß mit ziemlich kurzem Schnabel und kurzen, lackschwarzen Füßen. Brutkleid rostbraun mit reinweißem Bauch. Breite weiße Flügelbinde und schwarzer Flügelvorderrand. Ruhekleid hellgrau, Unterseite reinweiß. Jugendkleid am Rücken mit schwarzer Fleckung.

2 Kampfläufer *Philomachus pugnax* ♂ im Brutkleid erscheint durch die angelegten Ohrbüschel und die bunte Halskrause im Fluge dickhalsig. Sieht oft sehr bunt aus. Auf der Flügeloberseite mit undeutlicher Binde. Öfters mit gelbroten Füßen. ♀ im Brutkleid am bräunlichen Rücken dunkel gefleckt, fast um ⅓ kleiner als ♂. Bürzel und obere Schwanzdecken sind nur an den Seiten weiß. Ruhe- und Jugendkleid wie ♀.

Wassertreter (3—4)

Sind in Körpergestalt den Wasserläufern ähnlich, aber mehr dem Leben auf dem Wasser angepaßt. Oft schwimmen sie weit vom Ufer und sitzen dabei hoch auf dem Wasser. Ihre Füße tragen Schwimmlappen an den Zehen. Nicken mit dem Kopf. Geschlechter unterschiedlich; im Zusammenhang mit der umgekehrten Brutpflege (♂ sitzt auf den Eiern und führt die Jungen) sind die Weibchen größer und sehen bunter aus.

3 Thorshühnchen *Phalaropus fulicarius* Knapp drosselgroß. Brutkleid: weiße Wangen, schwarzer Oberkopf, Rücken rotbraun mit schwarzer Fleckung, ganze Unterseite lebhaft rostbraun. Weiße Flügelbinde, dunkler Schwanz und dunkle Bürzelmitte. Schnabel und Füße gelblich. ♂ an der weniger lebhaften Färbung kenntlich. Ruhe- und Jugendkleid sehr hell, auf der Oberseite hellgrau mit schwarzem Genickfleck und ebensolchem Augenstreif; reinweiße Unterseite. Flügeloberseite mit weißer Binde und schwarzem Hinterrand.

4 Odinshühnchen *Phalaropus lobatus* Lerchengroß. Brutkleid: fast schwarzer Kopf und Rücken, weißes Kinn und breites rostrotes Halsband. Unterseite weiß. Schnabel dünn und schwarz. Ruhe- und Jugendkleid: oberseits grau und schwarz, besonders am Rücken dunkler (schwärzer) als Thorshühnchen. Weiße Flügelbinde. Unterseite reinweiß.

Triele (5)

Ziemlich große, plumpe Watvögel mit dickem Schnabel und dicken Füßen. Großer Kopf mit auffällig großen gelben Augen. Bewohnen Ödland und sind meist wenig an Wasser gebunden. Dämmerungsvögel.

5 Triel *Burhinus oedicnemus* Ringeltaubengroß. Sandbraun mit dunkler Längsfleckung. Auf der Flügeloberseite zwei scharf begrenzte, weiße Binden. Fliegt mit langsamen Flügelschlägen. ♂ = ♀. Jugendkleid am Rücken rostfarbiger.

1 So
1 W
2 ♀
2 ♂ W
2 ♂ So
3 So
3 W
5
4 W
4 So

Große, dunkelbraune Seevögel mit Hakenschnabel und im Alterskleid mit verlängerten mittleren Steuerfedern. In Körperform und Flugweise den Möwen ähnlich. ♂ und ♀ nicht zu unterscheiden. Ernähren sich nach Raubvogelart; erbeuten Jungvögel und Eier anderer Seevögel, denen sie außerdem ihre Beute in heftigen Flugangriffen abjagen. Setzen sich oft auf das Wasser.

1 **Schmarotzerraubmöwe** *Stercorarius parasiticus* Lachmöwengroß. Entweder düster braun mit etwas hellerer Unterseite (dunkle Phase) oder unterseits weiß mit scharf umgrenztem, rauchschwarzem Oberkopf (helle Phase). Im Flügel bilden die weißen Schäfte der Handschwingen ein weißes, besonders aus der Nähe gut sichtbares Flügelfeld. Altvögel: Mittleres Steuerfederpaar um mehrere cm verlängert und spitz auslaufend. Jungvögel mit kurzen mittleren Schwanzfedern.

2 **Spatelraubmöwe** *Stercorarius pomarinus* Sturmmöwengroß; im Aussehen der Schmarotzerraubmöwe ganz ähnlich. Nur die Altvögel sind an den spatelförmigen, etwas gedrehten mittleren Schwanzfedern im Fluge zu bestimmen. Auch der weiße Flügelspiegel scheint auffälliger zu sein. Es gibt ebenfalls zwei Farbphasen, eine dunkelbäuchige und eine hellbäuchige, darunter Zwischenformen.

3 **Falkenraubmöwe** *Stercorarius longicaudus* Kleinste Raubmöwe; knapp lachmöwengroß und schlanker als Schmarotzerraubmöwe. An der Brust heller gefärbt, schwarze Kopfplatte schärfer abgegrenzt und eine mehr graue Oberseite. Altvögel sind am besten durch die sehr langen, spitzen und biegsamen mittleren Steuerfedern gekennzeichnet. Weißes Flügelfeld wenig entwickelt. Jugendkleid insgesamt brauner, mit kurzen Schwanzfedern; im Fluge kaum von jungen Schmarotzerraubmöwen zu unterscheiden.

4 **Große Raubmöwe** *Stercorarius skua* Silbermöwengroß, plump, dunkelbraun mit weißem Spiegel am Handteil der ziemlich breiten Flügel. Schwanzende keilförmig. Klobiger Hakenschnabel. Schnabel und Füße schwarz. Jugendkleid im Fluge kaum zu unterscheiden. Fliegt schwerfällig und ist von den anderen Raubmöwenarten durch die große plumpe Gestalt und den kurzen Schwanz unterschieden.

1 HV
1 DV
1 imm
2 HV
2 DV
3
4
3 imm

Meist größere, langflügelige Seevögel, die im Alterskleid größtenteils reinweiß und nur an Rücken und Flügeloberseite, dem sog. Mantel, entweder blaugrau (möwengrau) oder schiefergrau bis schwarz gefärbt sind. Mehrere Arten besitzen im Brutkleid eine dunkelbraune bis völlig schwarze Kopfkappe, die aber im Ruhekleid durch weißes Kopfgefieder ersetzt wird. Viele von den großen Seemöwenarten tragen im Gegenteil im Ruhekleid eine feine dunkle Strichzeichnung an Kopf und Hals. Die Jugendkleider sind stärker pigmentiert, meist in verschiedenem Grade braun. Der Schnabel ist an der Spitze hakig gekrümmt. ♂ und ♀ nicht unterscheidbar. Gewandte Flieger. Fleischfresser.

1 **Eismöwe** *Larus hyperboreus* So groß wie Mantelmöwe; sehr hell, zweijährige Vögel ganz weiß, ältere mit hellgrauem Mantel. Ohne schwarze Flügelspitzen. Schnabel gelb mit rotem Spitzenfleck. Füße rosarot. Jugendkleid einfarbig hellbraun, später rahmfarben; dunkler Schnabel.

2 **Mantelmöwe** *Larus marinus* Bedeutend größer als Silbermöwe. Klobiger gelber Schnabel mit rotem Fleck an der Unterschnabelspitze. Füße fleischfarben. Mantel schwarz; am Vorder- und Hinterrand der schwarzen Flügeloberseite schmale weiße Säume sowie kleine weiße Flügelspitzen. Jugendkleid oberseits schwarzbraun gefleckt, Unterseite anfangs dunkel gefleckt, später weiß. Fliegt mit langsamen, wuchtigen Flügelschlägen, dadurch manchmal reiherartig und schwerfällig wirkend.

3 **Heringsmöwe** *Larus fuscus* Silbermöwengroß. Altvögel erinnern in der Färbung an Mantelmöwe, haben aber einen schwächeren Schnabel. Füße gelb. Die Populationen Englands haben einen schiefergrauen statt schwarzen Mantel. Jugendkleid dunkelbraun gefleckt, schwer von der Silbermöwe zu unterscheiden. Die Schwingen scheinen insgesamt schwärzer, und auch der Oberrücken ist dunkler, mehr schwarzgrau. Die schwarze Schwanzbinde ist schärfer gegen die weißen Schwanzdeckenfedern abgegrenzt. Schnabel schwarz, Füße schmutzig fleischfarben. Flug gewandter als Mantelmöwe.

4 **Silbermöwe** *Larus argentatus* Große Seemöwe mit möwengrauem Mantel, gelbem Schnabel mit rotem Fleck an der Unterschnabelspitze und fleischfarbenen oder gelben Füßen. Im Ruhekleid mit dunkler Strichelung auf Kopf und Hals. Jugendkleid braun mit dunkelbraunen Handschwingen und brauner Endbinde am Schwanz (siehe Heringsmöwe). Schnabel schwarz, Füße fleischfarben.

5 **Sturmmöwe** *Larus canus* Der Silbermöwe ähnlich, aber kleiner und schlanker, mit ziemlich kleinem, grüngelbem Schnabel und ebensolchen Füßen. Roter Schnabelfleck fehlt. Flügelspitze schwarz und weiß. Jugendkleid auf der Oberseite stark braun gefleckt, unterseits mit verwaschener brauner Fleckung, später weiß. Schnabel zweifarbig, Spitze dunkel. Füße bläulich fleischfarben. Scharf begrenzter, schwarzer Schwanzsaum. Flügelschlag schneller als bei Silbermöwe, aber ruhiger als Lachmöwe.

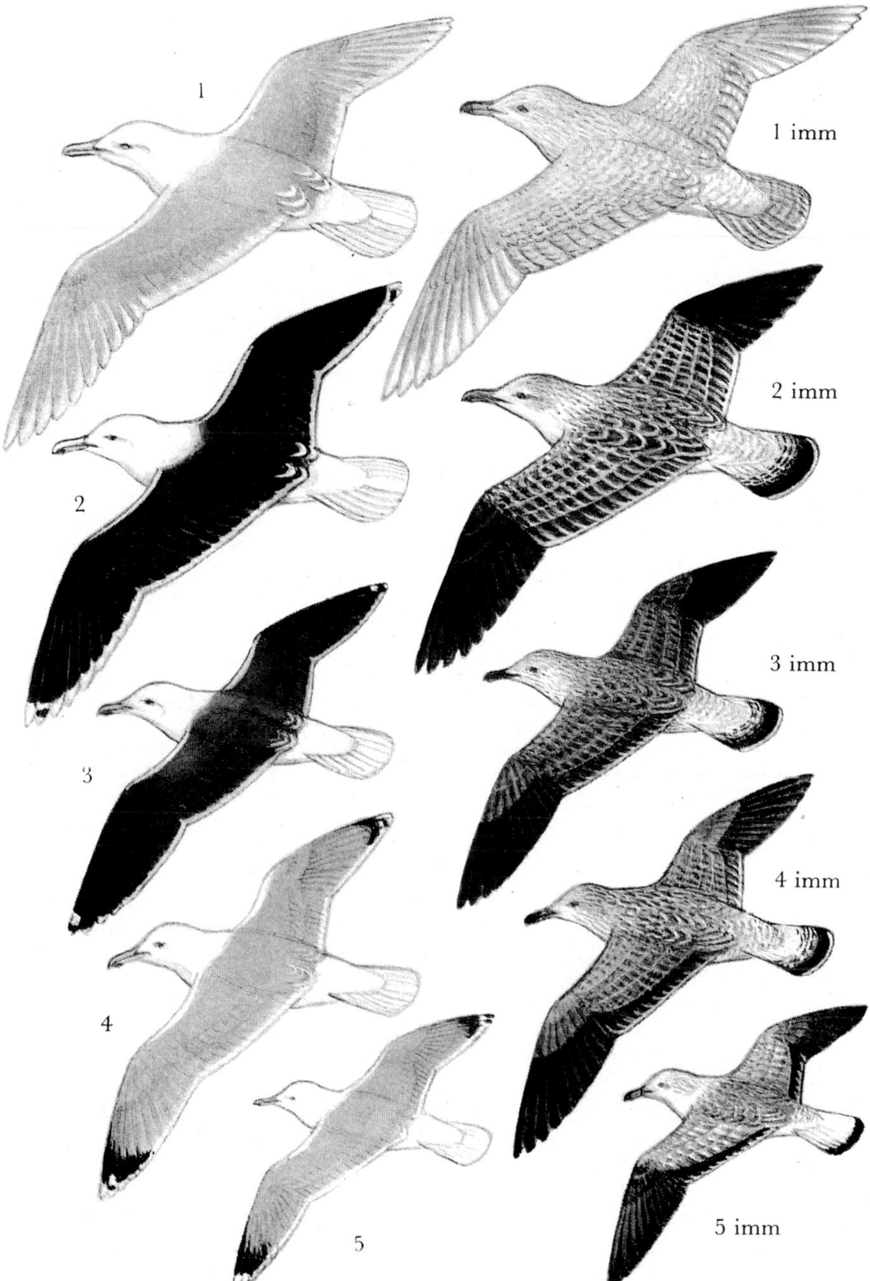
1
1 imm
2 imm
2
3 imm
3
4 imm
4
5
5 imm

1 **Dreizehenmöwe** *Rissa tridactyla* Wenig größer als Lachmöwe, grauer Mantel, schwarze Flügelspitzen ohne Weiß; gelber Schnabel und schwarze Füße. Schwanz gerade abgeschnitten oder mit schwachem Ausschnitt. Ruhekleid mit grauen Streifen an den Kopfseiten. Jugendkleid: grauer Mantel, schwarzer Nackenstreif und schwarze Endbinde am Schwanz, schwarze M-förmige Längsbinde am Flügel.

2 **Lachmöwe** *Larus ridibundus* Kaffeebraune Kapuze, hellgrauer Mantel, weißer Vorderrand und schmaler schwarzer Hinterrand des Flügelendes. Füße und Schnabel dunkelrot. Ruhekleid: Weißer Kopf mit dunklem Ohrfleck, Füße und Schnabel hellrot. Jugendkleid: Oberkopf fahlbraun bis weiß, braune Flügeldecken und schwarze Binde am Schwanzende. Füße und Schnabel braungelb.

3 **Schwarzkopfmöwe** *Larus melanocephalus* Lachmöwengroß. Pechschwarze Kapuze, kräftiger roter Schnabel und Flügelspitze ohne Schwarz. Ruhekleid: Weißer Kopf mit dunklen Streifen um die Augen und im Genick. Jugendkleid: Braune Flügeldecken, schwarzer Schwanzsaum, schwarze Handschwingen (bei Lachmöwe weiß).

4 **Zwergmöwe** *Larus minutus* Kleiner als Lachmöwe, mit ziemlich abgerundeten Flügeln und gaukelndem Flug. Kopf bis etwa Halshälfte pechschwarz. Flügelspitze weiß, ohne schwarze Abzeichen, Flügelunterseite dunkel gefärbt. Ruhekleid: Scheitel und Hinterkopf schwarzgrau, schwarzer Ohrfleck, Rücken hellgrau. Jugendkleid: Oberkopf und Nacken schwarzgrau. Weißer, abgerundeter Schwanz mit schwarzem Endsaum. M-förmiger schwarzer Streif auf der Flügeloberseite.

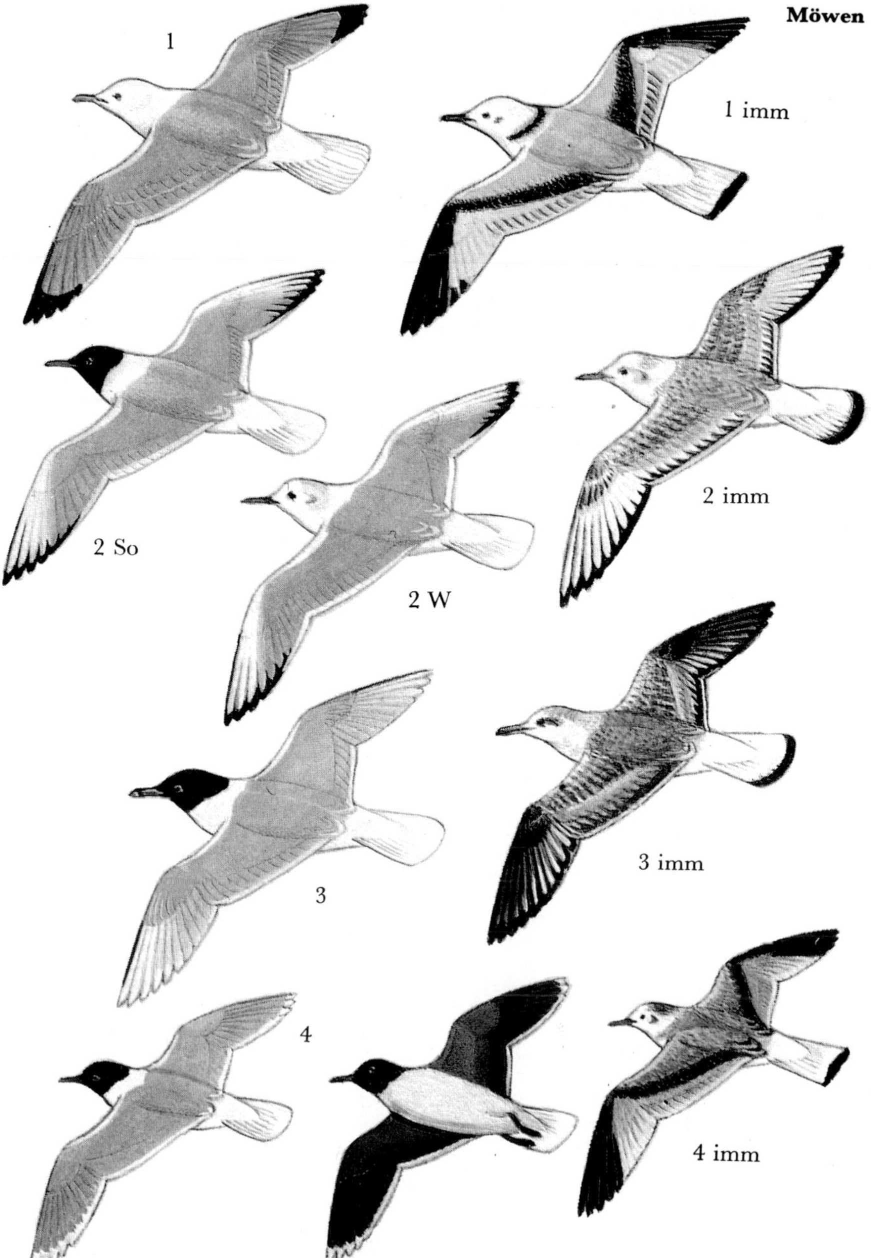
1
1 imm
2 So
2 W
2 imm
3
3 imm
4
4 imm

Schlank gebaute, schmalflügelige Seevögel, überwiegend weiß mit hellgrauem Rücken und schwarzem Scheitel. Schwanz mehr oder weniger tief gegabelt. Schnabel meist schlank und gleichmäßig zugespitzt. Beine kurz. ♂ und ♀ sind nicht unterscheidbar, Brut- und Ruhekleider wenig verschieden; die Jugendkleider unterscheiden sich durch die teilweise dunkelbraune Befiederung des Rückens. Gewandte Flieger, meistens mit langsamen Flügelschlägen. Viele Arten benützen den Rüttelflug, um nach Beute zu spähen und stürzen sich mit angelegten Schwingen senkrecht ins Wasser. Meistens Fischfresser, nur mehrere binnenländische Arten nähren sich überwiegend von Insekten. Im Gegensatz zu den Möwen setzen sie sich sehr selten auf das Wasser. Soziale Vögel, die oft in großen Kolonien mit dicht stehenden Nestern brüten.

1 **Raubseeschwalbe** *Hydroprogne tschegrava* Sturmmöwengroß; größte Seeschwalbe. Kräftiger und großer, leuchtendroter Schnabel und etwas verlängerte Scheitelfedern der schwarzen Kopfplatte. Ziemlich breite Flügel, Handschwingen unterseits dunkler. Wenig gegabelter Schwanz. Flug möwenartig. Ruhekleid: Stirn weiß, Kopfplatte mit weißen Federn untermischt. Jugendkleid am Rücken mit braunen Flecken; Schnabel orangefarben. Die rauhe, krächzende, an den Graureiher erinnernde Stimme hilft beim Ansprechen der Art.

2 **Lachseeschwalbe** *Gelochelidon nilotica* Lachmöwengroß. Schwarzer, etwas möwenartiger Schnabel; der hellgraue Schwanz nur wenig ausgeschnitten. Mehr möwenartiger Flug, stößt selten auf das Wasser. Ruhekleid: ohne schwarze Kopfkappe, nur hinter den Augen schwarz und am Hinterkopf grau. Jugendkleid: Kopf ähnlich wie Ruhekleid, aber Scheitel und Nacken oft rahmfarben; Rücken mit braunschwarzen Flecken. Schnabel und Füße rotbraun.

3 **Brandseeschwalbe** *Sterna sandvicensis* Lachmöwengroß, tief gegabelter weißer Schwanz. Der relativ lange Schnabel ist schwarz mit gelber Spitze. Schwarze Kappe mit verlängerten Hinterkopffedern. Ruhekleid: Kopfplatte mit weißen Federn untermischt, Stirn weiß. Jugendkleid: braun- bis schwarzgefleckte Rückenseite, Schwanzspitzen schwarzbraun.

4 **Zwergseeschwalbe** *Sterna albifrons* Etwa so groß wie Mauersegler, kleinste Seeschwalbe. Mäßig gegabelter Schwanz. Schneller Flügelschlag. Regelmäßiger Rüttelflug. Brutkleid: Weiße Stirn mit scharf, aber ungerade begrenzter, schwarzer Kopfkappe. Schnabel gelb mit schwarzer Spitze. Ruhekleid: Ganzer Scheitel, bis auf den schwarzen Hinterkopf, weiß. Jugendkleid: Weißer Scheitel, dunkler Hinterkopf, schwärzlicher Flügelvorderrand.

1
2
1
2 imm
3
4 imm
3 imm
4

1 **Flußseeschwalbe** *Sterna hirundo* Schlanker und kleiner als Lachmöwe. Schwarze Kopfplatte, Schnabel mennigrot mit schwarzer Spitze, Schwanz tief gegabelt. Leichter, „schwimmender" Flug, rüttelt über der Wasserfläche und stürzt sich senkrecht ins Wasser. Ruhekleid: Weiße Stirn und dunkle Armdecken der Flügeloberseite. Jugendkleid: Oberkopf rostfarben und schwarzbraun, Rücken mit brauner Querbänderung.

2 **Küstenseeschwalbe** *Sterna paradisaea* In Gestalt wie Flußseeschwalbe, aber Kehle, Brust und Bauch sind hellgrau, nur die Kopfseiten, entlang der schwarzen Kopfkappe, sind reinweiß. Die äußersten langen Schwanzfedern dunkelgrau. Schnabel und Füße korallenrot. Ruhekleid: Stirn weiß, Oberseite grau und der im Vergleich mit der Flußseeschwalbe etwas längere Schwanz weiß. Jugendkleid: Stirn weiß, Oberseite einfarbig grau, nicht braungrau.

3 **Rosenseeschwalbe** *Sterna dougallii* So groß wie Flußseeschwalbe, erscheint aber heller und hat sehr tief gegabelten Schwanz. Schnabel nur im Wurzelteil etwas rot, sonst schwarz. Rote Füße. Im Frühjahr oft mit rosigem Anflug auf der Unterseite. Flug auffällig „schwimmend". Brutkleid: Völlig schwarze, scharf begrenzte Kopfplatte. Ruhekleid: Weiße Stirn, schwarzer Hinterkopf. Im Vergleich mit Flußseeschwalbe am Flügelvorderrand heller grau. Jugendkleid mit kleinen, schwarzen Flecken auf dem hellen Rücken.

1 So
1 imm
2 So
2 W
3 So
3 W

1 **Trauerseeschwalbe** *Chlidonias niger* Kleiner als Flußseeschwalbe, schiefergrau, Kopf und Unterseite schwarz. Schnabel und Füße rotschwarz. Untere Flügeldecken und Bürzel grau (siehe Weißflügelseeschwalbe). Ruhekleid: Kopf schwarz- und weißgefleckt, schwarzer Schulterfleck, Unterseite weiß. Jugendkleid: Scheitel und Rücken braun gesprenkelt.

2 **Weißflügelseeschwalbe** *Chlidonias leucopterus* So groß wie Trauerseeschwalbe, kontrastreich schwarz und weiß gefärbt. Kopf, Bauch und Flügelunterseite schwarz. Schwanz und obere Flügeldecken reinweiß (bei der viel häufigeren Trauerseeschwalbe ist die Flügelunterseite hell und die Flügeloberseite dunkel). Schnabel und Füße rot. Ruhekleid: Vor dem Flügelgelenk ohne schwarze Schulterflecke; Flügelvorderrand nicht so dunkel wie bei der Trauerseeschwalbe. Jugendkleid: Flügeloberseite blaßgrau, Rücken dunkelbraun, dunkler als Trauerseeschwalbe.

3 **Weißbartseeschwalbe** *Chlidonias hybrida* Etwa so groß wie Trauerseeschwalbe; sieht recht hell aus und fängt Nahrung sturztauchend, ähnlich wie Flußseeschwalbe. Brutkleid: Schwarze Kopfplatte, sonst oberseits hellgrau, Brust grau und Bauch schwarz. Schnabel und Füße blutrot. Ruhekleid: Stirn weiß, Hinterkopf grau bis schwarz; vor der Schulter ohne schwarzen Fleck (Unterschied gegenüber Trauerseeschwalbe). Jugendkleid mit schwarzbrauner Querbänderung auf Rücken und Oberflügel; Stirn, Kopf- und Halsseiten und Bauchseite weiß.

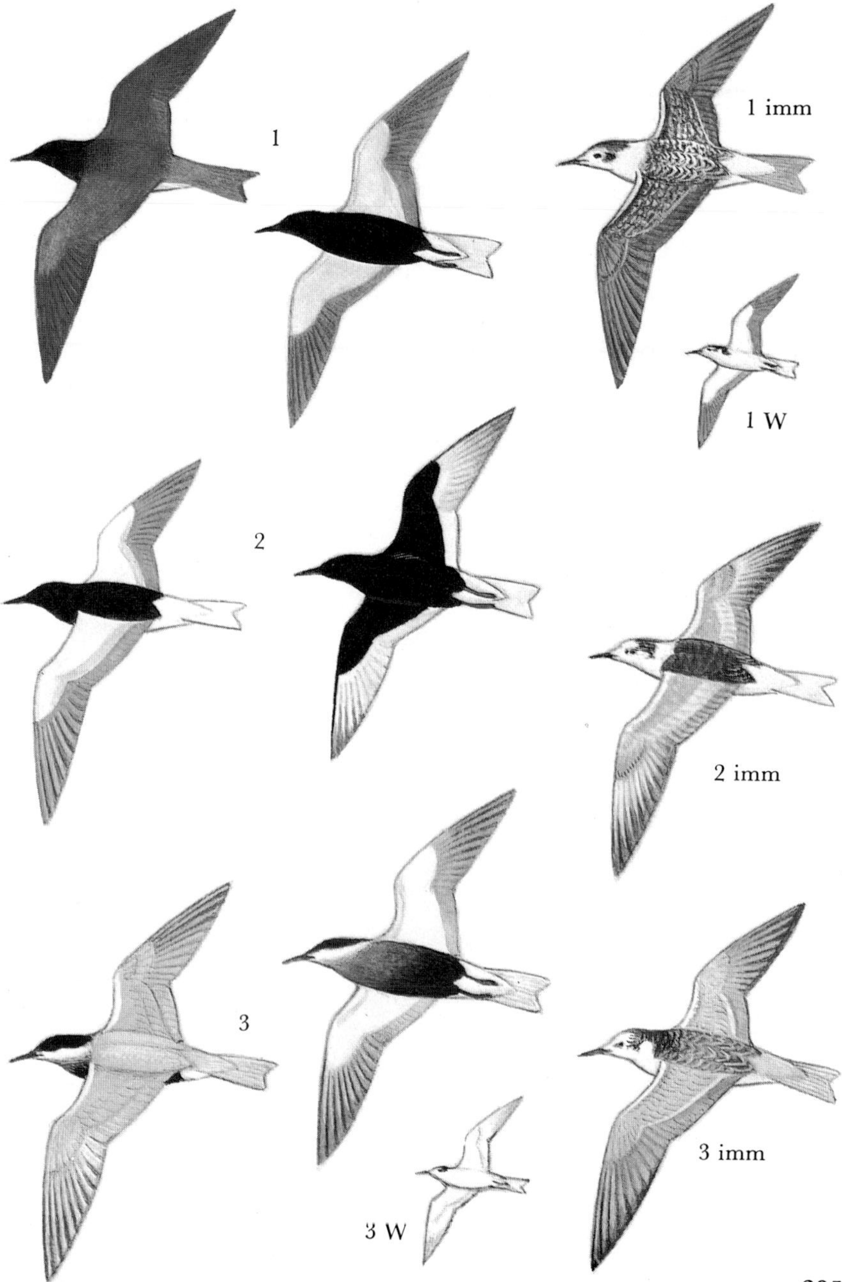
1
1 imm
1 W
2
2 imm
3
3 imm
3 W

Abbildungen der Eier und Nester

(Nähere Hinweise zu den Bildern sind auf Seite 313 nachzuschlagen)

Auf den farbigen Abbildungen werden bis auf wenige Ausnahmen die vollständigen Gelege der einzelnen Vogelarten im Nest dargestellt. Die Bilder zeigen also außer der kennzeichnenden Färbung, Zeichnung und Form der Eier auch die Form und charakteristische Zusammensetzung der Nester.
Auf Abb. 38 wird das backofenförmige Nest der Wasseramsel ohne Gelege abgebildet. Abb. 53 zeigt einen für den Kleiber typischen Nestbau aus dünnen Rindenstücken und Borke in einem Nistkasten aus Holzbeton. Im Nest des Gimpels auf Abb. 60 liegt ein unvollständiges Gelege von nur 2 Eiern.
Die Eigröße ist auf den Abbildungen in den meisten Fällen verkleinert dargestellt und ist auch auf den einzelnen Tafeln in keiner Relation. Die durchschnittliche Größe der Eier ist deshalb unter jedem Bild in mm angegeben.

1. Haubentaucher *Podiceps cristatus* (55 × 37)

2. Stockente *Anas platyrhynchos* (56 × 40)

3. Zwergrohrdommel *Ixobrychus minutus* (35 × 26)

4. Spießente *Anas acuta* (54 × 38)

5. Höckerschwan *Cygnus olor* (110×74)

6. Turmfalk *Falco tinnunculus* (38×31)

7. Rohrweihe *Circus aeruginosus* (48×38)

8. Rebhuhn *Perdix perdix* (35×27)

9. Fasan *Phasianus colchicus* (45×36)

10. Teichhuhn *Gallinula chloropus* (42×30)

11. Kleines Sumpfhuhn *Porzana parva* (30×22)

12. Bleßhuhn *Fulica atra* (53×35)

13. Kiebitz *Vanellus vanellus* (46×32)

14. Sandregenpfeifer *Charadrius hiaticula* (34×24)

15. Steinwälzer *Arenaria interpres* (41×29)

16. Bekassine *Gallinago gallinago* (39×28)

17. Waldschnepfe *Scolopax rusticola* (44×33)

18. Uferschnepfe *Limosa limosa* (55×38)

19. Großer Brachvogel *Numenius arquata* (67×47)

20. Rotschenkel *Tringa totanus* (43×30)

21. Kampfläufer *Philomachus pugnax* (43 × 31)

22. Schmarotzerraubmöwe *Stercorarius parasiticus* (57 × 40)

23. Triel *Burhinus oedicnemus* (54 × 38)

24. Lachmöwe *Larus ridibundus* (52 × 37)

25. Flußseeschwalbe *Sterna hirundo* (41×30)

26. Gryllteiste *Cepphus grylle* (58×40)

27. Tordalk *Alca torda* (73×47)

28. Ringeltaube *Columba palumbus* (40×29)

29. Waldohreule *Asio otus* (40×32)

30. Feldlerche *Alauda arvensis* (23×17)

31. Wendehals *Jynx torquilla* (20×15)

32. Rauchschwalbe *Hirundo rustica* (19×13)

33. Schafstelze *Motacilla flava* (19×14)

35. Uferschwalbe *Riparia riparia* (17×13)

34. Bachstelze *Motacilla alba* (20×15)

36. Baumpieper *Anthus trivialis* (20×15)

37. Rotrückenwürger *Lanius collurio* (22×17)
38. Klappergrasmücke *Sylvia curruca* (17×13)

39. Wasseramsel *Cinclus cinclus* (26×19)

40. Heckenbraunelle *Prunella modularis* (19×14)

41. Drosselrohrsänger *Acrocephalus arundinaceus* (23×16)
42. Waldlaubsänger *Phylloscopus sibilatrix* (16×12)
43. Gelbspötter *Hippolais icterina* (18,5×13,5)
44. Zilpzalp *Phylloscopus collybita* (15×12)

45. Fitis *Phylloscopus trochilus* (15×12)

46. Gartenrotschwanz *Phoenicurus phoenicurus* (19×14)

47. Halsbandschnäpper *Ficedula albicollis* (17×13)

48. Hausrotschwanz *Phoenicurus ochruros* (19×14)

49. Rotkehlchen *Erithacus rubecula* (20×15)

50. Amsel *Turdus merula* (30×21)

51. Wacholderdrossel *Turdus pilaris* (28,5×21)

52. Kohlmeise *Parus major* (17×13)

53. Kleiber *Sitta europaea* (19×14,5)

54. Goldammer *Emberiza citrinella* (21,5×16)

55. Grauammer *Emberiza calandra* (24×17)

56. Kernbeißer *Coccothraustes coccothraustes* (24×17,5)

57. Buchfink *Fringilla coelebs* (19×14,5)

58. Zeisig *Carduelis spinus* (16×12)

59. Grünling *Carduelis chloris* (20×14,5)

60. Gimpel *Pyrrhula pyrrhula* (20,5×15)

61. Feldsperling *Passer montanus* (19×14)

62. Elster *Pica pica* (33×23)

63. Pirol *Oriolus oriolus* (30×21)

64. Rabenkrähe *Corvus corone* (41×29)

Eier und Nester

1 Haubentaucher *Podiceps cristatus*

Nest aus Teilen verschiedener Wasserpflanzen gebaut, die auf der Wasserfläche schwimmend aufgehäuft und meistens nur im Rande des Schilfgürtels verankert werden. Die 3—6 weißen, später braungefärbten Eier werden beim Verlassen des Nestes mit Nestmaterial überdeckt. Eigröße 55×37 mm.

2 Stockente *Anas platyrhynchos*

Nest aus trockenen Pflanzenteilen in einer Bodenmulde unter Buschwerk und Pflanzengewirr, meist in Wassernähe, nicht selten auch in Baumhöhlen. 7—11 bräunlich grüne bis blaugrünliche Eier von 56×40 mm Größe. Das Gelege wird mit einem Kranz von dunklen Dunenfedern umrandet.

3 Zwergdommel *Ixobrychus minutus*

Das Nest wird niedrig über dem Wasser im Schilf oder Gebüsch angelegt und bildet ein kegelförmiges Körbchen aus dünnen Zweigen und Schilf-, Rohr- oder Binsenhalmen. Gelege aus 5—6 kalkweißen Eiern von 35×26 mm Größe.

4 Spießente *Anas acuta*

Nest in einer Bodenvertiefung im Gras oder unter Gebüsch, mit trockenen Halmen und Blättern ausgepolstert. Gelege aus 7—11 gelblichen Eiern, meist von etwas länglicher Form. Eigröße 54×38 mm.

5 Höckerschwan *Cygnus olor*

Das Nest ist ein großer Haufen aus Reisern, Schilf, Rohr oder Seetang, mit Dunenfedern ausgepolstert. Es steht im seichten Wasser oder unmittelbar am Wasser auf festem Boden. Gelege aus 5—8 großen, braungelben Eiern; Eigröße etwa 110×74 mm.

6 Turmfalk *Falco tinnunculus*

Nest aus Zweigen und Reisern; wird gewöhnlich von Krähen, Ringeltauben oder Greifvögeln übernommen. Meist hoch auf Bäumen, oft auf Felsklippen und altem Gemäuer ohne Nestunterlage. Die 5—6 ziemlich kugelförmigen Eier sind kräftig braun gefleckt und messen durchschnittlich 38×31 mm.

7 Rohrweihe *Circus aeruginosus*

Das Nest wird auf umgeknickten Schilfhalmen aus Schilf, Rohr und Reisig im dichten Röhricht gut versteckt über dem Wasser gebaut. Die 4—5 kugelförmigen, weißen Eier sind etwa 48×38 mm groß.

8 Rebhuhn *Perdix perdix*

Das Nest wird gut versteckt in einer flachen Bodenvertiefung unter Gebüsch, im Gras oder im dichten Pflanzengewirr angelegt und nur mit wenigen Halmen und Federn ausgepolstert. Gelege aus 10—20 einfarbig grüngrauen bis bräunlichen Eiern, die dem Untergrund gut angepaßt sind. Größe 35×27 mm.

9 Fasan *Phasianus colchicus*

Nest am Boden versteckt in Gras, Heidekraut, unter Sträuchern, meist an Waldrändern und in Feldgehölzen angelegt und meistens ohne Auspolsterung. Gelege aus 10—12 einfarbig graugrünen Eiern, die etwa 45×36 mm groß sind.

10 Teichhuhn *Gallinula chloropus*

Das napfförmige Nest wird über seichtem Wasser oder auf trockenem Boden in Wassernähe aus Schilfblättern und Halmstücken, meist auf einer Unterlage aus Reisern, gebaut. Gelege aus 6—10 gelben Eiern mit braunen bis schwarzen Punkten und Flecken. Eigröße 42×30 mm.

11 Kleines Sumpfhuhn *Porzana parva*

Das Nest ist ein haubenförmiger Bau nahe über dem Wasser aus Seggen- und Schilfblättern, mit einer tiefen Nestmulde. Gelege: meist 6—8 Eier, auf graugelblichem Grunde mit rotbraunen, verwaschenen Flecken gezeichnet. Sie sind 30×22 mm groß.

12 Bleßhuhn *Fulica atra*

Das Nest steht meist verdeckt im Schilfsaum, seltener ganz frei im seichten Wasser und wird aus zerstückelten Schilfblättern und Halmen aufgehäuft. In der flachen Nestmulde liegen 6—9 gelblichweiße, dicht mit feinen schwarzen Punkten besäte Eier, die etwa 53×35 mm groß sind.

13 Kiebitz *Vanellus vanellus*

Das Kiebitznest befindet sich in einer flachen, dürftig mit Grashalmen und Grasblättern ausgepolsterten Bodenmulde. Es wird meist in nassen Wiesen angelegt. Die 4 kreiselförmigen Eier sind olivgrün, reich mit braunschwarzen Flecken gezeichnet und liegen mit den spitzen Eipolen nach innen. Sie sind durch ihre Tarnzeichnung der Umgebung hervorragend angepaßt. Eigröße: 46×32 mm.

14 Sandregenpfeifer *Charadrius hiaticula*

Das Nest bildet eine flache Mulde im Sand und ist meist mit kleinen Kieselsteinchen und Muschelschalen ausgelegt. Das Gelege besteht aus 4 kreiselförmigen, sandgelben Eiern mit dürftigen schwarzbraunen Flecken. Eigröße: etwa 34×24 mm.

15 Steinwälzer *Arenaria interpres*

Das Nest wird als flache Mulde zwischen Steingeröll am Meeresstrand angelegt und mit wenigen trockenen Pflanzenteilen ausgepolstert. Gelege: 4 graugrüne, grau und braun gefleckte birnenförmige Eier von etwa 41×29 mm.

16 Bekassine *Gallinago gallinago*

Zum Nestbau werden dichte Seggenpolster in nassen Wiesen oder im Sumpf ausgesucht, das Nest bildet eine flache, wenig ausgepolsterte Mulde am Boden. Gelege: 4 birnenförmige, olivgrüne Eier mit großen dunklen Flecken. Die Eier liegen gewöhnlich mit dem spitzen Eipol in der Nestmitte. Eigröße: 39×28 mm.

17 Waldschnepfe *Scolopax rusticola*

Das Nest bildet eine flache, mit trockenem Laub und Moos ausgelegte Mulde, meist dicht an Baumstämmen im Walde. Die 4 kurzovalen Eier sind auf rahmgelbem Untergrund mit rötlichbraunen Punkten und Flecken gezeichnet und vollkommen dem braunen Waldboden angepaßt. Eigröße: 44×33 mm.

18 Uferschnepfe *Limosa limosa*

Das Nest wird aus dürrem Gras in einer flachen Bodenvertiefung in nassen Wiesen angelegt und enthält 4 kreiselförmige, olivbraune Eier mit dunkelbrauner, verwaschener Fleckung. Eigröße: 55×38 mm.

19 Großer Brachvogel *Numenius arquata*

Das Nest bildet eine flache, dürftig ausgelegte Bodenmulde im feuchten Wiesen-, Moor- oder Heideland. Das Gelege besteht regelmäßig aus 4 kreiselförmigen, olivgrünen Eiern mit dunkelbrauner Fleckung. Eigröße: etwa 67×47 mm.

20 Rotschenkel *Tringa totanus*

Nest: eine mit wenigen Halmen ausgekleidete Mulde in hohem Gras, meist auch von oben durch die emporwachsenden Grashalme verdeckt. Das Gelege enthält 4 kreiselförmige graue Eier mit dunklen Flecken, die etwa 43×30 mm messen.

21 Kampfläufer *Philomachus pugnax*

Das Weibchen des Kampfläufers besorgt allein sowohl das Ausbrüten der Eier, als auch die Aufzucht der Nachkommenschaft. Das Nest ist eine flache, nur mit wenigen Grashalmen ausgelegte Mulde und wird im feuchten Wiesen- oder Moorgelände angelegt. Die 4 kreiselförmigen Eier sind graugrün gefärbt und dunkelbraun gefleckt; sie messen etwa 43×31 mm.

22 Schmarotzerraubmöwe *Stercorarius parasiticus*

Brütet oft kolonienweise. Die 2 braungrünen, dunkel gefleckten Eier werden in eine flache Vertiefung im Moos oder Gras abgelegt. Eigröße: etwa 57×40 mm.

23 Triel *Burhinus oedicnemus*

Nistet in einer flachen Bodenmulde auf ödem Brachland, Kartoffelfeldern oder Geröllbänken der Flüsse. Das Nest ist spärlich mit Steinchen und Pflanzenstücken ausgelegt und enthält 2 hellgraue Eier mit schwarzbraunen Flecken und Kritzeln. Eigröße: 54×38 mm.

24 Lachmöwe *Larus ridibundus*

Nest aus angehäuften Schilf- und Rohrstücken, oft mit trockenem Gras ausgepolstert; steht oft im seichten Wasser und auf Seggenbülten. Gelege: 3 meist olivgrüne Eier mit braunen Flecken; die Grundfarbe der Eier kann sehr variabel sein. Die Eigröße ist durchschnittlich 52×37 mm.

25 Flußseeschwalbe *Sterna hirundo*

Das Nest ist eine ganz flache Bodenmulde mit spärlicher Ausbettung und wird meist auf Sand- oder Schotterflächen in der Nähe des Wassers angelegt. Gelege: 3 hellgrüne bis olivbraune, dunkel gefleckte Eier von 41×30 mm Größe.

26 Gryllteiste *Cepphus grylle*

Die Eier der Gryllteiste werden ohne Nestbau in Felsspalten oder Erdlöchern abgelegt, meistens auf einer Unterlage aus kleinen Steinchen. Das Gelege besteht aus 2 ovalen Eiern, die auf hellem Untergrund dunkelgefleckt sind und im Durchschnitt 58×40 mm messen.

27 Tordalk *Alca torda*

Ein eigenes Nest wird nicht angelegt. Das Gelege besteht aus einem einzigen Ei, das auf weißem oder grünlichem Grund mit dunklen Punkten und Schnörkeln gezeichnet ist. Es wird auf den nackten Felsen an Steilküsten abgelegt. Eimaße: 73×47 mm.

28 Ringeltaube *Columba palumbus*

Das Nest wird in den Baumkronen meist ziemlich hoch über dem Erdboden gebaut. Es ist ein flacher, tellerartiger Bau aus Reisern von 30—40 cm Durchmesser. Gelege: 2 reinweiße Eier von etwa 40×29 mm Größe.

29 Waldohreule *Asio otus*

Nest: aus Zweigen und Reisern, gewöhnlich von anderen Vogelarten gebaut (Greifvögel, Krähen oder Ringeltaube); meist in Baumkronen. Gelege: 4—7 kurzelliptische Eier von durchschnittlich 40×32 mm Größe.

30 Feldlerche *Alauda arvensis*

Das Nest wird in eine Bodenvertiefung auf Feldern oder Wiesen eingebaut und ist ein lockeres Gefüge aus Grashalmen und Würzelchen, mit feinen Halmen und oft auch Tierhaaren ausgepolstert. Gelege: 4—5 graugelbe Eier mit dichten und feinen braunen Flecken. Eigröße: 23×17 mm.

31 Wendehals *Jynx torquilla*

Das Nest wird in Baumhöhlen angelegt, die im Gegensatz zu den Spechten nicht selbst gezimmert, aber oft doch einigermaßen hergerichtet werden. Manchmal in Nistkästen. Das Gelege besteht aus 7—10 glänzend weißen Eiern, die ungefähr 20×15 mm groß sind.

32 Rauchschwalbe *Hirundo rustica*

Das Nest ist aus lehmigen Erdklümpchen mit Speichel zusammengeklebt und mit Halmen und einigen Federn ausgepolstert. Es ist ein schalenförmiger Bau und wird in Innenräume, z. B. Stallungen, Scheunen oder Hausgänge gebaut. Das Gelege enthält 4—5 weiße, braunrot gefleckte Eier von 19×13 mm Größe.

33 Schafstelze *Motacilla flava*

Nest: meist gut versteckt in einer kleinen Bodenvertiefung zwischen Grasbüscheln, oft an Böschungen, z. B. Bahndämmen u.ä. Als Nestmaterial werden trockene Grashalme und Würzelchen benutzt, die halbkugelige Nestmulde ist fein geglättet und mit Tierhaaren ausgepolstert. Das Gelege besteht aus 4—6 weißlichen, sehr dicht graubraun gewölkten Eiern von etwa 19×14 mm Größe.

34 Bachstelze *Motacilla alba*

Das Nest wird meist in Halbhöhlen in Felsspalten, unter Hausdächern und in halboffenen Nistkästen gebaut. Es ist ein Haufen aus trockenen Halmen, Blättern, Moos und Würzelchen, mit weicher Polsterung der Nestmulde aus Tierhaaren und Federn. Gelege: 5—6 weißliche, dicht dunkelgrau und bräunlich gefleckte Eier. Eigröße: 20×15 mm.

35 Uferschwalbe *Riparia riparia*

Zum Brüten gräbt die Uferschwalbe eine ziemlich tiefe horizontale Niströhre in steile Erdwände von Sandgruben oder lehmigen Flußufern u. ä. Das eigentliche Nest wird aus

Halmen, Fasern und Federn in den ausgehöhlten Endteil der Röhre eingebaut und enthält 4—6 reinweiße Eier von 17×13 mm Größe.

36 Baumpieper *Anthus trivialis*

Alle Pieperarten bauen ihr Nest gut versteckt in Bodenvertiefungen unter Grasbüscheln, Strauchwerk, Heide- oder Farnkraut. Beim Baumpieper werden zum Nestbau trockenes Gras, viel Moos und dürres Laub benutzt, die halbkugelige Nestmulde ist weich gepolstert und enthält 5 sehr variable, meist aber grauweiße, fein braun gefleckte Eier von 20×15 mm Größe.

37 Rotrückenwürger *Lanius collurio*

Das Nest steht meist niedrig im Buschdickicht, sehr oft in Hecken und ist aus Stengeln, Halmen, Wurzeln und Moos gebaut und mit Pflanzen- und Tierwolle ausgelegt. Die 4—6 Eier des Geleges sind weißlich mit einer rotbraunen Fleckung, die am stumpfen Eipol gewöhnlich einen Kranz bildet. Eigröße: 22×17 mm.

38 Klappergrasmücke *Sylvia curruca*

Nest: meist niedrig in dichtem Buschwerk, besonders in Hecken, oft in jungen Nadelbäumen, aus dürren Stengeln und Grashalmen locker zusammengefügt. Gelege: 5 weiße, spärlich rotbraun gefleckte Eier. Eigröße: 17×13 mm.

39 Wasseramsel *Cinclus cinclus*

Nest: ein großer Bau aus Moos und Pflanzenteilen in Uferhöhlen, Erdspalten, unter Brücken und Wehren an Gebirgsbächen. Ist bis auf ein rundes Einschlupfloch allseitig geschlossen. Das Gelege besteht aus 4—6 reinweißen, etwa 26×19 mm großen Eiern.

40 Heckenbraunelle *Prunella modularis*

Das Nest steht im Dickicht niedrig über dem Boden, gut versteckt. Es wird aus wenigen dürren Stengeln und viel grünem Moos gebaut; die Mulde wird weich gepolstert und gewöhnlich mit den roten Sporenträgern des Mooses ausgelegt. Gelege: 4—5 einfarbig grünblaue Eier, 19×14 mm groß.

41 Drosselrohrsänger *Acrocephalus arundinaceus*

Das Nest steht über dem Wasser und bildet einen kunstvollen tiefen Napf aus Grasblättern und Schilffasern, der sorgfältig an Schilfhalmen befestigt ist. Gelege: 5—6 bläulichweiße Eier mit grünlicher bis brauner Fleckenzeichnung. Eigröße: 23×16 mm.

42 Waldlaubsänger *Phylloscopus sibilatrix*

Das Nest wird am Erdboden aus dürrem Gras gebaut und ist kugelförmig mit einem seitlichen Einschlupfloch. Das Gelege enthält 6—7 weiße Eier mit braunen Flecken. Eigröße: 16×12 mm.

43 Gelbspötter *Hippolais icterina*

Das Nest steht nicht allzu hoch über dem Boden im Gebüsch oder auf Bäumen. Es ist ein fester Bau aus Pflanzen- und Tiermaterial, schön geglättet und von außen fast immer mit papierdünner Birkenrinde bekleidet. Gelege: 5 rosarote Eier mit wenigen schwarzen Flecken. Eigröße: 18,5×13,5 mm.

44 Zilpzalp *Phylloscopus collybita*

Nest: bodenständig im dichten Kraut oder im Gebüsch, ist bis auf ein seitliches Einschlupfloch ganz geschlossen. Es wird aus Grashalmen, dürrem Laub und aus Moos gebaut; der Innenraum wird mit Federn ausgepolstert. Die 6—7 Eier messen etwa 15×12 mm und sind weiß mit rotbraunen Flecken.

45 Fitis *Phylloscopus trochilus*

Wie alle anderen Laubsängerarten, baut auch der Fitis sein allseitig geschlossenes Nest gut versteckt am Boden, meist an Gebüschrändern zwischen Grasbüscheln oder Reisern. Es ist schön aus dürren Grashalmen backofenförmig zusammengeflochten und mit Laub und Federn ausgepolstert. Die 6—7 weißlichen Eier mit feinen rostbraunen Punkten sind 15×12 mm groß.

46 Gartenrotschwanz *Phoenicurus phoenicurus*

Das Nest des Gartenrotschwanzes findet man in Baumhöhlen, Mauerspalten oder in Nistkästen. Es ist ein Napf aus Halmen, Würzelchen und Blättern, innen mit Haaren und Federn ausgepolstert. Die 5—7 Eier sind einfarbig grünblau und messen 19×14 mm.

47 Halsbandschnäpper *Ficedula albicollis*

Das aus allerlei Halmen, Würzelchen und Laub locker zusammengefügte Nest, mit einer Auspolsterung aus Haaren und Federn, steht in verschiedenen Baumhöhlen oder in Nistkästen. Das Gelege enthält 5—7 einfarbig bläulichgrüne Eier. Eigröße 17—13 mm.

48 Hausrotschwanz *Phoenicurus ochruros*

Das Nest ist ein flacher Napf aus Halmen, feinen Wurzeln, Pflanzenfasern und trockenem Laub; die Nestmulde wird mit Haaren und Federn ausgelegt. Es steht in Felsspalten, Mauerlöchern, auf Balken unter Dachgiebeln, manchmal auch in Hausräumen und enthält ein Gelege von 5—6 weißen Eiern, die 19×14 mm groß sind.

49 Rotkehlchen *Erithacus rubecula*

Das Rotkehlchen baut sein Nest regelmäßig am Boden in eine Erdhöhle, in einen hohlen Stubben, öfters auch an Grabenböschungen. Es besteht aus Moos und dürren Blättern und ist weich ausgepolstert. Das Gelege enthält 5—6 gelbliche Eier mit feinen gelbbraunen Flecken. Eigröße: 20×15 mm.

50 Amsel *Turdus merula*

Nest: ein ziemlich großer Bau aus dürren Stengeln, Halmen und feinen Wurzeln, die mit feuchter Erde verkittet sind; mit tiefer Nestmulde. Neststand: Gebüsch, Bäume, Gebäude, selten am Boden, wie das abgebildete (im Schilf). Gelege: 4—6 bläulichgrüne Eier mit feinen, dichten, rostroten Flecken. Eigröße: 30×21 mm.

51 Wacholderdrossel *Turdus pilaris*

Das Nest der Wacholderdrossel ist dem der Amsel sehr ähnlich und steht meist ziemlich hoch auf Bäumen. In der tiefen Nestmulde, die oft mit feinen Grashalmen dicht ausgelegt ist, liegt ein Gelege von meist 5 Eiern. Diese sind den Amseleiern ganz ähnlich und messen 28,5×21 mm.

52 Kohlmeise *Parus major*

Baut ihr Nest aus Halmen, Wurzeln, viel Moos und Flechten in Baumhöhlen aller Art und in Nistkästen, manchmal in Mauerspalten, meist nicht allzu hoch über dem Boden. Das Gelege enthält meist 8—10 weiße Eier mit roten Flecken. Eigröße: 17×13 mm.

53 Kleiber *Sitta europaea*

Das Kleibernest ist ein lockerer Haufen von Rindenborke, dürren Blättern und Pflanzenfasern, der in Baumhöhlen, Nistkästen oder Mauerspalten aufgebaut wird. Das Einflugloch wird regelmäßig mit tonhaltiger Erde auf Körperumfang verkleinert. Gelege: 6—8 weiße Eier mit rostroten Flecken. Eigröße: 19×14,5 mm.

54 Goldammer *Emberiza citrinella*

Nest: meist auf dem Boden oder niedrig darüber im Gras und Gebüsch, aus Halmen, Wurzeln und Blättern, die Nestmulde mit Haaren ausgepolstert. Gelege: 4—5 weißliche Eier mit braunen Flecken und Schnörkeln. Eigröße: 21,5×16 mm.

55 Grauammer *Emberiza calandra*

Das Nest wird in Feldern oder Wiesen versteckt am Boden gebaut. Es besteht aus Halmen, Grasblättern und Würzelchen, die locker zusammengefügt sind. Die Nestmulde ist fein ausgepolstert. Gelege aus 3—5 grau- bis rötlichgelben Eiern mit braunen Flecken und feinen schwärzlichen Schnörkeln und Strichen. Eigröße: 24×17 mm.

56 Kernbeißer *Coccothraustes coccothraustes*

Nest: Meist hoch auf Laubbäumen, aus Reisern, Wurzelfasern und Moos, die Nestmulde weich mit Pflanzenwolle und Tierhaaren ausgepolstert. Gelege: 5 hellblaue Eier mit spärlichen schwarzen Flecken. Eigröße: 24×17,5 mm.

57 Buchfink *Fringilla coelebs*

Der Buchfink baut eines der kunstvollsten Singvogelnester aus Fasern, Halmen, Moos und Flechten fein verwoben, mit tiefer, weich gepolsterter Nestmulde. Es steht meist in Baumkronen, seltener im Gebüsch und ist von außen sehr oft mit Flechten so getarnt, daß es meist übersehen wird. Das Gelege enthält 4—6 bräunliche Eier mit charakteristischen dunklen „Brandflecken". Eigröße: 19×14,5 mm.

58 Zeisig *Carduelis spinus*

Das kleine, dickwandige und tief ausgehöhlte Zeisignest ist meist gut versteckt, hoch auf Nadelbäumen in den Zweigspitzen eingebaut. Die 4—6 Eier des Geleges sind weißlich mit rotbraunen Fleckchen und messen 16×12 mm.

59 Grünling *Carduelis chloris*

Das napfförmige Nest des Grünlings ist aus Reisern und Halmen gebaut und hat eine weich gepolsterte Nestmulde. Es steht meist nicht hoch in Hecken, dichtem Gebüsch oder jungen Nadelbäumen. Das Gelege enthält 5—6 weißliche Eier mit dunkelbraunen Flecken und Punkten. Eigröße: 20×14,5 mm.

60 Gimpel *Pyrrhula pyrrhula*

Der Gimpel baut sein recht flaches Nest aus Reisern, Wurzeln und Flechten nicht allzu hoch auf Nadelbäume, gern in Dickichten an Waldrändern und Schneisen. Das volle Gelege enthält 4—5 bläuliche Eier mit spärlichen schwarzbraunen Flecken. Eigröße: 20,5×15 mm.

61 Feldsperling *Passer montanus*

Das typische Spatzennest des Feldsperlings ist meist ein großer Klumpen aus Stroh, Halmen, Wurzeln und Federn in Baumhöhlen, Nistkästen oder Mauerlöchern. In einer warm ausgepolsterten kugelförmigen Brutmulde findet sich das Gelege aus 5—6 weißlichen, stark braun gefleckten Eiern von 19×14 mm Größe.

62 Elster *Pica pica*

Das charakteristische, große, meist haubenförmig überdachte Elsternnest wird in den Baumkronen, seltener im dichtesten Gestrüpp gebaut. Als Baumaterial werden Zweige und Reiser benutzt, die Nestmulde ist mit Halmen und Haaren ausgelegt. Gelege: 6—7 grünliche Eier mit dichten dunkelbraunen Flecken und Punkten. Eigröße: 33×23 mm.

63 Pirol *Oriolus oriolus*

Das kunstvolle Nest des Pirols ist aus Grashalmen, Bastfasern, Moos, Wolle und Federn fest verflochten und in einer Astgabel, meist hoch im Außenrand von Baumkronen befestigt. Der tiefe Nestnapf enthält ein Gelege aus 4 weißen Eiern mit wenigen braunschwarzen Flecken. Die Eier messen 30×21 mm.

64 Rabenkrähe *Corvus corone*

Das große, schüsselförmige Nest der Rabenkrähe steht hoch in den Baumkronen und ist aus Zweigen, Reisern und Grasbüscheln hergestellt, oft mit etwas Erde verfestigt, die Nestmulde mit Moos und Tierhaaren ausgelegt. Die 5 Eier sind blaugrün mit braunschwarzen Flecken und messen 41×29 mm.

Brutvögel der Randgebiete und einige Irrgäste

Besonders in den Mittelmeer-Ländern und in Osteuropa können einige Brutvögel angetroffen werden, die unter den 336 abgebildeten Vogelarten nicht mehr Platz gefunden haben. Da auch solche Arten zum Brutbestand der Vögel Europas, eventuell Nordafrikas oder Kleinasiens gehören, möchten wir sie hier wenigstens in einer kurzen Übersicht erwähnen. Außerdem können im europäischen Raum als seltene Vogelarten die sog. Irrgäste erscheinen, die aus ihrer entfernten Heimat in Asien oder Nordamerika während des Zuges von den normalen Zugwegen oder Überwinterungsgebieten ausnahmsweise abirren. Davon sind aber nur die öfters vorkommenden erwähnt.

Familie Sturmvögel — *Procellariidae*

Schwarzschnabel-Sturmtaucher *Puffinus puffinus* Fast lachmöwengroß. Schwarzbraun, an den Halsseiten grau, unterseits weiß. Schwarzer Schnabel. Brütet im Atlantischen Ozean und im Mittelmeer.

Dunkler Sturmtaucher *Puffinus griseus* Etwa sturmmöwengroß; schwärzlichgrau, dunkler Schnabel. Brütet auf der südlichen Halbkugel, im Nordatlantik weit herumstreifend.

Eissturmvogel *Fulmarus glacialis* Reichlich sturmmöwengroß. Oberseite grau, Kopf und Schwanz weiß oder grau. Gedrungener Körper und dicker Kopf. Dicker, gelber Schnabel. Brütet kolonienweise im Nordatlantik und Eismeer.

Familie Sturmschwalben — *Hydrobatidae*

Sturmschwalbe *Hydrobates pelagicus* Kleiner als Schwalbe. Rußschwarz mit leuchtend weißem Bürzel, schwarze Füße. Flattert an der Wasseroberfläche. Brutvogel im Atlantischen Ozean und im Mittelmeer, öfters ins Binnenland verschlagen.

Wellenläufer *Oceanodroma leucorrhoa* Reichlich schwalbengroß. Braunschwarz, weißer Bürzel in der Mitte grau gefärbt, schwach gegabelter Schwanz. Fliegt hüpfend über dem Wasser. Atlantischer Ozean.

Madeira-Wellenläufer *Oceanodroma castro* Wie die vorige Art, aber reinweißer Bürzel. Atlantischer Ozean.

Familie Tölpel — *Sulidae*

Baßtölpel *Sula bassana* Gänsegroß. Dicker Kopf und dicker Hals, starker, keilförmiger Schnabel. Weiß mit schwarzen Handfittichen; jung braun oder gefleckt. Brütet in großen Kolonien im Nordatlantik.

Familie Kormorane — *Phalacrocoracidae*

Krähenscharbe *Phalacrocorax aristotelis* Dem Kormoran ähnlich, etwas kleiner und mit kleinem Federschopf am Scheitel. Meeresvogel; brütet kolonienweise auf felsigen Steilküsten im Nordatlantik und Mittelmeer.

Zwergscharbe *Phalacrocorax pygmeus* Etwa halb so groß wie Kormoran. Dunkles, grünlichschwarzes Gefieder und rötlichbrauner Kopf. Brutvogel an Binnengewässern in Südeuropa bis Kasachstan und in Nordafrika.

Familie Pelikane — *Pelecanidae*

Rosapelikan *Pelecanus onocrotalus* Schwanengroß; langer, mächtiger Schnabel. Fliegt mit zurückgelegtem Kopf. Weiß; Jungvögel braun gefleckt. Flügelunterseite mit schwarzen Schwingen. Füße fleischfarben. Donaudelta bis Innerasien.

Krauskopfpelikan *Pelecanus crispus* Sehr ähnlich dem Rosapelikan, aber Flügelunterseite größtenteils weiß, nur Schwingenende dunkelbraun. Füße bleigrau. Verbreitung wie Rosapelikan.

Familie Reiher — *Ardeidae*

Kuhreiher *Ardeola ibis* Dem Rallenreiher sehr ähnlich, aber mehr weiß, Schnabel und Beine im Brutkleid rötlich, sonst gelblich oder dunkel. Hält sich meist zwischen weidendem Vieh auf. Südspanien, Afrika und Mesopotamien.

Familie Flamingos — *Phoenicopteridae*

Flamingo *Phoenicopterus ruber* Schlanker, auffällig langhalsiger und langbeiniger Stelzvogel. Weiß mit scharlachroten und schwarzen Flügeln. Hals und Beine beim Fliegen ausgestreckt. Geknickter, massiver Schnabel. Südfrankreich, Spanien, Nordafrika, Zentralasien.

Familie Entenvögel — *Anatidae*

Nordamerikanische Pfeifente *Anas americana* Wie Pfeifente. Weißer Scheitel und dunkelgrünes Band entlang der Kopfseite. Nordamerika, öfters als Irrgast in Europa.

Marmelente *Marmaronetta angustirostris* Größer als Krickente. Kurze Federhaube, dunkler Fleck an der Kopfseite, getüpfelter, hellbrauner Körper mit weißem Schwanz. Mittelmeergebiet und Vorderasien.

Mandarinente *Aix galericulata* Größer als Krickente. Bunte, an den Seiten weiße Federhaube und zimtfarbiger „Wangenbart", segelartig hochgestellte, zimtbraune Armschwingen. Ostasien; in Europa als Ziervogel eingeführt und öfters in Baumhöhlen freibrütend.

Prachteiderente *Somateria spectabilis* Etwas kleiner als Eiderente. Brust und Vorderkörper weiß, übriger Körperteil schwarz. Dicker Kopf grau mit großem, orangefarbenem Stirnschild. Brütet an den arktischen Küsten.

Kragenente *Histrionicus histrionicus* Größer als Krickente. Kopf, Brust und Körperende schwarz mit kontrastreichem weißen Streifen- und Fleckenmuster. Rücken blaugrau und Körperseiten rostbraun. Island, Grönland und Arktis; öfters in Westeuropa vorgekommen.

Spatelente *Bucephala islandica* Hat zum Unterschied von der sehr ähnlichen Schellente einen halbmondförmigen Fleck an der Wange. Brutvogel auf Island und in Nordamerika; als Irrgast mehrmals in Westeuropa.

Ruderente *Oxyura leucocephala* Etwa tafelentengroß. Gestelzter, spitzer Schwanz. Braun, weißer Kopf, blauer Schnabel. Binnengewässer Südeuropas; Irrgast in Mittel- und Westeuropa.

Schneegans *Anser caerulescens* Gänsegroß, schneeweiß mit schwarzen Handschwingen. Schnabel rötlich. Achtung auf albinotische Grau- und Saatgänse (ohne schwarze Flügelspitzen)! Tundren Nordsibiriens; im Winter an den Küsten des Nordatlantiks.

Kanadagans *Branta canadensis* Größer als Graugans. Schwarzer Hals und schwarzer Kopf, weiße Wangen, brauner Rücken. Schwarzer Schnabel und ebensolche Füße. Nordamerika; in Nordeuropa eingebürgert.

Rothalsgans *Branta ruficollis* Kleiner als Hausgans. Körpergefieder schwarz und weiß, Vorderhals und Brust kastanienbraun. Kurzer Schnabel und Füße schwarz. Tundren Nordasiens; öfters nach Europa verflogen.

Rostgans *Casarca ferruginea* Kleiner als Hausgans. Rotbraun, weißlich brauner Kopf, weißes Flügelschild. Nordwestafrika und Südspanien sowie Schwarzmeergebiet bis Ostasien.

Familie Geier, Adler, Bussarde u. a. — *Accipitridae*

Schmutzgeier *Neophron percnopterus* Größer als Mäusebussard. Kopf und Kehle unbefiedert, Gefieder schmutzigweiß, schwarze Flügelenden. Schwanz keilförmig und weiß. Mittelmeergebiet, Asien, Afrika.

Bartgeier *Gypaëtus barbatus* Etwa so groß wie Seeadler. Kopf und Hals hell, Unterseite rostgelb, bei Jungvögeln dunkel. Schmale, spitze Flügel, langer, keilförmiger Schwanz. Felsige Hochgebirge Südeuropas und Asiens.

Steppenadler *Aquila nipalensis* Etwas größer als der sehr ähnliche Schreiadler. Einfarbig braun, kurzer, abgerundeter Schwanz mit undeutlichen, grauen Querbinden. Steppengebiete zwischen Schwarzmeer und Zentralasien sowie Afrika.

Habichtsadler *Hieraaëtus fasciatus* Fast adlergroß, erinnert aber durch die schlanke Gestalt und den langen Schwanz mehr an einen großen Habicht. Weiße Unterseite, dunkle Flügel, quergebänderter Schwanz. Mittelmeergebiet, Südasien, Afrika.

Kurzfangsperber *Accipiter brevipes* Sehr ähnlich dem Sperber. Weiße Flügelunterseiten mit schwarzen Flügelspitzen. Wangen grau. Balkanhalbinsel, Südasien und Afrika.

Gleitaar *Elanus caeruleus* Turmfalkengroß. Hellgrau, weißer Schwanz, schwarzes Schulterfeld. Südportugal, Savannen des Tropengürtels.

Familie Falken — *Falconidae*

Eleonorenfalk *Falco eleonorae* Etwas größer als der sehr ähnliche Baumfalk. Ohne rostrote „Hosen". Manchmal gänzlich braunschwarz ohne sichtbare Zeichnung. Lebt kolonieweise auf felsigen Inseln im Mittelmeer.

Feldeggsfalk *Falco biarmicus* Wanderfalkenähnlich, aber heller, mit sandfarbenem Oberkopf, braunem Rücken und gefleckter Unterseite. Mittelmeergebiet und Afrika.

Gerfalk *Falco rusticolus* Bedeutend größer und kräftiger als Wanderfalk. Ohne Bartstreifen, hellgrau, manchmal weiß. Felsige Küstengebiete Nordeuropas, Grönlands und Nordamerikas.

Rötelfalk *Falco naumanni* Vom sehr ähnlichen Turmfalken durch ungefleckte Rückenseite, blaueren Kopf und Schwanz und geselliges Vorkommen unterschieden. Mittelmeergebiet bis Zentralasien.

Familie Hühnervögel — *Phasianidae*

Felsenhuhn *Alectoris barbara* Dem Rothuhn ähnlich, aber graues Kinn und graue Kopfseiten sowie weiß gesprenkeltes, braunes Halsband. Nordafrika, Sardinien.

Halsbandfrankolin *Francolinus francolinus* Etwa rebhuhngroß. Oberseite dunkelbraun, Kopf- und Halsseiten schwarz mit weißem Mittelfeld, Unterseite schwarz mit weißen Flecken. Kleinasien bis Indien.

Familie Rallen — *Rallidae*

Purpurralle *Porphyrio porphyrio* Reichlich bläßhuhngroß. Glänzend tiefblau mit starkem, roten Schnabel und roter Stirnplatte. Lange, rote Beine. Mittelmeergebiet, Afrika, Südasien und Australien.

Familie Kraniche — *Gruidae*

Jungfernkranich *Anthropoides virgo* Kleiner als Kranich. Grau, schwarzer Vorderhals und Brust, verlängerte Brustfedern. Weiße Federbüschel an den Kopfseiten. Steppengebiete vom Donaudelta bis Ostasien.

Familie Trappen — *Otididae*

Kragentrappe *Chlamydotis undulata* Truthennenähnlich. Kurze, schwarzweiße Haube und schwarze Federbüschel entlang den Halsseiten. Afrika und Südasien; öfters als Irrgast in Europa.

Familie Regenpfeifer — *Charadriidae*

Spornkiebitz *Hoplopterus spinosus* Kleiner als Kiebitz; schwarzweiß, fahlbrauner Rücken, schwarzer Schopf. Afrika, Vorderasien und Griechenland.

Steppenkiebitz *Chettusia gregaria* Kiebitzgroß. Schwarzer Scheitel ohne Federschopf, breiter, weißer Stirn- und Augenstreif. Braune Unterbrust, weißer Bürzel und Unterschwanz. Steppen Asiens, öfters Irrgast in Europa.

Familie Schnepfen — *Scolopacidae*

Dünnschnabel-Brachvogel *Numenius tenuirostris* Vom sehr ähnlichen Großen Brachvogel durch die rundlichen, schwarzbraunen Flecke an den Körperseiten unterschieden. Bürzel reinweiß. Westsibirien; überwintert im östlichen Mittelmeergebiet; Irrgast in Westeuropa.

Gelbschenkel *Tringa flavipes* Fast rotschenkelgroß. Ziemlich langer Schnabel und gelbe Beine. Flügel ohne Weiß; Bürzel weiß. Nordamerika, öfters als Irrgast in Westeuropa.

Terek-Wasserläufer *Tringa terek* Kleiner als Rotschenkel, mit dünnem, aufwärts gebogenem Schnabel. Beine gelb. Weiße Flügelbinde und heller Bürzel. Nordeuropa, Nordsibirien; öfters im übrigen Europa.

Meerstrandläufer *Calidris maritima* Größer als Alpenstrandläufer. Schiefergrau, Oberseite gefleckt, Schnabelwurzel und die kurzen Beine gelb. Island und Nordskandinavien, im Winter an den Küsten Westeuropas; Irrgast im Binnenland.

Sumpfläufer *Limicola falcinellus* Kleiner als Alpenstrandläufer. Kurze Beine. Ein weißer Augenstreif, der hinter dem Auge verdoppelt ist. Rückenseite ähnlich der Bekassine. Nordskandinavien; zieht durch das europäische Binnenland.

Familie Brachschwalben — *Glareolidae*

Rennvogel *Cursorius cursor* Drosselgroß; langbeinig mit mittellangem, sanft gebogenem Schnabel. Hell sandfarben mit weißem und schwarzem Augenstreif. Beine hellgelb. Wüsten Afrikas und Westasiens; öfters als Irrgast in ganz Europa.

Familie Möwen — *Laridae*

Polarmöwe *Larus glaucoides* Silbermöwengroß, in Färbung einer kleinen Eismöwe ähnlich. Arktis Nordamerikas und Grönlands; spärlicher Wintervogel in der Nordsee; Irrgast an den Küsten Westeuropas.

Korallenmöwe *Larus audouini* Kleiner als Silbermöwe. Leuchtend roter Schnabel mit schwarzem Ring. Beine dunkelgrün. Flügelenden schwarz, unscharf begrenzt. Auf einigen Mittelmeerinseln (Korsika, Sardinien, Cypern).

Dünnschnabelmöwe *Larus genei* Der Lachmöwe in der Flügelzeichnung ähnlich, aber mit weißem Kopf und weißem Hals und einem längeren, korallenroten Schnabel. Mittelmeer bis Zentralasien.

Fischmöwe *Larus ichthyaëtus* So groß wie Mantelmöwe. Schwarzer Kopf, gelber Schnabel mit schwarzem Ring, grüngelbe Füße. Brütet vom Schwarzen Meer bis auf die Steppenseen Innerasiens, überwintert u. a. im östlichen Mittelmeer.

Schwalbenmöwe *Xema sabini* Kleiner als Lachmöwe. Gegabelter Schwanz, graubrauner Kopf (im Winter weiß), Flügelende schwarz, Flügelhinterrand weiß. Arktis; Irrgast an den westeuropäischen Küsten.

Rosenmöwe *Rhodostethia rosea* Kleiner als Lachmöwe; spitz endender Keilschwanz. Schwarzes Halsband, rosige Unterseite. Arktis; Irrgast in West- und Nordeuropa.

Familie Flughühner — *Pteroclidae*

Spießflughuhn *Pterocles alchata* Etwa taubengroß. Kurzer Schnabel und Beine, spießförmiger Schwanz. Oberseite sandfarben, gefleckt und gestreift. Brust ockerbraun, mit schmalen schwarzen Bändern begrenzt. Bauch weiß. Trockengebiete Spaniens, Nordafrikas und Kleinasiens.

Sandflughuhn *Pterocles orientalis* Etwas größer als Spießflughuhn, durch schwarzen Bauch und schwärzliche Unterflügel unterschieden. Spanien und Portugal, Nordafrika, Kleinasien.

Familie Kuckucke — *Cuculidae*

Häherkuckuck *Clamator glandarius* Reichlich kuckucksgroß. Oberseite grau, weiß gefleckt. Hellgraue Haube. Unterseite weiß. Langer, gestufter Schwanz. Südeuropa, Afrika, Kleinasien.

Familie Eulen — *Strigidae*

Bartkauz *Strix nebulosa* Fast so groß wie Uhu. Grau, fleckig; Unterseite mit breiten Längsstreifen. Gesicht mit konzentrischen Ringen. Augen gelb. Skandinavien, Nordasien und Nordamerika.

Familie Segler — *Apodidae*

Fahlsegler *Apus pallidus* Im Flugbild wie Mauersegler. Braun mit weißer Kehle. Bauch dunkelbraun. Mittelmeergebiet.

Familie Lerchen — *Alaudidae*

Kalanderlerche *Melanocorypha calandra* Größer und plumper als die ähnliche Feldlerche; dicker Schnabel, am Hals jederseits ein großer schwarzer Fleck. Singt im Fluge. Brutvogel in den Steppengebieten der Mittelmeerländer und Mittelasiens; Irrgast in Mittel- und Westeuropa.

Mohrenlerche *Melanocorypha yeltoniensis* Reichlich lerchengroß. ♂ schwarz, ♀ sandfarben. Kräftiger, gelber Schnabel. Steppengebiete zwischen Don und Mongolei; seltener Irrgast in Mittel- und Westeuropa.

Weißflügellerche *Melanocorypha leucoptera* Reichlich lerchengroß. Rückenseite hellbraun mit Längsstreifung. Scheitel rotbraun. Unterseite weiß. Breiter, weißer Flügelspiegel. Brütet ostwärts vom Don bis Mongolei; Irrgast in Europa.

Stummellerche *Calandrella rufescens* Von der sehr ähnlichen Kurzzehenlerche an der fein gestreiften Brust kenntlich. Südspanien, Nordafrika und Asien.

Theklalerche *Galerida theklae* Sehr schwer von der Haubenlerche zu unterscheiden, etwas dunkler und stärker gestreifte Brust; etwas längerer Schnabel. Pyrenäenhalbinsel, Balearen, Südfrankreich.

Familie Meisen — *Paridae*

Lasurmeise *Parus cyanus* Etwas größer als die ähnliche Blaumeise. Weißer Kopf und weiße Unterseite, graublauer Rücken, dunkelblauer Augenstreif. Sowjetunion und Nordchina.

Lapplandmeise *Parus cinctus* Einer großen Sumpfmeise ähnlich. Braunschwarze Kappe, großer Kinnfleck. Rücken braun. Nordeuropa und Nordasien.

Trauermeise *Parus lugubris* Kohlmeisengroß; der Sumpfmeise sehr ähnlich. Großer brauner Kinnfleck, schwarze Kappe, Rücken graubraun, kräftiger Schnabel. Balkanhalbinsel und Kleinasien.

Familie Spechtmeisen — *Sittidae*

Korsika-Kleiber *Sitta whiteheadi* Ein kleiner Kleiber mit schwarzem Scheitel und Augenstreif und einem weißen Band über dem Auge. Nur auf Korsika.

Felsenkleiber *Sitta neumeyer* Vom sehr ähnlichen Kleiber durch blassere Färbung und weiße Unterseite unterschiedlich. Balkanhalbinsel und Vorderasien.

Familie Drosseln — *Turdidae*

Erddrossel *Turdus dauma* Einer großen Misteldrossel ähnlich, mehr goldbraun und mit breiter, schuppenartiger Fleckung. Auf der dunklen Flügelunterseite ein breites, weißes Band. Sibirien; Irrgast in Europa.

Sibirische Drossel *Turdus sibiricus* So groß wie die Singdrossel. Schieferschwarz mit kontrastreichem, weißen Augenstreif. Sibirien; Irrgast in Europa.

Weißbrauen Drossel *Turdus obscurus* Etwas kleiner als Singdrossel. Hellgrau und graubraun, mit rostroten Körperseiten, weißer Augenstreif. Bauch weiß. Sibirien; Irrgast in Europa.

Naumannsdrossel *Turdus naumanni* Drosselgroß. Kehle, Brust, Bürzel und Schwanz rostrot sowie breite rostrote Säume an den Handschwingen. Weißer Bauch. Eine südlichere Rasse, die Rostflügeldrossel (*T. n. eunomus*), hat eine schwarz gefleckte Brust, schwarzen Oberkopf und Schwanz und rostbraune Flügel. Sibirien; Irrgast in Europa.

Bechsteindrossel *Turdus ruficollis* Drosselgroß. Braungrau mit rotbrauner (Rasse *ruficollis*) oder schwarzer Kehle und Brust (Rasse *atrigularis*). Bauch weiß. Sibirien; Irrgast in Europa.

Wanderdrossel *Turdus migratorius* Amselgroß. Oberseite schwarz, Brust lebhaft rotbraun, weißes Kinn mit schwarzen Streifen, gelber Schnabel. Nordamerika; Irrgast in Europa.

Isabellsteinschmätzer *Oenanthe isabellina* Größer als Steinschmätzer, längerer Schnabel. Einheitlich sandfarben ohne schwarze Zeichnung am Kopf. Schwanz und Flügelenden schwarz, Bürzel und Bauch weiß. Kleinasien bis Nordchina; Irrgast in Europa.

Nonnensteinschmätzer *Oenanthe leucomela* So groß wie Steinschmätzer. Weißer Oberkopf, Bürzel und Bauch; Rücken, Kehle, Flügel und Schwanz schwarz. Westküste des Schwarzen Meeres bis Mongolei; Irrgast in Europa.

Trauersteinschmätzer *Oenanthe leucura* Größer als Steinschmätzer. Schwarz, nur der Bürzel und die äußeren Steuerfedern sind blendend weiß. Pyrenäenhalbinsel, Nordafrika.

Blauschwanz *Tarsiger cyanurus* Rotkehlchengroß. ♂: Oberseite tiefblau, unterseits weiß, Flanken orangerot. ♀: Olivbraun, Bürzel und Schwanz blau. Von Finnland über Nordrußland bis Japan; Irrgast in Nord- und Westeuropa.

Familie Grasmücken — *Sylviidae*

Olivenspötter *Hippolais olivetorum* Größer als Gelbspötter, mit stärkerem und längerem Schnabel. Grau, unterseits weißlich, Schwingen mit weißlichen Federrändern. Griechenland und Kleinasien.

Maskengrasmücke *Sylvia rüppelli* Größere Grasmücke; Kopf und Kehle schwarz, weißer Bartstreif, dunkelgraue Oberseite, weiße Unterseite. Rote Füße. Griechenland, Kleinasien.

Brillengrasmücke *Sylvia conspicillata* Ziemlich klein, der Dorngrasmücke ähnlich, aber Kopf dunkler und Brust rötlicher. Mittelmeergebiet.

Sardengrasmücke *Sylvia sarda* Kleine, schieferschwarze Grasmücke mit Stelzschwanz. Füße und Augenring rot. Westliches Mittelmeergebiet.

Heckensänger *Erythropygia galactotes* Reichlich sperlingsgroß. Rostbraun, weißliche Unterseite. Gefächerter und gestelzter Schwanz mit weißem und schwarzem Endsaum. Wohltönender Gesang wird von freien Sitzplätzen vorgetragen. Südeuropa, Vorderasien, Afrika; Irrgast in Westeuropa.

Gelbbrauen-Laubsänger *Phylloscopus inornatus* Vom ähnlichen Fitislaubsänger durch eine doppelte Flügelbinde und eine mehr kontrastreiche Flügelzeichnung unterschieden. Nord- und Mittelasien; Irrgast in Nord- und Mitteleuropa.

Goldhähnchen-Laubsänger *Phylloscopus proregulus* Nur goldhähnchengroß. Oberseite grün, Bürzel gelb, doppelte Flügelbinde und kontrastreiche Kopfzeichnung (gelber und schwarzer Augenstreif). Ostsibirien; Irrgast in Nord- und Westeuropa.

Familie Stelzen — *Motacillidae*

Spornpieper *Anthus novaeseelandiae* Bachstelzengroß; lange Beine mit langer Hinterkralle. Dunkel gefärbt, Rücken und Brust gestreift. Asien, Afrika, Australien. Fast regelmäßiger Irrgast in West- und Nordeuropa.

Familie Würger — *Laniidae*

Maskenwürger *Lanius nubicus* So groß wie Neuntöter, aber schwarz mit weißem Flügelfeld, Stirn und Kehle ebenfalls weiß. Flanken rostfarben. Griechenland und Kleinasien.

Familie Finken — *Fringillidae*

Wüstengimpel *Rhodopechys githaginea* Etwas kleiner als Sperling. Kurzer, dicker und korallenroter Schnabel. Graues Gefieder, am Kopf karminrot und unterseits rosenrot. Pyrenäenhalbinsel, Nordafrika und Griechenland bis Mittelasien.

Familie Ammern — *Emberizidae*

Fichtenammer *Emberiza leucocephala* So groß wie Goldammer. Oberkopf und Bauch weiß; Kehle, Brust, breiter Augenstreif und Bürzel kastanienbraun. Ostrußland bis Westchina; Irrgast in Europa.

Braunkopfammer *Emberiza bruniceps* Wie Kappenammer, aber Kopf kastanienbraun, anstatt schwarz. Transkaspien; als Irrgast öfters in West- und Mitteleuropa, in neuerer Zeit z. T. aus Gefangenschaft entflogen.

Weidenammer *Emberiza aureola* Sperlingsgroß. Rücken braun, Kopf schwarz, Unterseite gelb mit brauner Querbinde auf der Brust. Finnland bis Ostasien; Irrgast in Mittel- und Westeuropa.

Grauer Ortolan *Emberiza caesia* Dem Ortolan sehr ähnlich, hat aber eine zimtbraune statt gelbe Kehle, Kopf und Brustband blaugrau. Balkanhalbinsel und Kleinasien; Irrgast in Westeuropa.

Waldammer *Emberiza rustica* Sperlingsgroß. Rücken und ein breites Brustband sind rostbraun, Kehle und Bauch weiß, Kopf schwarz. Skandinavien und Nordasien; Irrgast in Mittel- und Westeuropa.

Zwergammer *Emberiza pusilla* Kleiner als Sperling. Scheitel und Wangen rotbraun mit schwarzen Streifen. Brutvogel von Finnland bis Ostsibirien; Irrgast in West- und Mitteleuropa.

Literaturhinweise

Alexander, W. B.: Die Vögel der Meere. Hamburg 1959
Austin, L.: Die Vögel der Welt. München 1963

Bauer, K. M. und N. Glutz: Handbuch der Vögel Mitteleuropas, 4 Bde. Frankfurt 1966—1971
Beme, P. L. und A. A. Kusnetzow: Die Vögel der Wälder und Gebirge der UdSSR. Russisch. Moskau 1966
Berndt, R. und W. Meise: Naturgeschichte der Vögel. 3 Bde. Stuttgart 1959—1966
Bruun, B., A. Singer und C. König: Der Kosmos-Vogelführer. Stuttgart 1971
Bruun, B., A. Singer und C. König: Europas Vogelwelt in Farben. Stuttgart 1971

Dementiew, G. P. und N. A. Gladkov: Die Vögel der UdSSR. Russisch, 6 Bde. Moskau 1951 — 1954

Heinroth, O. u. M.: Die Vögel Mitteleuropas, 4 Bde. Unveränderter Nachdruck. Frankfurt 1966—1967

Kirchner, H.: Der Vogel im Fluge. 7 Lieferungen. Wittenberg-Lutherstadt 1960—1967
König, C.: Europäische Vögel, 3 Bde. Stuttgart 1966—1970

Löhrl, H.: So hilft man den Vögeln. Stuttgart 1969

Makatsch, W.: Wir bestimmen die Vögel Europas. Melsungen 1966
Mebs, Th.: Die Greifvögel Europas. Stuttgart 1968
Mebs, Th.: Eulen und Käuze. Stuttgart 1966
Mebs, Th.: Wasservögel Europas. Stuttgart 1970

Nørrevang, A. und T. J. Meyer: Wir beobachten Vögel. Jena 1965

Peterson, R., G. Mountfort, P.A.D. Hollom: Die Vögel Europas. Hamburg 1965
Pfeifer, S.: Taschenbuch für Vogelschutz. Frankfurt 1962

Stresemann, E. und L. A. Portenko: Atlas der Verbreitung palaearktischer Vögel. 3 Lieferungen. Berlin 1960—1971

Vaurie, Ch.: The Birds of the Palaearctic Fauna. 2 Bde. London 1959—1965
Voous, K. H.: Die Vogelwelt Europas. Hamburg 1962

Witherby, H. F. und Mitarb.: The Handbook of British Birds. 5 Bde. London 1949

Verzeichnis der deutschen Vogelnamen

Verzeichnis der wissenschaftlichen Vogelnamen

Verzeichnis der englischen Vogelnamen

Verzeichnis der französischen Vogelnamen

Verzeichnis der italienischen Vogelnamen

Verzeichnis der spanischen Vogelnamen

KOSMOS

KOSMOPHON

Kosmos Vogelstimmenplatten
Freilebende Vögel kann man leider nicht ans Mikrofon bitten wie berühmte Opernsänger. Die Tonjäger der KOSMOS-Vogelstimmen-Schallplatten haben mit unendlich viel Mühe und Ausdauer diese Aufnahmen in den verschiedensten Revieren Europas gemacht. Sie werden von den erlesenen Aufnahmen bekannter Ornithologen begeistert sein. Langspielplatten 45 U/min.

Die Singvögel Europas
Diese herrliche Geschenkkassette zeigt dem Vogelfreund, unterstützt durch ausführliche Beschreibungen und mehrfarbige Verbreitungskarten, naturgetreu die Singvögel Europas abgebildet. Dazu eine 30-cm-Stereo-Langspielplatte (auch Mono abspielbar). „Die besten Sänger unserer Vogelwelt", mit 13 Hörszenen von 25 Vogelstimmen, aufgenommen von Hubert Reisinger.
36 Seiten, 755 farbige Abbildungen.

Greifvögel und Eulen
24 Seiten, 290 farbige Abbildungen, mit einer 17-cm-Langspielplatte, 45 U/min, auf der die Stimmen der gefährdetsten Vogelarten Europas festgehalten sind.
Die Tonaufnahmen stammen von C. König, P. Kuhlemann, U. Robitzky, G. Thielcke, H.-H. Bergmann, C. Fentzloff, H. Reisinger.

Vogelruf und Vogelsang im Moor
Das Ibmer Moos in Oberösterreich zählt heute zu den wenigen natürlich gebliebenen mitteleuropäischen Landschaften. Infolge der günstigen Lage und der Reichhaltigkeit der Vogelwelt ist es für viele vogelkundliche Beobachtungen besonders gut geeignet.
24 Seiten, 81 farbige Abbildungen, dazu eine 17-cm-Langspielplatte, 45 U/min.

Kosmos-Wandbild 1:
Singvögel – Jahresvögel
Die Stimmen von 19 der wichtigsten Singvogelarten die auch im Winter bei uns bleiben, auf einer 17-cm-Langspielplatte. Dazu ein farbiges Wandbild (64 x 92 cm), gefalzt, und ausführlicher Text auf der farbigen Plattentasche.

Kosmos-Wandbild 2:
Singvögel – Sommervögel
Die Stimmen von 15 der wichtigsten Singvögel, die als Zugvögel nur in der warmen Jahreszeit bei uns auftreten, auf einer 17-cm-Langspielplatte. Dazu ein farbiges Wandbild (64 x 92 cm), gefalzt und ausführlicher Text auf der farbigen Plattentasche.

In Ihrer Buch(Fach)handlung:

Bitte fordern Sie die Informationsschrift 970330 an.

KOSMOS-Verlag
Postfach 640
7000 Stuttgart 1